La crise
des années 30

1929-1938

Dominique Borne
et Henri Dubief

Nouvelle histoire
de la France contemporaine

13

La crise
des années 30
1929-1938

Éditions du Seuil

La première édition de cet ouvrage,
signée par Henri Dubief,
a paru en 1976 sous le titre
Le Déclin de la IIIe République (1929-1938).
La présente édition en est une nouvelle version,
en grande partie inédite et entièrement refondue.

ISBN 2-02-005216-4 (éd. complète)
ISBN 978-2-02-010949-2 (tome 13)
ISBN 2-02-004375-0 (t. 13, 1re éd.)

© Éditions du Seuil, 1976, 1989

Avant-propos
La France des années 1930 déclin ou crise ?

La France des années 1930 est-elle cette nation en déclin, recrue d'histoire, incapable de surmonter sa victoire de 1918, enlisée dans un repli cocardier ? cette nation embourbée dans la dépression, sans ressort ni vitalité ? Tout se conjugue pour donner l'image d'un pays affaibli : aux effets de la Grande Guerre s'ajoute un comportement démographique malthusien ; la déroute des espoirs pacifistes de Briand est amplifiée par une stratégie incompatible avec le maintien des alliances et que symbolise la ligne Maginot. Le Parti radical, pivot et cœur politique du régime, vieillit inexorablement dans un environnement de scandales financiers. Les gouvernements se succèdent, impuissants, plus soucieux, face à la dépression, de conserver que d'innover. Les combats politiques se parent des oripeaux des luttes séculaires, mais leurs acteurs savent-ils que le totalitarisme s'affirme aux frontières ? Comment ne pas aboutir au désastre ? Ainsi lit-on les années 1930 à la lumière des déroutes de l'an 40. A une inexorable défaite il faut trouver d'évidentes origines. Pour Vichy, trop peu d'enfants, trop peu d'armes, les loisirs substitués au travail, la discorde à l'union nationale. Pour Léon Blum, les élites de la nation, la bourgeoisie au premier chef, ont fui les responsabilités qui correspondaient à leur pouvoir.

Alfred Sauvy a minutieusement décrit les ignorances d'une classe politique incapable de maîtriser la conjoncture et enfermant le pays dans des remèdes malthusiens. La mort de la IIIe République à Vichy en juillet 1940 semble, comme une sanction, confirmer le diagnostic du déclin. Faire l'histoire des années 1930, est-ce donc instruire un procès rétrospectif ?

Oublions, méthodologiquement, la catastrophe finale, replaçons la France des années 30 non plus seulement dans le cadre

étroit de la décennie mais dans le temps plus long du premier
XXᵉ siècle, qu'observons-nous ? certes, une crise, et toute crise
révèle et le vieillissement des structures et l'usure d'un système.
Mais si la crise met en lumière l'insupportable poids des permanences, elle est signe de ce renouvellement profond des mentalités et des formes d'organisation qui s'épanouira après la Seconde
Guerre mondiale. S'esquissent alors quelques-unes des transformations créatrices de la France contemporaine. Évoquons, en
vrac, quelques exemples : la constitution du monde ouvrier en
force organisée et agissante, disposant d'organisations qui lui
sont propres ; les débuts d'un nouveau rôle de l'État, qui tente
timidement encore d'agir sur la conjoncture mais qui, surtout,
se place en arbitre entre les forces sociales ; l'apparition des loisirs de masse, l'épanouissement de la radio et du cinéma ; la
croissance des effectifs de l'enseignement secondaire ; les organisations de jeunesse ; le rôle des intellectuels.

L'énumération pourrait être longue. Les années 30 annoncent
l'après-guerre.

La première version de ce livre s'intitulait *Le Déclin de la
IIIᵉ République ;* cette édition, complétée et largement remaniée,
propose de remplacer *déclin* par *crise.* La crise en effet n'est pas
la simple dégénérescence d'un organisme qui s'affaiblit et ne peut
que disparaître. La crise est changement de peau, mue douloureuse mais rajeunissante. La crise porte en elle-même le renouvellement de l'organisme qu'elle atteint. Elle n'est pas signe de
mort.

Ainsi ce livre veut-il être attentif et au court terme de la décennie, aux pesanteurs de la « synthèse républicaine », et aux inno-
vations qui se lisent dans une perspective temporelle élargie. De
nombreux travaux récents permettent cette nouvelle tentative de
synthèse, ils justifient cette édition différente de la première mais
qui entend rester fidèle à son esprit.

Cette nouvelle édition a été conçue par les deux auteurs. Henri Dubief
a revu les chapitres 6 à 9 et 18 à 20. Dominique Borne s'est chargé des
chapitres 1 à 5, 10 à 17 et de la conclusion.

1

La crise

1

La France en 1929

Le tournant que constitue l'année 1929 pour les historiens n'est pas sensible aux contemporains. La grande prospérité ne paraît pas en danger. La retraite de Poincaré, emportant la reconnaissance de la nation, ne provoque pas d'inquiétude, car il laisse, après les élections de 1928, une très confortable majorité, axée sur le centre droit. La politique de Briand, « pèlerin de la paix », semble se parfaire, assurant à la fois le rapprochement avec l'Allemagne et la sécurité du pays, bientôt rendu invulnérable par une ligne défensive infranchissable. 1929, c'est en effet l'année du plan Young, du début de l'évacuation anticipée de la Rhénanie. La liquidation du passé s'accompagne d'une vision optimiste de l'avenir : Briand lance l'idée de fédération européenne à la tribune de la Société des nations (SDN), elle prévoit liens économiques et accords de sécurité collective. Signe tangible de cette espérance de paix, le service militaire est réduit à un an. Au lieu de la classe 1930, prévue par la loi Paul-Boncour, c'est la classe 1929 qui, la première, n'accomplit que douze mois sous les drapeaux. 1929, dans la vie intérieure de la France, c'est encore la mise en œuvre des grands travaux de la ligne Maginot et des lois sociales votées l'année précédente : loi Loucheur sur la construction immobilière à bon marché et assurances sociales des salariés. Tous ces faits incitent à la confiance, quand ils n'y trouvent pas eux-mêmes leur source. Le désastre boursier du 25 octobre à Wall Street n'est pas de nature à entamer l'optimisme d'une opinion tranquille et de gouvernants satisfaits.

La crise invisible.

Dans sa déclaration ministérielle du 25 novembre 1929, Tardieu annonce la prospérité au moment où s'abat sur le monde la grande crise économique. Mais la crise semble épargner la France. Certes, et nous y reviendrons, les historiens décèlent aujourd'hui les signes nombreux d'un renversement précoce de la tendance, mais ces signes ne sont pas perçus par les contemporains. Pour quelques mois encore, on peut broder sur le thème de « l'île heureuse ». Poincaré a rétabli le franc, les budgets sont en excédent, l'or et les devises affluent dans les caves de la Banque de France où se constitue un « trésor » sur lequel veille jalousement le ministre Chéron.

En effet, l'excédent budgétaire approche les 4 milliards. Le stock d'or de la Banque de France s'accroît sans cesse et passe de 29 à 55 milliards de francs de mai 1929 à mai 1931. Certes, cette situation est conjoncturelle, elle s'explique par l'afflux de capitaux flottants qui jouent le franc, stable depuis 1928, contre d'autres monnaies et d'abord la livre, mais elle permet de maintenir une balance des paiements bénéficiaire, malgré le déficit structurel du commerce extérieur.

La production industrielle elle-même se maintient en apparence jusqu'en 1930. Le niveau de 1913, retrouvé en 1924, est, en 1930, dépassé de 40 %. Certaines productions records atteintes en 1929 ou 1930 ne sont jamais plus égalées avant la IVe République :

Houille	55 millions de tonnes
Minerai de fer	48 millions de tonnes
	1er rang dans le monde
Aluminium	29 000 tonnes
Fonte	10 millions de tonnes
Acier	9,6 millions de tonnes

La France reste, avec 254 000 véhicules produits en 1930, le deuxième constructeur mondial d'automobiles. Même le textile, malgré son retard technique, obtient d'excellents résultats en bénéficiant de la crise américaine.

Le chômage est nul, les industriels se plaignent même de la pénurie de main-d'œuvre et font largement appel aux travailleurs immigrés.

Les travailleurs que faisaient vivre les quelques entreprises américaines installées en France pourraient cependant souffrir de la crise dès 1929. Un exemple montre qu'il n'en est probablement rien : la General Motors développe de 1927 à 1929 un réseau de vente de camions et d'automobiles de tourisme dans toute la France, sous direction américaine, avec un personnel belge et français. Elle met brutalement fin à son activité et licencie ses employés. Le prestige de l'économie américaine, renforcé par les écrits du syndicaliste Hyacinthe Dubreuil (lu par les cadres plus que par les ouvriers), est tel que Renault embauche en quelques semaines tous les techniciens et les commerciaux qui le souhaitent. Quant aux artisans mécaniciens, devenus concessionnaires de la marque, ils se trouvent délivrés sur-le-champ de contrats léonins.

L'aisance budgétaire permet des libéralités : depuis 1930 Chéron a dû quitter les Finances et ne veille plus sur son « trésor ». Les gouvernements de centre droit, Tardieu essentiellement, multiplient les allégements fiscaux sur l'impôt foncier, sur la taxe de luxe. Les traitements des fonctionnaires sont relevés. Les assurances sociales sont définitivement votées, la retraite du combattant instituée. Réforme essentielle puisqu'elle est à l'origine de la croissance des effectifs scolarisés dans les lycées qui stagnaient depuis les années 1880, la classe de 6e devient gratuite en 1930, la décision annonce la gratuité de l'enseignement secondaire en 1933. Des sommes importantes sont consacrées à des grands travaux : routes, bâtiments scolaires, ligne Maginot, barrage de Kembs, grand canal d'Alsace. C'est dire la confiance des modérés qui gouvernent la France. Leur réformisme social, leurs largesses fiscales, les grands travaux engagés contrastent avec les politiques de déflation et de stricte économie déjà conduites par les pays où la crise est visible.

Une économie inégalement modernisée.

La France reste une nation paysanne. Certes, les campagnes ont été ébranlées par la guerre, mais l'exode vers les villes est loin d'être massif. La pénurie de main-d'œuvre industrielle en témoigne. Le vieux refus de l'usine et de ses disciplines est encore vivace. En 1921, 39 % des actifs masculins sont des travailleurs ruraux, ils sont encore 33 % en 1931. De nombreuses très petites exploitations ont disparu au profit du renforcement des exploitations moyennes à dimension familiale (autour de 50 hectares). L'affaiblissement numérique de la main-d'œuvre entraîne une certaine mécanisation, la faucheuse-lieuse par exemple, mais la traction reste pour l'essentiel la traction animale. La consommation d'engrais chimiques progresse. Cependant la production stagne. Certes, le niveau d'avant la guerre est retrouvé en 1925-1929, mais l'agriculture française ne permet pas l'autosuffisance alimentaire : le coefficient de dépendance alimentaire atteint 25 % vers 1930. Les achats extérieurs creusent le déficit du commerce extérieur. Les disparités régionales sont très grandes : le département du Lot produit en moyenne 9 quintaux de blé à l'hectare quand le département du Nord dépasse les 30 quintaux. L'artisanat rural traditionnel n'a pas disparu, il se transforme lentement. Une enquête de 1929 recense un total de 569 000 artisans ruraux ; les électriciens-mécaniciens, symboles de l'avenir, sont aussi nombreux (23 000) que les sabotiers de la tradition. Cependant, la polarisation industrielle dévitalise de nombreuses régions — l'Ouest, le Centre et le Sud-Ouest essentiellement. Si les adductions d'eau sont encore exceptionnelles, le courant électrique atteint en 1929 plus de 23 000 communes. Mais les paysans sont surtout victimes de l'évolution des prix, les termes de l'échange sont de plus en plus défavorables aux producteurs agricoles. Ainsi l'important marché potentiel de consommation que constitue le monde rural ne peut soutenir la croissance de la production industrielle, faute de ressources et aussi parce que le monde paysan épargne plus volontiers qu'il n'investit.

La croissance industrielle des années 1920, la prospérité, n'a atteint également ni tous les secteurs ni toutes les régions. Alors que se renforcent les grands pôles d'activité du Nord et du Nord-Est fondés sur les mines et la métallurgie lourde, alors que dans la banlieue de Paris les grandes implantations de la métallurgie de transformation se poursuivent (80 % de la production d'automobiles) et que la région Rhône-Alpes se développe (chimie, hydroélectricité), les autres régions françaises perdent progressivement leur tissu d'activités industrielles traditionnelles. Vers 1930, la géographie économique française est en place pour près d'un demi-siècle. Les structures des entreprises françaises se sont modernisées. La comparaison des enquêtes de 1906 et de 1931 montre la croissance des grandes entreprises (plus de 100 personnes) : elles occupaient un cinquième des salariés en 1906, un tiers en 1931. Parallèlement la proportion des travailleurs à domicile et des salariés des entreprises de moins de 6 personnes diminue rapidement. Renault à Billancourt avec ses quelque 40 000 travailleurs devient le prototype de l'usine moderne.

Cependant, cette transformation en cours reste très partielle, le vieux tissu économique français, petites entreprises et travailleurs indépendants, résiste au vent de la modernisation et se considère comme victime des grands bouleversements novateurs des années 1920. L'expansion de l'industrie lourde, de la métallurgie de transformation, de la chimie, contraste avec la stagnation de l'ensemble textile dont les structures n'ont guère été modernisées. La croissance industrielle des années 1920, une des plus rapides de l'histoire de la France, repose sur une intégration exceptionnelle au marché mondial. En 1928, les exportations totales, en volume, ont augmenté de 47,2 % par rapport au niveau de 1913. Une société comme Pont-à-Mousson exporte, en 1927, 67 % de sa production (tuyaux de fonte). La croissance des échanges extérieurs français est alors plus importante que celle de l'Allemagne et de l'Angleterre. Les industriels français ont en effet bénéficié dans les années 1920 de l'affaiblissement du franc. On peut se demander si cet avantage n'a pas ralenti la modernisation des industries traditionnelles dont les prix à l'exportation n'étaient compétitifs qu'artificiellement. La modernisation de l'économie est incontestable, mais elle est fragile et souligne en les aggravant les disparités.

Une société qui résiste au changement.

Rappelons les données démographiques essentielles : la lente croissance de la population (40,7 millions en 1926, 41,8 millions en 1931) ne s'explique guère par le mouvement naturel. La natalité est faible (17 à 18 pour mille), et, malgré un lent fléchissement de la mortalité, l'excédent des naissances sur les décès est, de 1921 à 1928, toujours inférieur à 100 000. L'année 1929 enregistre même un déficit de 9 000 naissances. Ainsi, seule l'immigration explique la croissance : en 1930 le nombre d'étrangers vivant en France a doublé depuis 1919 et atteint 3 millions, soit 7 % de la population. La pyramide des âges de 1931 montre les effets de la guerre : le faible nombre des hommes entre 35 et 50 ans, les « classes creuses » (10 à 14 ans) nées pendant le conflit. Pour la première fois, au recensement de 1931, la population urbaine dépasse la population rurale, mais l'évolution reste lente, la croissance de l'agglomération parisienne se poursuit, aggravant les déséquilibres. L'armature urbaine de la France reste

faible et l'enracinement rural si présent qu'il inspire la littérature et imprègne les mentalités.

Dans le pays même où Jean Giono situe l'intrigue de ses
romans, en Haute-Provence, l'usine Péchiney de Saint-Auban
est étrangère, au sens propre, aux populations locales ; la majorité des ouvriers qui y travaillent vient de tous les horizons du
monde. La résistance à l'industrialisation, à la modernisation
des années 1920 est sans aucun doute le fait social marquant de
la période. Parallèlement, la société résiste à la consommation
de masse. L'automobile reste un luxe. Attachés à leurs puits et
à leurs fontaines, les ruraux hésitent devant les dépenses de
l'adduction d'eau.

Certes, quelques grandes figures, les Renault, Citroën, Mercier, Boussac, incarnent un capitalisme rénové ; certes, ils intro-
duisent la standardisation et même la « réclame ». Certes, la
consommation d'électricité par habitant est multipliée par deux
entre 1921 et 1931. Mais la modernisation des campagnes est
lente ; si, dorénavant, le monde rural est intégré à la nation par
la route, le chemin de fer et l'école, les paysans résistent à l'appel
de la ville, de la mine, de l'usine. La carte de la France industrielle se superpose à la carte de la population étrangère.

Les élites traditionnelles se sont élargies mais les classes moyennes restent au cœur de la structure sociale française et continuent
à en exprimer les valeurs dominantes. Les revenus du travail qui
représentaient, en 1913, 45 % du total des revenus n'en représentent encore, en 1929, que 52 %. La défense du patrimoine,
petite ou moyenne exploitation rurale, boutique, atelier, rentes
d'État, reste la passion française par excellence. La France que
la grande dépression va atteindre n'a pas accepté les transformations des années 1920. Les classes moyennes ont été atteintes
par l'inflation, heurtées dans leurs valeurs par les avant-gardes
bruyantes. Tout se passe comme si le corps social refusait l'ébau-
che de modernisation de l'après-guerre.

De cet état d'esprit témoigne l'enfermement du monde ouvrier.
De 1906 à 1931, le nombre d'ouvriers dans la population active
passe, si l'on soustrait les ouvriers agricoles, de 4,3 à 6,3 millions ; dorénavant, le monde ouvrier représente plus d'un tiers
de la population active, c'est-à-dire un poids numérique équi-
valant à celui des travailleurs de la terre. Mais, vers 1930, c'est
une nouvelle classe ouvrière qui s'est constituée ; le prolétariat

déraciné de la banlieue « rouge » autour de Paris n'est pas héritier de la révolution industrielle du XIXᵉ siècle. Dans les mines, les Polonais dominent dans le Nord et le Pas-de-Calais, les Italiens en Lorraine. La rupture avec la vieille tradition ouvrière française, aggravée par les transformations des formes du travail, la multiplication des ouvriers non qualifiés et le nombre grandissant des immigrés, correspond à l'apparition d'un nouveau type de militant ouvrier, le communiste. Une nouvelle culture ouvrière encore minoritaire tente de s'implanter. Ce phénomène accentue le rejet dont est victime la classe ouvrière. Ni les travaux universitaires, ni les romans, ni le cinéma ne s'intéressent au prolétariat. Pourtant la condition ouvrière reste difficile. A Vénissieux, vers 1930, 80 % des habitants sont nés hors de l'agglomération lyonnaise, 44 % sont nés à l'étranger ; dans la banlieue de Paris, les lotissements sauvages non viabilisés se multiplient. Le déracinement explique l'instabilité des travailleurs ; à Pont-à-Mousson, dans les années 1920, il faut embaucher chaque année plusieurs centaines, voire plusieurs milliers, de travailleurs pour accroître de 100 unités l'effectif de l'entreprise. L'évolution du niveau de vie est très variable selon les secteurs et les régions. Le salaire horaire moyen d'un mineur d'Auboué (fer lorrain) en 1929 a, depuis 1914, moins augmenté que le coût de la vie. Les budgets ouvriers consacrent encore en 1930 60 % de leurs ressources aux dépenses alimentaires, le pourcentage n'a guère changé depuis 1905 (63,6 %).

Ainsi les forces de la modernisation n'ont pas encore atteint l'ensemble de la société française. Les avant-gardes sont brillantes, mais restent des avant-gardes. Les trois grands groupes sociaux majeurs qui composent la société française, les paysans, les classes moyennes, les ouvriers, ont tous souffert, d'une manière ou d'une autre, et des conséquences de la guerre et des débuts de la grande modernisation des années 1920. C'est cette nation que la grande dépression frappe.

La situation politique en 1929.

Poincaré, président du Conseil depuis 1926, atteint par la maladie, dut se retirer en juillet et fut remplacé par le onzième et dernier ministère Briand. Les ministres radicaux avaient démissionné dès 1928. L'union nationale n'existait plus véritablement qu'au

Sénat. Briand fut renversé en octobre et remplacé par Tardieu qui gouverna jusqu'en décembre 1930. La France ne perçut pas l'importance de cette mutation. La génération politique apparue après le scandale de Panama et parvenue au pouvoir avec l'affaire Dreyfus est en voie de disparition. Les vétérans, nés en 1862, Briand et Barthou, occupent des postes ministériels où brillent leurs compétences, mais leur influence décline avant leur disparition en 1931 et 1934. De la chute de Briand aux élections de 1932, aucun président du Conseil n'avait été à la tête d'un gouvernement avant 1929. Le centre et la droite ont donc entièrement renouvelé leur état-major à ce moment, avec dix ans de retard sur la gauche. Peut-on avancer que les conditions de la vie politique en furent affectées d'abord parce que les hommes nouveaux ne valaient pas leurs aînés ? Non seulement la guerre a fauché comme ailleurs dans l'élite (Abel Ferry), mais d'autres événements ont interrompu des carrières qui eussent été brillantes. Sans la disparition de Maurice Berteaux et de Marcel Sembat, le départ pour Genève d'Albert Thomas, l'élimination par Clemenceau de Malvy et de Caillaux, l'histoire des partis socialiste et radical eût été différente et vraisemblablement plus brillante.

D'autre part, les oppositions politiques sont marquées par un durcissement qui ne fit que s'aggraver au cours des années, au Parlement comme dans la nation. La courtoisie perfide qui marquait les débats parfois de très haut niveau aux temps du Bloc national et même du Cartel fait place à des discours violents, jusqu'alors réservés aux extrémistes de gauche et de droite. Poincaré était respecté pour sa réputation d'intégrité. L'aisance tardive de Briand lui venait de son prix Nobel. L'insulte ne les atteignait guère car elle venait de *L'Humanité* pour le premier, de *L'Action française* pour le second. Or, Tardieu et Laval qui vont les remplacer passaient, aux yeux de la gauche, pour des politiciens véreux. Tout vieux socialiste parisien prétendait avoir donné la pièce, trente ans plus tôt, pour payer un repas ou un vêtement au renégat Laval, le « bougnat » devenu richissime. Tardieu adulé par la droite, caricaturé en requin ou en brochet par ses adversaires, était dénoncé comme un affairiste, agent de l'Allemagne avant la guerre, devenu, comme Mandel, l'un des hommes de main de la dictature clémenciste. Ces hommes apparaissent suspects à la gauche et sont l'objet d'attaques *ad homi-*

nem. Eux-mêmes ne ménagent pas leurs adversaires, et la presse politique prend un ton de plus en plus agressif. Malgré l'apparence molle et somnolente de la direction politique droitière ou radicale, se formaient ainsi, sans qu'on s'en doutât, des conditions de guerre civile au tournant des années 30.

D'ailleurs, malgré le vocabulaire politique du temps, les modérés n'existaient plus sauf dans le radicalisme et les petits partis du centre. Une partie de la droite était républicaine, mais elle était peu attachée au régime. Les catholiques, le gros de ses électeurs, ne pouvaient plus être maurrassiens ; ils restaient cependant conditionnés, comme leurs adversaires du Grand-Orient, par les suites de l'affaire Dreyfus et l'avant-guerre. Aussi l'extrême droite autoritaire continuait-elle à invectiver « la gueuse ». Tandis que tout politicien de droite était facilement accusé d'être un « fasciste ».

Tout comme les radicaux, Briand et Poincaré s'identifiaient au système politique. Ils étaient des rassembleurs qui avaient parfois transcendé l'opposition séculaire entre le parti de la résistance et celui du mouvement, et gouverné au centre comme le souhaitait le Sénat.

Or Tardieu était à juste titre conscient de la vétusté, de la sclérose du régime, incapable de résoudre les problèmes de l'heure. Il voulait lui rendre son efficacité, en abaissant le Parlement, en renforçant un exécutif soutenu par de nettes majorités de droite, en excluant les « combinaisons » chères aux radicaux. On entre donc en 1929 dans une ère d'affrontements souhaités par le président du Conseil.

2
La crise de l'économie
1929-1935

Malgré la vulgate répétée de manuel en manuel, qui peut dire quand la crise a commencé ? Qui peut dire où la crise a commencé ? Le jeudi noir de Wall Street en octobre 1929 marque seulement le moment où, aux États-Unis, la crise a été perçue. Mais l'effondrement boursier n'est pas l'origine d'une dépression qui s'est étendue ensuite au monde entier. Trop souvent l'analyse de la crise se réduit à ce récit d'une succession implacable de causes et d'effets : au bout de cette chaîne, la France, tardivement mais profondément atteinte, pour sacrifier aux termes consacrés.

Dès 1980, Jacques Marseille critiquait l'image traditionnelle des origines de la crise en France [1]. Les historiens n'auraient fait que reproduire les affirmations de responsables politiques de l'époque qui, à l'unisson de l'opinion, ne pouvaient admettre que la nation, fondamentalement saine, ait pu porter les germes de la maladie. L'économiste Charles Rist lui-même, en 1931, écartait toute *responsabilité* de la France dans une dépression « répercussion d'un événement extérieur à l'économie du pays ». Les données rassemblées par Jacques Marseille font, au contraire, de la France un des pays industriels « où le retournement conjoncturel a été le plus précoce ».

Partie intégrante du système capitaliste mondial édifié dans les années 1920, la France est victime et des déséquilibres de ce système et des propres disparités de son développement économique. D'autre part, il faut distinguer le retournement précoce de la conjoncture et l'entrée plus tardive dans la dépression. Mais l'originalité française est la durée de cette dépression : l'activité économique, en 1938, stagnait encore au-dessous du niveau de 1928.

---

1. J. Marseille, « Les origines inopportunes de la crise de 1929 en France », *Revue économique,* vol. 31, n° 4, juillet 1980.

Chronologie de la crise.

La baisse des prix de gros est, en 1929, plus accentuée que dans les autres pays industriels même si la moyenne, avec une chute de 8,3 %, masque de grandes disparités. De même, les cours des valeurs mobilières enregistrent, dès mars 1929, un repli sensible. Enfin, les exportations régressent dès 1927. Dans ces trois domaines les différents secteurs industriels ne sont pas également touchés, la crise frappe essentiellement les industries textiles, les produits agricoles, l'automobile, le caoutchouc. L'analyse détaillée de la production industrielle confirme ces premiers éléments. Si, en apparence, l'indice global atteint son sommet en mai 1930, l'examen des différents secteurs démontre la précocité du repli dans le domaine textile (dès 1928) ; l'automobile est atteinte dès le deuxième trimestre de 1929. Puis, en 1930, les industries extractives, le bâtiment. Un seul indicateur semble contredire la thèse d'une origine précoce de la crise : aucun chômeur n'est secouru en octobre 1929, en mars 1931 ils ne sont que 50 000. Mais, d'une part, la statistique n'est élaborée qu'à partir du début de 1931 et, d'autre part, ces chiffres ne tiennent compte ni du chômage partiel ni du départ hors de France de nombreux travailleurs étrangers.

Comment comprendre ce retournement précoce de la conjoncture, masqué par l'aisance financière ? Ernest Labrousse nous a appris comment les crises dévoilaient les structures d'une économie. La crise dans ses premières manifestations est invisible parce qu'elle atteint les secteurs, comme le textile, les plus traditionnels, les plus dispersés, ceux qui peuvent temporairement réduire le temps de travail. L'insertion encore fréquente dans le tissu rural amortit les effets du sous-emploi. D'autre part, la crise révèle la fragilité de l'insertion de la France dans le commerce international. Les exportateurs bénéficient longtemps de la faiblesse du franc, et donc de l'inflation ; après la stabilisation réussie par Poincaré en 1926, l'avantage conjoncturel disparaît ; alors la concurrence internationale est rude, les prix français ne sont plus compétitifs. Enfin, les industriels français n'ont guère tenté de prospecter le marché de consommation français. L'industrie française se croit encore vouée à la production de luxe et non à la grande diffusion. Les paysans et les ouvriers représentent plus des deux tiers de la population active

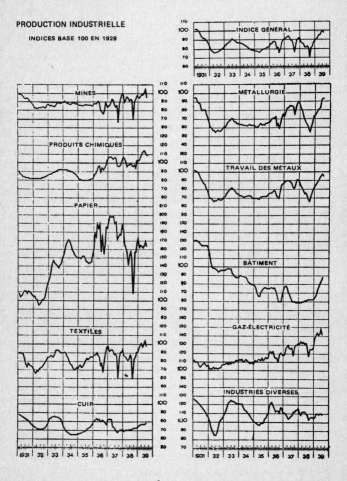

PRODUCTION INDUSTRIELLE

INDICES BASE 100 EN 1928

Source : d'après Sauvy, *Évolution économique de 1929 à 1939*,
Ministère de l'Économie nationale

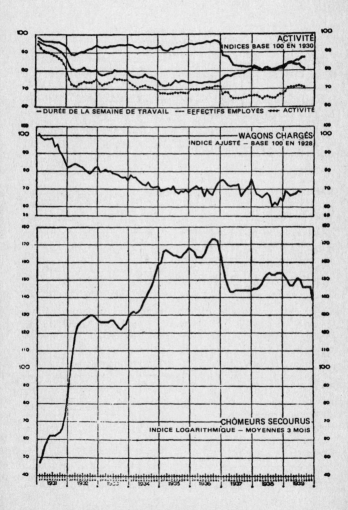

in *Le Mouvement économique en France de 1929 à 1939*,
Paris, Service national de statistique, 1941, p. 96 et p. 104.

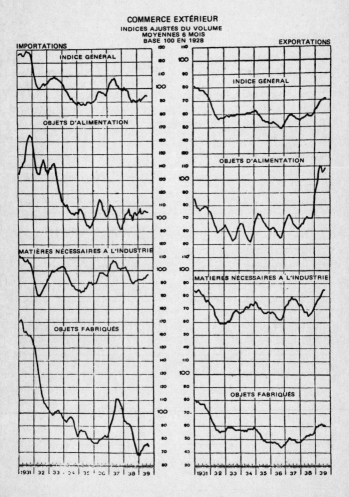

Source : d'après Sauvy, *Évolution économique de 1929 à 1939*,
Ministère de l'Économie nationale

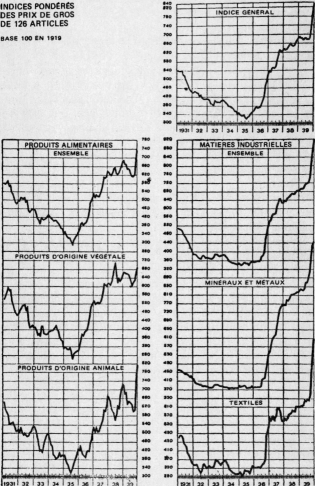

en France, 1930-1939

INDICES PONDÉRÉS
DES PRIX DE GROS
DE 126 ARTICLES

BASE 100 EN 1919

INDICE GÉNÉRAL

PRODUITS ALIMENTAIRES
ENSEMBLE

PRODUITS D'ORIGINE VÉGÉTALE

PRODUITS D'ORIGINE ANIMALE

MATIÈRES INDUSTRIELLES
ENSEMBLE

MINÉRAUX ET MÉTAUX

TEXTILES

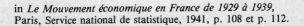

in *Le Mouvement économique en France de 1929 à 1939*,
Paris, Service national de statistique, 1941, p. 108 et p. 112.

française, leur niveau de vie, nous l'avons dit, n'augmente guère pendant les années 1920. Ainsi la demande globale ne peut soutenir la croissance de la production. L'État, de son côté, après la guerre et la reconstruction, réduit le volume de ses dépenses. Ainsi les brillants résultats à l'exportation de l'économie française masquent-ils les contradictions fondamentales de la croissance des années 1920.

Dans un deuxième temps la France subit les effets des événements internationaux. L'année décisive est 1931, le choc majeur est la dévaluation de la livre en septembre. De nombreux pays, dont l'économie est liée au Royaume-Uni, l'accompagnent dans la dévaluation : États du Commonwealth, sauf le Canada, États d'Amérique latine, États scandinaves, Japon. Les prix des produits français, la monnaie reste liée à l'or, ne sont plus compétitifs ; le commerce extérieur s'effondre. Dorénavant, et jusqu'à la guerre, la balance des comptes est en déficit permanent. La production industrielle recule de 17 % de septembre 1931 à avril 1932. Les faillites bancaires s'accumulent.

Facteurs internes et facteurs externes s'ajoutent alors pour creuser la dépression. Deux très bonnes récoltes en 1932 et 1933 aggravent la chute des cours des produits agricoles, réduisent les ressources du monde rural et donc sa consommation de produits industriels. La crise nourrit la crise. A l'extérieur la dévaluation du dollar en avril 1933 aggrave l'isolement des pays restés fidèles à la définition en or de leur monnaie. Les États du « Bloc-or », la France, la Belgique, les Pays-Bas, l'Italie, la Suisse, dont les prix sont surévalués par le simple jeu des dévaluations successives, ne peuvent alors profiter des signes de reprise mondiale.

Les effets de la crise : l'économie française en 1935.

La situation de l'agriculture est particulière. La dépression freine l'exode vers les villes, la population agricole masculine active passe de 4,4 millions en 1931 à 4,2 millions en 1936. Cette diminution touche d'ailleurs essentiellement les salariés agricoles. Les exploitants, dont le nombre est stable, produisent un volume équivalent de produits agricoles. Mais l'effondrement des prix réduit, de manière souvent dramatique, la valeur de cette production. Grenadou, le paysan beauceron dont Alain Prévost a recueilli les souvenirs [1], décrit concrètement la situation : « En 1932, voilà la crise. Le blé tombe de cent cinquante à cent francs. Plus la peine de battre puisque je pouvais plus vendre !... La crise n'a pas d'abord touché la viande, mais bientôt tout a suivi : la boucherie, les betteraves, les haricots, toutes les graines. On a gardé de la graine de betterave deux ans dans le grenier sans arriver à la vendre. Une année elle valait cent sous, trois francs l'autre, et pour finir les marchands ne payaient même pas. » Or la plupart des charges qui pèsent sur les paysans ne diminuent pas ; il faut payer le loyer des terres, le bourrelier, le maréchal-ferrant. La seule solution, pour survivre, est de diminuer la consommation : Grenadou remet en état le four à pain, achète une forge portative pour économiser les 2 000 francs qu'il donne habituellement chaque année au maréchal-ferrant, entretient lui-même ses harnais pour économiser les dépenses de bourrelier. Mais ainsi tout le tissu d'activités rurales est atteint, les artisans comme les commerçants. La gravité de la crise dans les campagnes entretient la dépression.

Si la crise agricole est générale, la situation de l'industrie est plus contrastée. Dès 1935, l'économiste Jacques Dessirier distingue les secteurs « abrités » et les secteurs « non abrités » [2]. Les secteurs abrités sont ceux qui peuvent résister à la baisse générale des prix et donc maintenir des profits et des investissements. Le secteur public, postes, chemins de fer, électricité, le secteur cartellisé (les ententes entre producteurs permettent de limiter la chute des prix) se maintiennent. Certaines productions augmentent : énergie électrique, raffinage de pétrole, aluminium. Au contraire les faillites se multiplient dans le textile, la construction mécanique et l'industrie métallurgique non cartellisées, le commerce et les banques d'affaires. Au total, en 1935, l'indice de la production industrielle est sans doute — les statistiques sont diversement interprétées — en recul de 20 à 25 % par rapport à son niveau de 1930. La baisse des prix de gros atteint alors 46 %, celle du cours des actions 60 %. La crise

1. Voir (35*).
* Le nombre entre parenthèses renvoie à la bibliographie finale.
2. J. Dessirier, « "Secteurs abrités" et "non abrités" dans le déséquilibre actuel de l'économie française », *Revue d'économie politique*, juill.-août 1935.

aggrave donc les disparités structurelles de l'économie française, elle frappe surtout les petits entrepreneurs indépendants, elle accélère la concentration économique, les grands de la sidérurgie, Schneider, De Wendel, sont renforcés ; Michelin s'assure, en 1934, le contrôle de Citroën en liquidation judiciaire, Peugeot qui a modernisé et concentré sa production résiste bien à la crise, Mercier étend son emprise sur l'électricité. Le poids de Paris comme centre directeur de l'économie nationale s'accroît. Inversement, de nombreuses régions perdent leur vitalité : les très nombreuses faillites bancaires (670 de 1929 à 1937) font disparaître surtout de très anciens et très réputés établissements régionaux. Là encore la crise aggrave des déséquilibres structurels déjà existants.

La chute des profits entraîne l'effondrement des investissements et, dans les secteurs « non abrités », un vieillissement accéléré du matériel. Cependant, la croissance moyenne de la productivité se poursuit à un rythme proche de celui des années 1920. C'est sensible dans le monde rural, les exploitants réduisent leur main-d'œuvre salariée, le nombre des tracteurs passe de 27 000 en 1929 à 35 000 en 1938. La productivité des mines de charbon augmente d'un tiers entre 1930 et 1935. Au total, le recul de la production s'explique plus par la diminution du nombre d'heures de travail que par une baisse de la productivité. C'est poser le difficile problème du chômage, total ou partiel. Nous y reviendrons en analysant les conséquences sociales de la crise.

Le volume des exportations diminue de 60 % entre 1929 et 1935. Là encore, l'effondrement du commerce international touche de plein fouet les secteurs non abrités, comme le textile : en 1928-1930, les industries de la soie et de la rayonne exportent 67 % de leur production, les industries de la laine, 50 %. Dorénavant, le textile s'accroche au débouché colonial qui représente sa chance de survie.

Enfin, la crise atteint les finances publiques. Logiquement, la diminution de l'activité économique entraîne une baisse des recettes de l'État fondées, par la fiscalité, sur cette activité. Mais les dépenses de l'État, traitements des fonctionnaires, pensions, ne sont pas compressibles au même rythme. Ainsi apparaît le déficit budgétaire.

L'État face à la crise : le budget, le franc.

De l'affaire Oustric, en 1930, à l'affaire Stavisky, en 1933-1934, les scandales financiers, toujours au premier plan de l'actualité, traduisent les obsessions d'une France de petits épargnants grugés par des aventuriers qui ont partie plus ou moins liée avec le monde politique. Ils trahissent aussi l'image dominante de la crise dans une opinion qui ne voit pas les réalités de l'économie. Les gouvernements eux-mêmes, qui se succèdent à un rythme accéléré, reflètent les mentalités dominantes. Les politiques, si l'on met à part l'expérience Laval de 1935, accumulent les mesures de circonstance. Les premières prises de conscience datent de 1931 ; elles coïncident avec l'apparition du déficit budgétaire. Les gouvernements de centre droit jusqu'aux élections de 1932, puis du néo-Cartel (radicaux jusqu'en février 1934, puis retour à l'union nationale), affrontent à la fois les difficultés économiques et les périls extérieurs.

Deux dogmes inébranlables commandent l'action gouvernementale : celui de l'équilibre budgétaire et le refus de la dévaluation. C'est une tradition bien ancrée que de rendre systématiquement responsable l'État de toutes les difficultés des Français. Paradoxalement, les groupes sociaux appellent en permanence l'État au secours, tout en lui reprochant ses gaspillages. Ainsi, répondant à l'attente de l'opinion publique, tous les gouvernements s'attellent à la résorption du déficit budgétaire, les plans d'assainissement des finances publiques se succèdent et constituent l'essentiel des débats parlementaires. Mais les économies réalisées, les nouvelles recettes proposées ne dépassent guère quelques centaines de millions de francs quand le déficit se chiffre en milliards. Ainsi le décret d'avril 1934, après des débats passionnés, décide la baisse de 3 % de la retraite du combattant. Ainsi tente-t-on périodiquement de réduire le nombre des fonctionnaires « budgétivores » ou de diminuer leurs traitements. Dans un article de *La Dépêche de Louviers* d'avril 1933, le jeune député radical de l'Eure, Pierre Mendès France, écrit : « Se contenter de ''grappiller'' au hasard des découvertes, telle ou telle économie de détail dans telle ou telle administration, c'est se condamner, par avance, à n'obtenir que des résultats insignifiants. » Il rappelle que la moitié des dépenses de l'État est consacrée au service de la dette — le poids des emprunts de la Grande

Guerre pèse lourd sur les budgets — et que, la plupart des autres dépenses étant incompressibles, les efforts de redressement risquent d'être vains. Mendès France affirme que « les problèmes financiers sont d'ordre mineur », non pas origine des difficultés mais conséquence d'une crise qui est d'abord économique : « L'effort doit porter essentiellement et organiquement là où est la vraie maladie : sur le terrain de la crise économique. » Léon Blum, quant à lui, évoque le *fétichisme budgétaire*. La permanence des efforts de « redressement financier » et la permanence de leur inutilité rendent peu à peu sceptique l'opinion publique et aggravent l'antiparlementarisme.

Le débat sur la dévaluation est d'une autre nature. Pour l'historien, la situation est claire : la dévaluation est nécessaire dès 1931, après l'abandon par le Royaume-Uni de l'étalon-or, ou tout au moins après 1933 quand le dollar est lui aussi dévalué. Désormais, les tentatives de règlement international des problèmes monétaires sont abandonnés après l'échec de la Conférence de Londres. Entre les États règne désormais la guerre commerciale et seule la dévaluation peut rétablir la compétitivité des produits français à l'exportation. Deux raisons expliquent la résistance obstinée des mentalités à cette solution. D'abord l'illusion financière : les efforts de redressement, que nous avons évoqués, doivent permettre une réduction des prix français. La déflation est capable d'éviter la dévaluation. L'autre raison est plus profonde. L'opinion n'a pas oublié le franc-or de 1914, gage de stabilité sociale, de protection des patrimoines. Elle a accepté sans enthousiasme, comme un mal nécessaire, la nouvelle définition du franc en 1926-1928, qui prenait acte de l'inflation des années 1920 et qui équivalait à une amputation de l'épargne et des patrimoines rentiers. Toute nouvelle dévaluation provoquerait immédiatement l'inflation, « Notre petit franc à quatre sous, dit Doumergue président du Conseil en 1934, vaut de l'or. Nous devons tout faire pour qu'il garde sa valeur. » Et Germain-Martin, ministre des Finances de Doumergue : « Dévaluer le franc ce serait rompre le contrat le plus sacré... Dévaluer c'est la banqueroute. » Les arguments moraux et patriotiques sont les plus forts pour repousser la dévaluation. A peu près isolé, à contre-courant de l'opinion dominante, Paul Reynaud répète, à la fin de 1934 : « Les prix-or français sont encore en moyenne de 15 % supérieurs aux prix anglo-saxons... » Ainsi s'explique

que la Belgique, un des pays du « Bloc-or », dévalue sa monnaie en novembre 1935. La France se contente de se protéger de la concurrence des importations en renforçant dès l'été 1931 ses barrières douanières ; progressivement une grande partie des produits importés sont contingentés. Le refus de la dévaluation explique la nature des deux tentatives globales de réponse à la crise, celle de Laval en 1935, celle du gouvernement de Léon Blum en juin 1936.

L'État face à la crise : les mesures « malthusiennes ».

Les réflexes malthusiens, qui contredisent la doctrine libérale, sont conservatoires. Ils visent à rétablir un équilibre que la crise a détruit : l'offre de produits est supérieure à la demande, et donc les prix baissent ; il faut en conséquence ajuster l'offre à la demande, en provoquant la diminution de la production. Faut-il souligner l'absurdité de ce raisonnement : réduire la production n'est-ce pas s'enfoncer encore plus profondément dans la dépression ? Mais ces mesures sont aussi des mesures de protection qui, souvent, vont à l'encontre du but général souhaité : la baisse des prix de revient. Ainsi les mesures limitant les formes modernes de distribution visent à protéger le petit commerce. Les gouvernements sont prisonniers des catégories sociales qu'ils entendent représenter ; du centre droit au centre gauche, des républicains modérés aux radicaux, le petit entrepreneur indépendant, paysan, commerçant, artisan ou membre des professions libérales, est l'image même de la France qu'il s'agit de préserver.

Dans le domaine agricole, pour lutter contre la surproduction et éviter la baisse des prix, les principales mesures touchent deux secteurs symboliques et sensibles : le vin et le blé. La production de vin est dorénavant gonflée par l'apport des vignobles algériens en plein rendement et que les négociants utilisent pour couper les vins français et accroître leur teneur en alcool. L'hectolitre de vin du Midi, qui se négociait 190 francs en 1926, tombe à 154 francs dès 1929, et même à 64 francs en 1935. Le « Statut du Vin » de 1931 interdit les plantations nouvelles, taxe les gros rendements. Mais, si la production se stabilise, les prix continuent à s'effondrer malgré les campagnes en faveur de la consommation du vin, « boisson nationale ». Les producteurs de blé

affrontent eux aussi une baisse catastrophique des prix. La loi
du 10 juillet 1933 fixe un prix minimal de 115 francs l'hectolitre, mais la commercialisation n'est pas contrôlée, les paysans
restent à la merci des intermédiaires et des minotiers, et sont souvent contraints de vendre au-dessous du cours imposé. Une loi
de décembre 1934 rétablit alors la liberté du marché, la décision
précipite la chute des prix, le prix du blé descend en juillet 1935
au-dessous de 60 francs le quintal (156 francs en 1927). La crise
révèle, dans le domaine viticole comme dans le domaine céréa-
lier, l'emprise des négociants qui spéculent à la baisse. Cependant, l'essor des coopératives viticoles et céréalières est un des
acquis de la période.

Les seules lois d'ensemble concernent l'agriculture ; dans les
autres secteurs, on ne peut relever que quelques mesures dispersées : limitation des magasins à « prix unique », interdiction de
créer de nouvelles minoteries. En mars 1936, une loi interdit la
création de toute nouvelle usine de chaussures, il s'agit d'empêcher l'installation en France d'une usine de l'entreprise tchéco-
slovaque Bata.

Autre tentative conservatrice, la loi votée en août 1932, « pro-
tégeant la main-d'œuvre nationale [1] ». Les décrets d'application
pris à la demande des organisations ouvrières ou patronales
s'échelonnent jusqu'en 1938. Les secteurs qui demandent la protection de la loi n'appartiennent pas à la grande industrie, en
1935 l'industrie du caoutchouc est interdite aux étrangers dans
de nombreux départements, mais non dans le Puy-de-Dôme où
règne Michelin. De même, la grande agriculture ne peut se passer du travail des saisonniers immigrés. Les décrets ne concernent pratiquement pas la France industrielle du Nord et de l'Est.
Au contraire sont protégés dans de nombreuses régions les salons
de coiffure, les métiers du spectacle, les métiers du bâtiment,
la boulangerie… Le dualisme de l'économie française est révélé
non seulement par la crise mais par les mesures tentées pour y
faire face. Le monde politique semble ne guère s'intéresser qu'au
paysan, à l'artisan, au petit commerçant.

---

1. P. Guillaume, « Du bon usage des immigrés en temps de crise »,
Vingtième Siècle. Revue d'histoire, n° 7, septembre 1985.

*La tentative de déflation de Laval
(juin 1935-janvier 1936).*

Le gouvernement dirigé par Pierre Laval obtient en juin 1935 les pleins pouvoirs « pour lutter contre la spéculation et défendre le franc ». Le texte permet à l'État de multiplier, sans aucune sanction parlementaire, des décrets-lois préparés par une solide équipe de techniciens comme Charles Rist ou Jacques Rueff. Dès juillet, une série de décrets réduisent les dépenses de l'État : le traitement des fonctionnaires est diminué de 10 %, de même que les intérêts de la rente. La pression fiscale est alourdie. D'autre part, on tente de peser sur les prix : une baisse autoritaire des loyers, du charbon, et des tarifs du gaz et de l'énergie électrique est décidée. Le prix du pain doit baisser. L'équipe au pouvoir souhaite, d'une part, rétablir l'équilibre budgétaire et, d'autre part, provoquer de proche en proche une baisse générale des prix français.

Les résultats sont ambigus. Certes, le déficit budgétaire est réduit, mais l'écart entre les prix français et les prix étrangers est trop grand pour permettre une reprise des exportations. Enfin, dès l'automne, on observe une légère hausse des prix contraire à l'objectif gouvernemental. Si une timide reprise conjoncturelle de la production s'esquisse à la fin de 1935 et au début de 1936, il ne semble pas que la politique de Laval qui visait l'assainissement, et non la relance, puisse en être responsable.

Cette tentative est la dernière qui, radicalement, tente de mettre en œuvre les deux dogmes du début des années 1930 : équilibre budgétaire, défense du franc et refus de la dévaluation. Elle a le mérite de se donner, non sans courage, les moyens de ses fins. Mais elle ne peut maîtriser la durée, les perspectives de l'échéance électorale de 1936 pèsent lourd. La lutte contre les « décrets-lois de misère » cimente la coalition électorale du Rassemblement populaire. Quand en 1935 paraissent les premiers décrets, la gauche, le 14 juillet, célèbre son unité.

La crise économique des années 1930 révèle l'économie française. L'erreur serait de croire qu'elle révèle une économie tout entière malthusienne. Le mot, souvent utilisé par Alfred Sauvy, ne peut résumer à lui seul la situation. Certes, tout un ensemble de secteurs accepte difficilement les impératifs de la modernisa-

VOLUME DE LA PRODUCTION INTÉRIEURE BRUTE
FRANÇAISE [1]
indices base 100 en 1929

Années	Indice de la production
1929	100
1930	97
1931	93
1932	89
1933	93
1934	93
1935	90
1936	91
1937	96
1938	96
1939	100

1. D'après Carré, Dubois et Malinvaud, *La Croissance française,* Paris, Éd. du Seuil, 1972, p. 35.

RYTHMES DE CROISSANCE
DE LA PRODUCTION FRANÇAISE [1]
taux annuel en %

Périodes	Industrie	Ensemble des branches productives	Branches productives et services non productifs
1896-1913	2,4	1,9	1,8
1913-1929	2,6	1,7	1,5
1929-1938	1,1	− 0,4	− 0,3
1938-1939	0,8	0,9	1,1

1. D'après Carré, Dubois et Malinvaud, *op. cit.,* p. 32.

CROISSANCE DES PRODUCTIONS INDUSTRIELLES
PAR BRANCHE SUR LA LONGUE PÉRIODE [1]

taux de croissance moyens en % par an

	de 1896 à 1913	de 1913 à 1929	de 1929 à 1938
Industries agricoles et alimentaires	1,4	2,1	0,3
Combustibles minéraux solides, gaz	2,2	2,2	0,8
Électricité, eau	8,9	12,9	3,3
Matériaux de construction	2,4	2,5	− 5,0
Métallurgie	6,5	4,0	− 4,5
Industries mécaniques et électriques	4,5	4,4	− 8,9
Industries chimiques	5,9	7,5	0,9
Textiles, habillement, cuir	1,4	0,8	− 1,4
Industries diverses	2,5	2,4	1,9

1. D'après Carré, Dubois et Malinvaud, *op. cit.*, p. 45.

tion économique, de nombreux petits entrepreneurs cherchent à perpétuer des rentes de situation et, tout en se réclamant du libéralisme économique, appellent au secours l'État protecteur des situations acquises. Mais si, en France, la vie politique affectionne les ruptures, l'économie française dans son évolution ne sacrifie pas aisément le passé à l'avenir. Ce qu'on appelle l'*archaïsme* perdure alors même que la modernité s'installe. Ainsi le dualisme des structures économiques évite les secousses sociales brutales. Le nombre des petits commerçants augmente pendant la crise, mais dans le même temps la productivité de l'industrie progresse, l'électrification des campagnes se poursuit, la production de l'aluminium augmente. En réalité, la crise en France casse peut-être un rythme de croissance, celui des années 1920, que le pays ne pouvait pas supporter. Quand, après la guerre, la croissance reprend, l'État, dont le rôle est préparé dans les années 1930, est là pour l'accompagner. La crise en France est à la fois maturation et repli.

3

La crise sociale

Les indicateurs dont l'historien dispose pour analyser les effets sociaux de la crise économique sont insuffisants pour permettre une étude précise. Les statistiques du chômage en particulier sont partielles, il est difficile de mesurer le sous-emploi. D'autre part, et c'est un problème de psychologie collective, les contemporains sont plus sensibles à la contraction de leurs revenus qu'à la baisse des prix, qui compense parfois cette contraction.

Cependant, la crise ne frappe pas également les différentes couches sociales, qui, d'autre part, sont plus ou moins en situation d'en pallier les effets. Enfin, il faut tenir compte de la chronologie sociale de la crise.

Le chômage.

Les statistiques du chômage proviennent des enquêtes de l'Inspection du travail, qui concernent surtout les grandes entreprises, et de l'examen des bénéficiaires des fonds municipaux du chômage ; mais toutes les communes n'aident pas les chômeurs. Enfin, le chômage partiel n'est que tardivement comptabilisé. Ces incertitudes expliquent en partie l'apparente faiblesse du nombre des chômeurs, puisque, en mars 1931, on compte 50 000 chômeurs secourus. L'autre explication est le départ de nombreux travailleurs immigrés, les premiers licenciés. Ainsi en 1934 les compagnies minières du Pas-de-Calais affrètent 17 trains spéciaux pour renvoyer des mineurs dans leur Pologne d'origine. Le nombre des mineurs étrangers du département passe de plus de 50 000 en 1931 à moins de 35 000 en 1936. Et les départs des immigrés commencent dès 1930.

Les autres victimes prioritaires du chômage sont les femmes, dont la place « naturelle » est à la maison. Plus de 300 000 d'entre elles sont licenciées entre 1931 et 1936. C'est particulièrement visible dans le Nord de la France où de nombreuses ouvrières du textile perdent leur emploi.

Enfin, dans les régions où le monde ouvrier est encore proche de ses racines rurales, les possibilités de repli existent et permettent de survivre en cas de perte d'emploi ou de sous-emploi. C'est le cas de certaines vallées vosgiennes.

Tout cela explique que le chômage est, dans les premières années de la crise, peu visible. Mais, à partir de la fin 1933, l'ensemble des salariés est touché. A Calais, l'industrie dominante du tulle est très atteinte ; en 1936 plus de 5 000 chômeurs complets sont inscrits au fonds municipal (Calais compte 70 000 habitants). A Maubeuge, sur 7 000 travailleurs de la métallurgie, on compte, en 1935, 1 200 chômeurs complets, plus de 1 000 chômeurs partiels. Dans la région parisienne, les chômeurs sont, à Ivry, 10 en 1930, 1 000 en 1932, 3 000 en 1935. Au début de 1936, la région parisienne, qui emploie 20 % de la population active, compte la moitié des chômeurs secourus du pays. Au total, en 1935, il y a plus d'un million de chômeurs et on estime que plus de la moitié des travailleurs sont en chômage partiel.

L'État doit très vite suppléer les finances municipales débordées par l'afflux des chômeurs. A Saint-Nazaire, où la faillite de la Compagnie générale transatlantique aggrave les difficultés des chantiers navals, il finance, en 1935, 80 % des dépenses communales consacrées au fonds de chômage. Les conditions de résidence sont sévères pour obtenir un secours, qui ne peut dépasser la moitié des ressources antérieures et qui n'est attribué que pour une durée limitée à trente jours. On comprend la multiplication des marches de la faim et des soupes populaires.

La précarité, déjà grande, de l'emploi s'aggrave. Certaines entreprises, Renault par exemple, licencient leurs salariés puis réembauchent, mais les salaires alors proposés sont moins élevés.

La classe ouvrière et l'action syndicale.

C'est la classe ouvrière industrielle qui est surtout atteinte par le chômage et ses conséquences. Mais l'ouvrier qui travaille à temps complet n'est pas perdant en pouvoir d'achat. L'indice des salaires baisse moins que l'indice des prix. Pour un indice 100 en 1929, le salaire nominal journalier du mineur du Nord est à l'indice 87,6 en 1935, mais l'indice du salaire réel à 109,5. Calculé ainsi, son pouvoir d'achat s'est amélioré. Le travail partiel, la précarité rendent ces calculs théoriques.

Le patronat tire avantage de la situation nécessairement défensive du mouvement ouvrier pour essayer d'obtenir l'abrogation, réclamée par *Le Temps* et *Le Journal des débats,* des assurances sociales et des allocations familiales. Marguerite Perrot montre que la politique déflationniste de Laval en 1935 est liée à un grand effort patronal contre cette législation coûteuse dont l'application était sabotée [1]. Les chefs d'entreprise trouvent donc un intérêt à la crise économique qui renforce leur pouvoir. En effet la défense ouvrière est très faible. Même pendant la période de prospérité l'action syndicale est freinée par les divisions idéologiques ; elle l'est ensuite par la faible combativité de ceux que menacent le renvoi et le chômage. La crise fait reculer la grève. Entre 1922 et 1929, selon Roger Dufraisse [2], le pourcentage de grèves victorieuses fut de 54 %, mais de 37 % seulement entre 1930 et 1935. Le volant du chômage condamne à la défaite.

La proportion croissante des travailleurs non qualifiés, d'origine rurale ou étrangère, a considérablement affaibli l'esprit révolutionnaire de l'avant-guerre. Le taux de syndicalisation est très faible : de l'ordre de 10 % en 1929, de 5 % seulement dans la métallurgie.

La seule organisation de masse, la CGT (Confédération générale du travail) de Léon Jouhaux, a moins de 700 000 cotisants avant la crise et ses effectifs déclinent. Le secteur public, où l'appartenance à un syndicat entraîne un moindre risque pour l'emploi, est fortement représenté. Relativement embourgeoisée par l'importance en son sein des fonctionnaires (en particulier des instituteurs et des postiers), la CGT veut des réformes et non la révolution. Elle redoute la grève et l'imprévu de la violence, l'action des irresponsables et des militants de la CGTU (Confédération générale du travail unitaire). Subissant l'influence des syndicats britanniques, dont elle est loin d'avoir la puissance, elle veut être reconnue, comme eux, partenaire valable par l'État et le patronat. Considérant que la rationalisation est respon-

---

1. Voir (177).
2. Voir R. Dufraisse, in *Mouvements ouvriers...* (175).

sable de la crise — la CGTU fait la même analyse —, elle a pour principal souci de défendre d'abord les salaires et l'emploi. Dès 1931, elle réclame la semaine de 40 heures en 5 jours, les congés payés, l'assurance-chômage, la prolongation de la scolarité, la retraite à 60 ans et l'exécution de grands travaux. Elle suit avec intérêt l'expérience Roosevelt, mais, à partir de 1933, son alignement sur les buts politiques de la SFIO fait que la défense de la démocratie, menacée par le « fascisme » des ligues, passe au premier plan. Elle est ensuite le laboratoire d'idées du Front populaire grâce à l'influence qu'y prennent les jeunes universitaires planistes du Parti socialiste. *Le Peuple* est, par son sérieux et par sa valeur, un véritable *Temps* ouvrier. Mais, pour cette raison même, il est peu lu. Les autres centrales ont encore moins d'adhérents et d'influence. La CGTSR, créée en 1926 par les syndicats révolutionnaires survivants, n'a d'existence que dans quelques syndicats, comme les ardoisières de Trélazé.

Courroie de transmission du Parti communiste, la CGTU a moins de 300 000 cotisants en 1929, et ses effectifs fondent ensuite rapidement. Les ouvriers des services publics y sont majoritaires. Elle a la même politique aventuriste que le PC et veut développer la lutte des classes en s'appuyant sur la misère. Cependant, plus jeunes, plus radicaux, plus actifs, les militants de la CGTU jouent dans les conflits sociaux un rôle de premier plan.

En dehors des centrales existent des organisations autonomes (cheminots) qui accroissent l'éparpillement, et, en marge, considéré longtemps comme « jaune », commence à se développer le syndicalisme chrétien. Le conflit d'Halluin au cours duquel l'évêque de Lille, Liénart, intervient en faveur des grévistes est le grand tournant, car le pape, saisi d'une plainte par les patrons, les déboute. En 1929, il accueille et bénit les grévistes à Rome, et, en 1930, il élève l'évêque de Lille à la pourpre cardinalice. A partir de 1929, le syndicalisme chrétien — la CFTC (Confédération française des travailleurs chrétiens) —, soutenu par quelques évêques, commence à participer aux grèves défensives. Cependant, il reste encore très prudent et ne se joint pas à la défense de la République en février 1934. Aussi les autres centrales continuent-elles à considérer la CFTC avec suspicion et à lui refuser toute représentativité.

On voit donc que les organisations ouvrières en face des puissantes unions patronales sont nombreuses et faibles, le chômage les paralyse ; leur puissance matérielle qui, en France, à l'inverse des grands pays industrialisés, n'a jamais été importante, est encore affaiblie par la pénurie d'argent de leurs adhérents. Sauf la CGTU, les organisations inclinent vers une intégration du syndicalisme dans la société. Après 1934, la CGTU, sans céder sur les principes, assouplit sa pratique en raison de l'unité d'action. Ainsi le pouvoir et les possédants n'ont pas grand-chose à redouter d'une classe ouvrière angoissée et meurtrie.

Mais, faute de politique autonome en raison de leurs faiblesses et de leurs divisions, les organisations syndicales se mêlent, à partir de 1934, à la lutte politique des partis de gauche et jouent un rôle important dans l'avènement du Front populaire. Comme souvent en France, la crise sociale cherche une issue politique.

Les classes moyennes.

Les données rassemblées par Alfred Sauvy permettent un classement théorique des victimes de la crise. Les revenus fixes, les revenus rentiers (retraites, revenus fonciers), prennent leur revanche sur la période précédente où l'inflation avait provoqué leur érosion. Les professions libérales de même voient croître leur pouvoir d'achat. Les salaires se maintiennent à peu près, mais, nous l'avons vu, le chômage pèse lourd sur les salariés. Les faillites, dont la moyenne mensuelle augmente de 77 % entre 1929 et 1934, l'effondrement des bénéfices industriels et commerciaux, atteignent durement les petits commerçants et les artisans, d'autant plus que, solution de repli pour les chômeurs, leur nombre semble augmenter entre le recensement de 1931 et celui de 1936.

Pendant l'entre-deux-guerres, le nombre des fonctionnaires augmente d'un cinquième, par suite du développement de l'instruction publique et des communications postales, et cela malgré les freins mis au recrutement lors de la crise, surtout par Laval. La droite leur voue une haine politique, et la boutique, une haine sociale. On dénonce ces « budgétivores » comme les seuls responsables, avec les lois sociales, des difficultés budgétaires. En réalité, ils sont encore peu nombreux, toujours mal payés, jouant souvent un rôle économique (postes, ponts et chaussées) ou technique (enseignement). L'agriculture française serait plus modernisée si les cadres de l'agronomie étaient plus nombreux.

Exaspérés par les attaques dont ils sont l'objet de la part de la grande presse, les fonctionnaires voient leur traitement amputé. De toutes les catégories sociales la fonction publique est une des plus atteintes et, en tout cas, la plus humiliée par le pouvoir et par les manifestations montées contre elle par le petit commerce, qui cherche des responsables à ses propres difficultés. Certes, les indices montrent qu'avant 1934 le pouvoir d'achat des serviteurs de l'État n'a pas souffert ; dans la réalité vécue, les fonctionnaires ressentent le contraire. D'autre part, au moment de la crise, leurs traitements longtemps maintenus, comme les rentes, au niveau de 1919, viennent seulement d'être réajustés. Au printemps 1927 avait eu lieu dans les lycées la première grève du baccalauréat de l'histoire.

Or, si la syndicalisation reste faible, les employés de l'État jouent pourtant un rôle traditionnel dans la SFIO et de plus en plus important dans la CGT. En attendant le Front populaire qui va donner un grand essor à leur organisation syndicale, leur mécontentement est sensible à la gauche parlementaire qui bénéficie de leurs suffrages. Aussi les mesures qu'on veut prendre contre eux ont-elles contribué à l'instabilité ministérielle.

Mais les classes moyennes, dans leur ensemble, sont particulièrement touchées par la crise, alors qu'elles sont, traditionnellement, les plus fermes soutiens de la République. Le problème majeur des partis républicains est alors de maintenir, malgré les tentations autoritaires, cette indispensable assise.

Les cultivateurs.

La prospérité n'a pas fait faire de grands progrès au profit des paysans. La crise provoque l'effondrement de leur revenu, par la chute des prix, à partir de 1930. Tandis que la production se maintient pour le blé ou progresse pour le vin, l'excédent de l'offre sur la demande solvable s'accroît en raison du chômage. Le quintal de blé et l'hectolitre de vin valent respectivement, en 1929, 184 et 154 francs. Ils ne valent plus que 74 et 64 francs en 1935. Alors le creux de la vague est atteint, mais les cours ne se rétablissent pas avant 1938. Rendue nécessaire, la révision des baux en faveur des fermiers victimes du phénomène des *ciseaux,* c'est-à-dire d'un accroissement de l'écart entre le prix des produits agricoles et celui des produits manufacturés, entraîne la baisse du prix de la terre. Le cultivateur mange alors son capital et l'exploitant-propriétaire retourne à une économie de subsistance. Mais l'appel des cultivateurs à l'État est beaucoup mieux entendu que celui des salariés. Le poids de l'électorat rural est considérable pour tous les partis, mais surtout pour les radicaux ou les conservateurs au pouvoir. Il s'ensuit que toute la législation malthusienne est faite au profit des agriculteurs sous la direction de Tardieu, puis de Queuille, sans empêcher cependant que la petite paysannerie soit parmi les catégories sociales les plus touchées.

Toutefois, les difficultés ressenties provoquent une vive agitation et même des troubles dans la Somme, dans l'Eure-et-Loir et en Normandie. De nouvelles équipes concurrencent les gros agrariens affaiblis par la crise. Leur orientation d'extrême droite, autour de Le Roy Ladurie, de Salleron, de Roger Grand, se marque par les idéologies corporatistes, partiellement inspirées de Maurras et d'un certain catholicisme social agrarien. La démagogie antiparlementaire rend plus violents le Parti agraire, né en 1928, et la Défense paysanne de Henri Dorgères et Marcel Braibant qui se fondent dans le Front paysan, les « chemises vertes ». En fait, cette agitation reste confuse. Les « fascistes » ruraux peuvent parfois ameuter les foules ; mais, avec au plus un ou deux élus, ils ne parviennent jamais à conquérir les suffrages paysans. A la tête des cultivateurs qui s'emparent de la préfecture de Chartres en janvier 1933 se trouvent leurs élus, sénateurs et députés radicaux.

La gauche profite électoralement plus de l'insatisfaction paysanne que la droite : les radicaux ; les socialistes à l'origine d'un syndicalisme paysan, dans la célèbre tradition des « paysans du Centre » et de Guillaumin ; les communistes avec Renaud Jean et Waldeck Rochet, puissants dans le Cher, le Limousin, le Lot-et-Garonne. Ainsi, la lutte paysanne n'est pas aussi homogène que l'auraient voulu les agrariens. Contre eux, l'extrême gauche mobilise en faveur des fermiers et métayers évincés. Le thème essentiel des campagnes électorales de Bergery à Mantes fut la défense des producteurs de céréales contre le grand capitalisme minotier. Enfin, l'expansion de l'extrême droite est freinée en maints endroits par la défection catholique. La Jeunesse agricole chrétienne, fondée en 1929, est aussi dans les régions non déchristianisées à l'origine d'un syndicalisme éducateur qui échappe à l'emprise des agrariens. Il est vrai que cette influence n'est pas immédiate et ne commence à se faire sentir que dans les dernières années de la République.

L'appauvrissement dû à la crise atteint donc les classes moyennes par la baisse considérable du niveau de vie des paysans et de la petite bourgeoisie ; il frappe les salariés par le chômage. Les puissants capitalistes en profitent matériellement, la bourgeoisie des entrepreneurs et des professions libérales n'en souffre pas mais est quand même profondément affectée par la peur de l'avenir et la crainte de voir contester un patronat ancestral. « Le temps de la haine » s'installe. Quelques-unes des conditions qui, dans d'autres pays, ont conduit au triomphe du fascisme semblent réunies.

4
La crise diplomatique
1929-1936

*La France en 1929 : une grande puissance
européenne et coloniale.*

1929 marque l'apogée de la politique d'Aristide Briand, ina-
movible au Quai d'Orsay. La France est sûre d'elle et de sa puissance. Les problèmes de l'après-guerre sont surmontés, la France
a dominé sa victoire. Le rapprochement avec l'Allemagne ne la
désarme pas, elle conserve la première armée d'Europe et préserve en Europe centrale un réseau d'alliances de revers. Liées
à la France, la Pologne, la Tchécoslovaquie, la Roumanie, la
Yougoslavie, bénéficient d'un important flux de capitaux français. En septembre 1929, Briand propose à la tribune de la Société
des nations, à Genève, une « sorte de lien fédéral » entre les peuples européens. La sécurité peut être collective ; l'Allemagne,
intégrée à l'Europe, ne constituera plus un danger pour la France.
Non seulement la France est une grande puissance, mais elle est
aussi à l'origine des initiatives qui conduisent l'Europe sur les
chemins de la paix.

La France est aussi une grande puissance impériale. Les leçons
de géographie présentent « la plus grande France » de 11 millions de kilomètres carrés, de 80 millions d'habitants. C'est cette
France qui donne les meilleurs soldats, ceux qui ont héroïque-
ment contribué à la victoire et pourraient sauver encore, la pro-
chaine fois, ce pays qui est supposé être le leur. L'Empire est
le premier partenaire commercial de la France, il assure les débouchés de secteurs essentiels comme les industries textiles et alimentaires. L'investissement dans l'Empire représente en 1929 environ
un tiers de l'investissement extérieur total. Pendant les années
1920, les colonies deviennent un placement privilégié pour les
capitaux français.

La politique extérieure, la politique coloniale ne sont guère contestées. L'action de Briand fait l'unanimité de la droite à la SFIO. La mission humanitaire et civilisatrice de la France dans son Empire n'est critiquée que par de petites minorités, le Parti communiste en particulier. Prêchant la paix à la tribune de Genève, diffusant la civilisation dans le monde, la France est fidèle à sa mission éternelle.

Les événements de l'année 1929 n'infirment pas ces constatations. Le chancelier allemand Stresemann montre l'inutilité de l'occupation de la Rhénanie au moment où, par le pacte Briand-Kellogg (août 1928), la guerre est dorénavant « hors la loi ». Poincaré et Briand souhaitent un règlement définitif des Réparations, le plan Dawes arrive à son terme. Un groupe d'experts, présidé par le banquier américain Young, propose un plan adopté en août 1929 par la Conférence de La Haye. Le *plan Young* maintient le chiffre de 132 milliards, moins les sommes déjà versées, prévu en 1921. Mais les 109,6 milliards de marks seront payés en 59 ans, le dernier versement doit donc intervenir en 1988. D'autre part, seuls 22,6 milliards sont exigibles sans condition, les 87 milliards restants ne sont dus que si les États-Unis exigent le remboursement de leurs créances. La France a donc obtenu que soit reconnu le lien entre les réparations et les dettes interalliées. Ce lien cependant ne joue que dans un sens : les États-Unis refusent de s'engager à abandonner leurs exigences en cas de défaillance allemande. La Commission des réparations disparaît. La Banque des règlements internationaux, à Bâle, est créée pour répartir les versements allemands. En échange, les Alliés acceptent d'évacuer la Rhénanie avant le terme fixé par le traité de Versailles (1935) ; les derniers soldats alliés doivent quitter le territoire allemand avant le 30 juin 1930.

L'autre grande décision de 1929 touche directement la sécurité de la France. Le programme prévoyant la construction d'une ligne fortifiée couvrant les frontières Nord-Est du pays est établi en 1929, voté en janvier 1930. La *ligne Maginot,* du nom du ministre de la Guerre, est d'actualité au moment où les soldats français quittent la Rhénanie. Elle correspond aux conceptions militaires de Pétain, inspirateur très influent du Conseil supérieur de la Guerre. La carapace de béton, dont la construction s'étend sur environ cinq ans, ne couvre pas la frontière belge pour deux raisons : la Belgique est l'alliée de la France et la fortification aurait pû être perçue comme inimicale ; d'autre part, dans le cas d'une offensive allemande, l'armée française se porterait en Belgique pour arrêter l'envahisseur. Ainsi serait préservée l'intégrité du territoire national.

*La crise met en évidence les faiblesses françaises :
la fin des Réparations, le désarmement.*

La cohérence de la politique extérieure et du projet défensif de la France ne résiste pas aux effets de la crise des années 1930. Alors il apparaît que la France dépend d'un système mondial qu'elle ne contrôle pas. La France ne possède pas la maîtrise de son destin, comme elle pouvait le croire, comme elle peut toujours le croire si elle écoute le discours quotidien. Ce que révèle la crise, c'est une solidarité atlantique, alimentée par les capitaux américains. L'économie américaine domine le monde, mais les États-Unis refusent d'assumer les responsabilités qui correspondent à leur puissance. La structure mondiale est encore masquée ; sur la scène de Genève les Européens s'agitent, croyant faire encore une histoire qui leur échappe. Le flux de dollars qui vient des États-Unis stabilise l'Europe : de l'Allemagne ils gagnent la France par le biais des réparations, la France investit des capitaux chez ses clients d'Europe centrale, qui, à leur tour, importent des produits industriels allemands.

C'est dire que la crise, dont un des premiers effets est d'arrêter le flux de dollars, détruit un équilibre. Cependant, la France conserve, nous l'avons vu, l'illusion d'échapper à l'effondrement économique. Elle conserve aussi l'illusion de rester libre dans le choix de sa politique. Or la crise, provoquant l'effondrement financier de l'Allemagne, révèle les limites de la politique de Briand. Que peut-on encore concéder à l'Allemagne, sans réviser profondément les clauses du traité de Versailles, et donc mettre en danger la sécurité de la France ? Les nazis, contre le plan Young, relancent l'agitation nationaliste. Ce qui devait être le couronnement de l'action de Briand pour la paix, son projet d'Union européenne, se perd en 1930 et 1931 dans les sables d'une commission d'études de la SDN. Briand lui-même, en mai 1931, se voit préférer Paul Doumer, élu contre lui président de la République. Certes, la France peut encore empêcher la réalisation de l'*Anschluss* économique entre l'Allemagne et l'Autriche en 1931. Mais Briand ne fait pas partie du gouvernement Laval formé en janvier 1932 ; il meurt quelques semaines plus tard en mars 1932.

La crise liquide les Réparations. En juillet 1931, le gouvernement Laval accepte le moratoire général d'un an de toutes les dettes entre les États que propose le président Hoover. Mais il devient très vite évident que l'Allemagne, en pleine débâcle financière, ne pourra pas reprendre les paiements au terme du moratoire. Laval, aux États-Unis, en octobre 1931, tente de convaincre Hoover de la nécessité de lier réparations et dettes interalliées. Mais le congrès rejette toute possibilité de réduction des créances américaines. Édouard Herriot est à la tête du gouvernement depuis les élections de juin 1932. Il est bien décidé à n'accepter qu'un règlement global du problème des dettes. Mais la délégation française à la Conférence de Lausanne (juin-juillet 1932) doit finalement accepter la fin des réparations. Certes, l'Allemagne s'engage à verser un dernier paiement de 3 milliards mais cette concession est purement formelle, l'engagement ne sera jamais honoré. A Lausanne, Herriot a dû céder aux pressions britanniques. Les États-Unis, à la fin de 1932 — c'est le terme du moratoire —, exigent le paiement français. Herriot souhaite que la France honore ses engagements, la majorité des députés s'y oppose. C'est la chute du gouvernement Herriot et les États-Unis n'oublieront pas que la France a refusé de payer ses dettes.

L'isolement de la France apparaît aussi clairement lors des débats sur le désarmement. La position française date de 1924, elle est alors résumée par la formule de Herriot : « Arbitrage, sécurité, désarmement. » Mais les Anglo-Saxons n'ont pas voulu, en 1924, du protocole de Genève qui aurait rendu l'arbitrage obligatoire, si bien que la SDN ne peut décréter des sanctions que par décision unanime de son Conseil. L'inefficacité des moyens éclate quand le Conseil ne peut sanctionner le Japon agresseur en Mandchourie. Pour l'Angleterre comme pour les États-Unis, qui se partagent la maîtrise des mers, le désarmement doit porter avant tout sur les armements terrestres. La France au contraire considère que le désarmement ne peut intervenir que si sa sécurité est assurée. Or l'Allemagne, chacun le sait, réarme en secret et réclame l'égalité des droits avec les autres nations. Et chacun de montrer du doigt « la première armée du monde », celle de la France. Le plan Tardieu de force militaire internationale proposé en février 1932 n'est guère examiné à la Conférence de

Genève. Herriot fait adopter par le gouvernement en octobre son
« plan constructif », il tente de lier la réduction des armements
terrestres à une assistance en cas d'agression. Mais la pression,
à la Conférence du désarmement, est telle que la France se résout
à accepter le principe de l'égalité des droits pour l'Allemagne,
sans guère de garanties, sinon verbales, sur sa sécurité. Nous sommes en décembre 1932, quelques semaines plus tard Hitler est
chancelier.

La France face à Hitler : la doctrine militaire.

De janvier 1933 au Front populaire, quatre hommes se succèdent aux Affaires étrangères, Paul-Boncour, jusqu'en janvier
1934, Barthou, de février à octobre 1934, puis Laval, jusqu'en
janvier 1936, et enfin Flandin. Face à la France, Hitler, dans
cette période, démantèle ce qui dans le traité de Versailles peut
lui apporter quelque sécurité. Devant les dangers, Paul-Boncour
est fidèle à la tradition humaniste et patriotique de Briand et de
Herriot ; Laval a plus d'habiletés que de principes ; seul Barthou tente de construire une politique des réalités. Les aléas, les
avatars, les hésitations quotidiennes de la politique extérieure
française ne méritent pas les soins du chroniqueur attentif. Pré-
sentons, dans cette période qui va de l'avènement de Hitler en
janvier 1933 à la remilitarisation de la Rhénanie en mars 1936,
les données essentielles : l'outil militaire et les conceptions stra-
tégiques, le réseau d'alliances, le rôle de l'opinion publique et
l'évolution des mentalités.

L'armée française est toujours, dans les années 1930, sous la
conduite des « grands chefs » qui l'ont menée à la victoire en
1918. La fonction majeure est celle de vice-président du Conseil
supérieur de la Guerre, Pétain l'assume jusqu'en 1931, puis Wey-
gand jusqu'en janvier 1935, Gamelin, enfin, de cette date à la
guerre. Le corps des officiers est inégal, seuls les officiers subal-
ternes, les lieutenants et les capitaines, issus de milieux de bourgeoisie patriote, sont de tout premier ordre. La doctrine militaire
française est définie dès 1921 par l'*Instruction provisoire sur
l'emploi des grandes unités,* ce texte n'étant que retouché, sans
modifications significatives par la suite. Les différents plans,
comme le *plan Dbis* en application en 1935, répétent scrupuleu-

sement les grands principes : les soldats d'active doivent couvrir les frontières, permettre la mobilisation, les enseignements de la Première Guerre sont parfaitement assimilés. Le « feu tue ». Il faut attendre l'agresseur. L'offensive n'est jamais prévue, mais seule, « le moment venu », une contre-offensive. Le cheval garde sa place, centrale, dans le dispositif. L'armée française dépense beaucoup plus pour le fourrage que pour le carburant, la rapidité du moteur effraie. La sage lenteur du cheval est plus capable de ménager les vies humaines. L'avion comme le char ne sont conçus, malgré quelques officiers hérétiques, comme le colonel de Gaulle, que comme un appoint de l'infanterie qui doit toujours régner sur le champ de bataille. Et il est vrai qu'il y a une certaine cohérence dans une doctrine qui tient compte avant tout des capacités françaises.

En effet, selon la formule de Robert Frank, la défense de la France repose sur « le béton, la mer, et l'or [1] ». En cas d'agression, l'infanterie et la ligne Maginot contiendront l'envahisseur, la maîtrise de la mer permettra de mettre en œuvre cet avantage décisif que la France conserve sur l'Allemagne, cet immense Empire, réserve d'hommes et de produits. L'or enfin, dont l'Allemagne est dépourvue, constituera au sens propre un trésor de guerre, qui donnera à la France toutes les possibilités d'approvisionnements extérieurs. La France pourra alors soutenir un long conflit pour lequel l'Allemagne n'a pas de ressources suffisantes. L'arrivée de Hitler au pouvoir ne transforme que très lentement les politiques militaires. Ce n'est qu'en 1934, gouvernement Doumergue après le 6 février, alors que la construction de la ligne Maginot s'achève, que l'on songe au réarmement. Ce réarmement est essentiellement aérien, et le gouvernement Laval en 1935, tout à sa politique de déflation, tente de le freiner : le budget de la Défense nationale voté en 1935 pour l'exercice 1936 est moins important que celui de l'exercice 1935. Face à Hitler, au démantèlement progressif du traité de Versailles, la France ne semble pas avoir de politique militaire de rechange. C'est d'autant plus grave que la diplomatie française ne s'accorde guère à la stratégie des militaires.

1. Voir (113).

La France face à Hitler :
sécurité collective ou réalisme (1934-1936) ?

La difficulté première de toute diplomatie est d'analyser les réalités et d'être capable d'adapter l'action aux changements du monde. L'arrivée de Hitler à la Chancellerie ne provoque pas ce choc que l'historien naïf s'attend à constater. Qui, en France, a lu *Mein Kampf* ? Qui peut croire à la durée du *nouveau* régime ? Pendant les premiers mois, Hitler multiplie les bonnes paroles ; l'ambassadeur de France, André François-Poncet, est son interlocuteur privilégié. Le Quai d'Orsay est encore briandiste. Alexis Léger (Saint-John Perse en poésie), très proche de Briand, occupe à partir de mars 1933 la fonction de secrétaire général. Léger, comme les principaux diplomates du Quai d'Orsay, a appris son métier dans un autre monde, celui des années 1920. Dans ce domaine comme dans le domaine stratégique et militaire, il y a décalage entre le réel et les géostratégies encore dominantes. Ce décalage dure sans doute, si l'on met à part la période dominée par Barthou en 1934, jusqu'au début de 1936 (remilitarisation de la Rhénanie). Les responsables français ne perdent que lentement l'espoir d'une entente avec l'Allemagne dans le cadre de la sécurité collective.

Il est vrai que la France, en première ligne sur le continent face à Hitler, ne peut pas être certaine de ses alliés traditionnels. D'une part, les conséquences de la crise provoquent un isolement de plus en plus marqué des différentes nations, dont témoigne l'échec de la Conférence de Londres en 1933. D'autre part, les Anglais, après les grands changements de 1931 et tout particulièrement la dévaluation de fait de la livre, ont choisi le « grand large ». Leur économie se redresse, leur opinion publique est profondément pacifiste, ils veulent éviter avant tout d'être entraînés malgré eux, sur le continent, dans un conflit armé. A la différence des Français, les Britanniques ont spontanément une vision mondialiste et donc une géostratégie planétaire. La politique française leur semble égoïste et étroitement hexagonale. Ils écoutent souvent avec bienveillance les plaintes allemandes : le redressement de l'Allemagne ne conduit-il pas à un meilleur équilibre sur le continent ?

La diplomatie française peut-elle ignorer l'Angleterre ? Aucun des gouvernements successifs ne le croit. La France accepte ainsi, non sans poussées soudaines d'anglophobie, la tutelle de la « gouvernante anglaise » (François Bédarida). Mais on ne peut guère compter sur l'appui anglais au-delà des engagements pris à Locarno en 1925. La France ne peut conduire une politique d'isolement. Les responsables politiques et militaires connaissent tous les données de la démographie (3 Allemands pour 2 Français dans les années 1930) et l'absolue nécessité des alliances. Mais quelles alliances ? Faut-il encore croire aux possibilités de contenir l'Allemagne dans le cadre de la sécurité collective ? Le pacte à Quatre (France, Allemagne, Italie et Royaume-Uni) est bientôt vide de sens. Barthou en 1934 et Laval en 1935 illustrent successivement deux politiques fort différentes.

Louis Barthou devient ministre des Affaires étrangères dans le gouvernement d'union nationale formé par Gaston Doumergue au lendemain du 6 février 1934. C'est un homme d'expérience puisque son entrée au Parlement date de 1889 et qu'il a été maintes fois ministre. Républicain libéral, anticommuniste et patriote, Barthou n'a jamais été un briandiste convaincu et se méfie de l'Allemagne. Il a lu *Mein Kampf,* c'est rare dans le monde politique auquel il appartient. Barthou, malgré le Royaume-Uni qui pousse à un arrangement, se refuse à poursuivre avec l'Allemagne des négociations de désarmement. L'Allemagne propose de limiter les deux armées à 300 000 hommes, mais n'entend pas compter SA et SS dans ce total. Barthou ne croit pas à la volonté de désarmement de Hitler, dont rien n'indique qu'il rejoindra la SDN. Les moyens de contrôle sont incertains. S'il est impossible d'empêcher l'Allemagne de réarmer, faut-il désarmer la France (avril-mai 1934) ? Ainsi Barthou a repoussé le compromis franco-allemand parrainé par l'Angleterre.

Si la sécurité de la France ne peut être assurée dans le cadre de la SDN et de la sécurité collective, si la France est impuissante à empêcher le réarmement de l'Allemagne, des alliances sont indispensables. Barthou tente d'abord de resserrer les liens de la France avec ses « petits alliés ». Depuis les années 1920, la France est liée d'une part à la Pologne qu'elle a soutenue dans sa guerre contre l'URSS et, d'autre part, aux trois pays qui ont constitué la Petite Entente, la Tchécoslovaquie, la Roumanie et la Yougoslavie, afin de faire front contre le révisionnisme de la Hongrie et de la Bulgarie et contre une éventuelle restauration des Habsbourg. Enfin une convention militaire secrète lie, depuis 1920, la France à la Belgique. Ces alliances sont incertaines et quelquefois menacées. La Belgique est-elle décidée à accepter que son territoire serve de champ de bataille aux Français et aux Allemands ? La Pologne, qui signe en janvier 1934 un accord avec l'Allemagne, doit être rassurée sur la détermination française. Ainsi Barthou, de capitale en capitale, tente d'affirmer une politique. Mais l'affaire majeure est la « grande alliance », l'alliance avec l'URSS.

Dès 1932, Herriot avait conclu avec l'URSS un pacte de non-agression. Barthou est décidé à aller au-delà. Les services du Quai d'Orsay élaborent dans un premier temps un projet complexe de « Locarno oriental » : tous les États de l'Europe de l'Est se garantiraient mutuellement leurs frontières. Mais l'Allemagne pas plus que la Pologne ne sont décidées à conclure un tel accord. Le but réel est, d'une part, l'entrée de l'URSS à la SDN, réalisée en septembre 1934, mais, surtout, une véritable alliance entre les deux pays. Le projet de Barthou divise l'opinion : pour la plus grande partie de la droite l'alliance avec l'URSS est immorale. La SFIO, par la voix de Léon Blum, déplore l'abandon de la sécurité collective. Le souvenir de 1914 est lancinant, des alliances bilatérales risquent de reconstituer des blocs opposés et donc de multiplier les risques de conflit. Mais les radicaux sont divisés, et la « droite réaliste » approuve les orientations du ministre. Cependant Barthou songe aussi à un rapprochement avec l'Italie ; le moment est opportun puisque Mussolini, en envoyant des divisions sur le Brenner après la tentative d'Anschluss avec l'Autriche (assassinat du chancelier Dollfuss le 25 juillet 1934), se montre déterminé à s'opposer à Hitler et approuve l'entrée de l'URSS à la SDN. Si le roi Alexandre de Yougoslavie est invité en France, c'est pour tenter d'améliorer les relations de son pays avec l'Italie. La politique de Barthou vise clairement à isoler l'Allemagne. Mais le 9 octobre, à Marseille, le roi Alexandre est victime des terroristes croates, et Barthou, lui-même atteint, meurt quelques heures après l'attentat.

Laval succède au Quai d'Orsay à Barthou. Jusqu'au début de 1936 il reste à la tête de la diplomatie française. L'image de Pierre Laval ne doit pas être obscurcie par le rôle qu'il a joué entre 1940 et 1944. Cependant, dès 1934, Laval est présenté par la presse comme l'héritier de Briand : un grand patriote, certes, mais surtout un apôtre de la paix. Comme beaucoup d'hommes de sa génération, il est hanté par les massacres de la Grande Guerre, et il n'a jamais renié le pacifisme de la SFIO de 1914. Laval, au contraire de Barthou, élimine *a priori* la possibilité de la guerre.

Certes, Laval prétend poursuivre l'action de Barthou mais, multipliant les « petits pas » en direction de tous les partenaires de la France en Europe, il se refuse à préparer une guerre qui n'est pas pensable. Le rapprochement avec l'Italie s'inscrit dans ces perspectives. A Rome, en janvier 1935, Laval s'entretient longuement, sans témoin, avec Mussolini. L'essentiel pour le Duce est d'obtenir que la France laisse à l'Italie « les mains libres en Éthiopie ». Laval quant à lui croit autoriser une pénétration économique pacifique. Le malentendu est lourd de conséquences. Cependant, alors qu'en mars Hitler décide le rétablissement du service militaire obligatoire en Allemagne, la Conférence de Stresa en avril 1935, qui réunit Anglais, Italiens et Français, n'aboutit qu'à une déclaration vague. Les Britanniques refusent tout engagement, on se promet certes de défendre l'Autriche, mais toute idée de guerre préventive, souhaitée alors par Mussolini, est écartée. Cependant, des rencontres militaires entre Gamelin et Badoglio approfondissent, pendant l'été, le rapprochement franco-italien.

Vis-à-vis de l'URSS, Laval se pose en héritier de Barthou, mais le pacte signé le 2 mai est vidé de toute substance. Non seulement il n'est assorti d'aucune convention militaire, mais encore son application est subordonnée à la décision du Conseil de la SDN. Ainsi l'alliance est-elle rendue inoffensive. Le voyage de Laval à Moscou, à la mi-mai, n'a plus que des objectifs de politique intérieure française. Il obtient que le communiqué final précise que « M. Staline comprend et approuve pleinement la politique de défense nationale faite par la France pour maintenir sa force armée au niveau de sa sécurité ». Le Parti communiste français doit alors opérer un virage à 180° et oublier ses campagnes contre le militarisme et l'impérialisme français.

La même démarche ambiguë caractérise l'attitude de Laval vis-à-vis de l'Allemagne. Comme le prévoit le traité de Versailles, les Sarrois sont invités en janvier 1935 à choisir leur destin : le *statu quo,* c'est-à-dire un régime international, le rattachement à la France, le rattachement à l'Allemagne. Laval se refuse à sou-

tenir les francophiles. Il entend prouver à l'Allemagne la bonne
volonté de la France et son scrupuleux respect des traités. Le
référendum (90 % pour le rattachement à l'Allemagne) est
une démonstration de puissance pour les nazis. La loyauté de
l'attitude française n'empêche pas Hitler, qui prend pour prétexte la signature du pacte franco-soviétique, de réarmer ouvertement.

L'affaire éthiopienne met en évidence les ambiguïtés de la politique de Laval. Le 3 octobre 1935, Mussolini, du balcon du Palais
de Venise, annonce à grand fracas l'invasion italienne de l'Éthiopie. Le royaume du négus Hailé Sélassié est membre de la SDN ;
l'Angleterre, qui prêche l'apaisement en Europe, ne peut supporter ce qu'elle considère comme une menace sur le canal de
Suez, sa géostratégie mondiale est en jeu. La France ne peut que
s'associer le 7 octobre à la condamnation de l'agresseur par le
Conseil de la SDN. Mais Laval s'emploie à retarder le vote des
sanctions et à affaiblir leur portée. Les sanctions sont économiques et financières ; l'Italie peut s'approvisionner librement en
fer, acier, cuivre, pétrole... Certes, en même temps, la France
promet, en Méditerranée, son appui naval à l'Angleterre. Laval
ne veut ni abandonner son projet d'alliance avec l'Italie, ni rompre avec le Royaume-Uni. Le dernier épisode est le « plan Laval-
Hoare » en décembre 1935 : l'Italie obtiendrait les deux tiers de
l'Éthiopie en échange d'un petit débouché sur la mer accordé
au royaume du Négus. Mais une fuite, provoquée par des adversaires du compromis, Léger en France et Eden en Angleterre,
suscite le scandale. Samuel Hoare doit démissionner, il est remplacé au Foreign Office par Eden. En France l'affaire contribue à hâter le départ des radicaux du gouvernement. La
complaisance de Laval vis-à-vis de Mussolini facilite leur adhésion au Rassemblement populaire. Le gouvernement Laval est
renversé le 22 janvier 1936. Le réquisitoire que, dès le 28 décembre, à la Chambre, Léon Blum prononce contre un Pierre Laval
« réticent et dilatoire » résume assez bien le style d'une politique : « Vous avez procédé, lui dit-il, dans les grandes affaires
du monde comme nous vous voyons procéder ici, chaque jour,
dans les petites affaires et dans les petits trafics. Vous avez essayé
de donner et de retenir... Vous avez annulé vos actes par des
paroles et vos paroles par des actes... Vous avez tout altéré
par la combinaison, par l'intrigue et par l'entregent... Votre

complaisance pour l'agression fasciste du dehors a porté à la République un coup aussi cruel que votre connivence avec l'entreprise fasciste du dedans. »

Le gouvernement formé par Albert Sarraut, avec Flandin au Quai d'Orsay, ne peut être qu'un gouvernement d'attente et de transition avant les élections d'avril. Il est pourtant affronté à une crise majeure.

La remilitarisation de la Rhénanie, les impuissances françaises.

Le traité de Versailles interdisait à l'Allemagne d'entretenir des soldats et d'édifier des fortifications sur la rive gauche du Rhin et sur une bande de 50 kilomètres de la rive droite. Le pacte de Locarno, en 1925, avait confirmé cette interdiction. Librement négociés et ratifiés par l'Allemagne, les engagements de Locarno ne peuvent être, comme les stipulations de Versailles, considérés comme un *diktat*. Hitler ne cesse de proclamer son respect du pacte de Locarno, mais, depuis 1935, il considère que la France elle-même, par l'alliance avec l'URSS, viole ces accords. Or le pacte franco-soviétique est ratifié en février 1936 à une large majorité (communistes, socialistes, radicaux et 80 députés de la « droite réaliste » entraînés par le ministre Flandin et Paul Reynaud). Cependant, malgré des indices concordants, ni le gouvernement ni l'opinion ne s'attendent, à échéance proche, au coup de force. Ainsi, quand, le 7 mars 1936, les soldats allemands pénètrent en Rhénanie, c'est en France la consternation et la stupeur. Mais c'est aussi l'absence de réaction alors qu'on sait aujourd'hui que l'opération avait été déconseillée à Hitler par ses généraux et que l'Allemagne était décidée à reculer si l'armée française franchissait la frontière.

L'événement donne la mesure des indécisions et des contradictions françaises. La passivité du gouvernement Sarraut peut certes s'expliquer en partie par la période choisie par Hitler. La campagne électorale ne prédispose pas à prêter beaucoup d'attention aux événements extérieurs. On sait aussi que la gauche est plus attentive aux dangers d'un fascisme intérieur qu'aux réalités des régimes fascistes européens. La Grande-Bretagne, c'est un deuxième facteur d'explication, n'est aucunement décidée à pousser la France à intervenir. Mais surtout la non-intervention est commandée par l'attitude de l'armée d'une part, par la pression de l'opinion publique d'autre part.

L'armée juge la riposte impossible parce qu'elle surestime curieusement les forces allemandes et qu'elle pense ne pas pouvoir agir sans l'appui britannique. Mais la raison fondamentale est d'ordre structurel : la stratégie française ne prévoit pas l'offensive. L'armée de la ligne Maginot est prête à couvrir les frontières, mais non à pénétrer en territoire allemand. La première armée du monde, théoriquement capable d'encadrer 3 millions de soldats, semble totalement dépourvue de capacités opérationnelles. L'armée est organisée pour la défense de la patrie.

A quoi bon alors les alliances ? Comment les alliés peuvent-ils prendre au sérieux un État qui démontre son incapacité à les secourir en cas de besoin puisqu'il se refuse, frileusement, à sortir de ses frontières ? La Belgique en prend d'ailleurs acte et dénonce la convention militaire de 1920. La crise rhénane révèle ainsi l'incompatibilité totale entre la stratégie française et sa diplomatie. Elle porte en germe les épisodes suivants : à Munich, en 1938, la France s'accroche à sa stratégie et abandonne la Tchécoslovaquie son alliée. La carence fondamentale des années 1930 est donc l'absence d'une vision d'ensemble, l'absence d'une stratégie globale diplomatique et militaire. Encore faudrait-il que cette vision globale soit portée par une volonté politique et soutenue par une opinion.

L'opinion : un patriotisme de repli.

Le drame français est que ni le monde politique ni l'opinion ne perçoivent que l'Allemagne de Hitler n'est pas l'Allemagne de Guillaume II. Les responsables français des années 1930 sont marqués par cette Première Guerre mondiale dont un des effets les plus directs est de faire naître des générations de pacifistes. L'inutilité du grand massacre est, même si on ne peut pas tout à fait le proclamer, évidente. Et la France a intériorisé ce remords de n'avoir pu, dans l'été 1914, le prévenir. De même que l'état-major raisonne en fonction des conditions de 1914, de même l'opinion est hantée par l'idée qu'il ne faut pas reproduire ce déroulement inéluctable d'événements qui a conduit au conflit. Tout geste agressif paraît ainsi marqué d'avance par la peur de prendre un risque insensé qui mettrait en route l'engrenage fatal. Alors, certains s'accrochent à la sécurité collective, au droit et à la raison pour éviter de reproduire les circonstances fatales, la constitution d'un système d'alliances antagonistes et la course aux armements. C'est en 1935 que Jean Giraudoux fait jouer *La guerre de Troie n'aura pas lieu*. C'est en 1936 que Roger Martin du Gard publie le volume des *Thibault* consacré à *L'Été 1914*. Mais dans les années 1930 ce ne sont pas les enchaînements de 1914 qu'il s'agit d'éviter. La France est un pays d'anciens combattants qui n'ont fait la guerre, pendant quatre ans, que pour construire la paix. Une nouvelle guerre annulerait la valeur même de leur sacrifice.

Certes, il y a plusieurs pacifismes français. Une fraction de l'extrême droite est, face aux dictatures, pacifiste par crainte du communisme et peur de la révolution. Mais dans l'opinion française cette tendance est minoritaire. Le pacifisme français est l'expression d'une forme de patriotisme. La France n'a aucune revendication territoriale, elle ne demande que sa sécurité. Vieux pays, recru d'épreuves, la France a une conscience aiguë, masochiste, de son déclin. La jeunesse des dictatures fascine. Un thème ressassé, l'opposition des peuples rajeunis et des nations décadentes, est au cœur des morosités françaises. Les « nonconformistes des années 1930[1] » refusent d'un même mouvement le nationalisme incarné par Poincaré et l'internationalisme de Briand. La SDN leur semble représenter à l'échelle européenne, ce pourrissement, cette mollesse démocratique qu'ils dénoncent à l'intérieur.

Le patriotisme français est un patriotisme de repli, introverti. On cherche vainement dans le volume qui rassemble les textes essentiels de Pierre Mendès France[2], jeune député radical, une prise de position sur les problèmes extérieurs. Les quelques allusions révèlent une classique mentalité de type « ancien combattant », ou bien la crainte que la droite, au pouvoir sous le masque de l'union nationale après le 6 février 1934, ne risque, par bellicisme, de provoquer la guerre. Le jeune radical est ainsi naturellement briandiste. Léon Blum, quant à lui, multiplie les articles

1. Voir Loubet Del Bayle (68).
2. Voir (47).

sur les problèmes extérieurs. Mais on mesure, à lire ces textes,
l'impossibilité intellectuelle à dépasser une vision du monde,
construite dans les années 1920, dont les maîtres mots sont désarmement et sécurité collective. Le 7 avril 1936, dans *Le Populaire,* Blum tire les leçons de la remilitarisation de la Rhénanie.
La décision allemande est une violation du pacte de Locarno,
une agression sans justification. Le gouvernement français était
donc parfaitement en droit de répondre par les armes à cette
agression. « Il ne l'a pas fait, écrit Blum. Je ne crois pas qu'il
ait songé un seul instant à le faire ; je n'ai pas connaissance
qu'un seul parti politique, qu'un seul organe responsable de
l'opinion lui ait reproché de ne pas l'avoir fait... Entre le règlement direct par les armes et la procédure de règlement pacifique
par l'entremise et l'action internationales, ni le gouvernement
français, ni l'opinion française n'ont hésité. » Et Blum analyse
la procédure choisie comme un signe de la progression des idées
socialistes.

Ainsi, paradoxalement, la gauche radicale et socialiste rejoint
de fait une grande partie de la droite pour laquelle une riposte
militaire aux coups de force hitlériens ne pourrait que conduire
à l'aventure. Les fièvres françaises restent hexagonales. Les réac-
tions de la presse au coup de force rhénan font clairement apparaître les introversions françaises : Hitler envahit la Rhénanie,
il faut changer le gouvernement en France ! Les solutions sont
franco-françaises.

Les classes moyennes indépendantes, cœur de la société française, sont affaiblies par la crise. Elles se replient sur leurs valeurs
traditionnelles. Les choix militaires et diplomatiques français sont
donc le reflet des mentalités dominantes.

Déjà, cependant, un colonel hétérodoxe de l'armée française
tente de diffuser ses idées dans le monde politique. Le colonel
de Gaulle fait paraître, en mai 1934, *Vers l'armée de métier.* Il
faut constituer de grandes unités mécaniques, une armée cuirassée
de 100 000 professionnels, toujours prêts à l'offensive, à la prise
de gages chez l'ennemi, « à jeter l'angoisse au-delà des frontières ». En 1936, si de Gaulle a convaincu Paul Reynaud, il se
heurte encore au scepticisme de l'armée et à l'indifférence des
politiques. La remilitarisation de la Rhénanie, le 7 mars 1936,
démontre pourtant que la France s'est elle-même privée de réaction en enfermant son armée dans une ligne fortifiée. Ce que

souhaite en somme le colonel de Gaulle, c'est une armée française conforme à la politique internationale de la France.

Avec Barthou, avec de Gaulle, la France aurait pu construire une géostratégie cohérente. Les pesanteurs étaient trop fortes pour qu'ils soient réellement entendus.

5

La crise coloniale

La crise coloniale n'est guère ressentie sur le moment, moins encore que la dégradation de la politique extérieure ; car, si elle est porteuse de très graves menaces pour l'avenir, elle ne pèse guère sur la vie courante de la plupart des Français, obsédés par leurs problèmes immédiats, problèmes d'argent pour presque tous, et par les épisodes de la vie politique métropolitaine. D'autre part, elle est masquée par la célébration permanente des bienfaits de la colonisation. Il n'est donc pas étonnant que l'appréhension de la décadence, reflet des difficultés intérieures, soit compensée par le mythe de la puissance impériale. C'est ce qu'expriment très consciemment des spécialistes : « L'impérialisme est la seule façon pour les peuples mûrs de ne pas sombrer dans l'irrémédiable décadence, de compenser le sacrifice de la natalité aux facilités et aux plaisirs du luxe, de ne pas voir s'éteindre les élites [1]. »

Le triomphalisme impérial.

La célébration des fastes de l'Empire ne relève donc pas d'un vain aveuglement, comme on l'a dit plus tard, mais largement d'une volonté pédagogique : « intéresser la masse à l'idée impériale » au-delà des cercles étroits, militaires, missionnaires ou négociants, des coloniaux. Et, pour les plus sincères — comme le sont les auteurs cités —, le but est d'atteindre « à une unité intellectuelle, morale, culturelle ». Tel fut le sens de la célébration du centenaire de la conquête d'Alger en 1930. A Sidi-Ferruch, devant le gouverneur général, un grand notable musulman, « au nom des grandes familles et des élus arabes et kabyles », s'adresse ainsi à la France : « Honneur et gloire à toi, ô France bien-aimée !... Tu vins avec le flambeau de ta civilisa-

1. P. et M. Clerget, *La France dans le monde,* Paris, 1938, p. 8.

tion éclairer un peuple plongé dans les ténèbres depuis des siècles. Tu vins et tu sus, par tes grands principes de bonté et de
générosité, conquérir le cœur de ce peuple arabe, naguère si
farouche. Qu'il me soit permis de m'adresser à vous tous, fils
de la nation française qui m'entendez, et de vous demander, en
ce jour qui prend tant de grandeur et de solennité, de continuer
à nous aimer, à nous aimer plus encore. Instruisez-vous, élevez-
vous encore, élevez-vous jusqu'à nous. Vous aurez ainsi mérité
de la Patrie et de l'Humanité [1]. » La France se contemple, telle
qu'elle se rêve, dans ce miroir tendu avec complaisance.

L'Exposition coloniale de Vincennes, organisée par le maréchal Lyautey, inaugurée par Paul Reynaud en 1931, a le même
souci vulgarisateur. Elle attire 6 millions de visiteurs, qu'il s'agit
de convaincre des vertus de l'apostolat colonial de la France pour
« la rééducation des peuples arriérés ». Là aussi l'Empire est présenté comme un remède à la crise. Le plaidoyer est passéiste,
démontre Charles-Robert Ageron [2], et il est vrai qu'un des meilleurs connaisseurs du monde colonial, le radical Albert Sarraut,
dans son livre qui paraît cette même année 1931, *Grandeur et
Servitudes coloniales,* est bien conscient que « la crise de la colonisation est partout ouverte ». Mais l'exposition choisit de montrer les « réalisations » de la colonisation plutôt que d'analyser
la crise. Sarraut, comme Lyautey, considère le problème colonial sous l'angle européen. L'Europe est menacée par la puissance américaine et par les risques de « sédition de ces immenses
multitudes indigènes », elle doit refaire son unité « pour défendre, avec l'esprit européen, l'influence et la structure de cette
création coloniale dont l'exposition de Vincennes réveille l'histoire et résume les aboutissements ».

L'école est un des vecteurs de la popularisation de l'idée coloniale, elle présente cette « plus grande France », sécurité de la
métropole puisqu'elle constitue une vaste réserve de soldats et
de produits. Les taches roses sur les planisphères visualisent cette
présence.

La Ligue maritime et coloniale, instrument de cette propagande, compte 500 000 adhérents, mais ne recrute réellement que

---

1. Texte cité dans R. Weiss, *Le Centenaire de l'Algérie française,* Paris,
1930.
2. Voir (106).

dans les collèges où les adolescents nourrissent leurs rêves de dépaysement héroïque et d'évasion, dans les romans de Mac Orlan ou de Malraux, dans des films comme *Le Grand Jeu* de Feyder (1934) ou *La Croisière jaune*, documentaire tiré de l'expédition de Citroën en Asie (1933). Dans la plupart des cas, l'influence de ces œuvres est d'autant plus grande qu'elles ne sont motivées par aucune volonté d'endoctrinement.

La gauche est particulièrement perméable à des idées généreuses qui remontent aux brissotins. Elle souhaite assimiler fraternellement dans la « grande nation » les populations que l'histoire lui a confiées. Avec le Front populaire et avec Jean Zay cette tendance est encore renforcée dans l'enseignement. Aussi l'anticolonialisme, limité à une minorité engagée, parce que informée, est-il sans grande emprise. Les radicaux sont directement mêlés à l'action coloniale ; l'un des leurs, Albert Sarraut, député de l'Aude depuis 1902, ancien gouverneur général de l'Indochine, ministre des Colonies du Bloc national, est le grand spécialiste des questions coloniales. A la SFIO, la dénonciation de la colonisation devient exceptionnelle. Les positions d'un Félicien Challaye sont minoritaires au congrès de la Ligue des droits de l'homme qui, en 1931, débat des problèmes de la colonisation. Un Maurice Viollette dénonce les « excès » sans remettre en cause les principes. Marius Moutet, ministre des Colonies du Front populaire en 1936, souhaite une colonisation « altruiste ». L'ensemble du parti oscille entre la défense et l'humanisme civilisateur et l'indifférence. Certes, le Parti communiste, dès sa création, combat la colonisation. La lutte contre la guerre du Rif en 1925 mobilise les militants, mais les communistes, dénoncés pourtant par Albert Sarraut comme le danger majeur pour l'Empire, ne sont guère nombreux et quand, à l'époque du Front populaire, le parti devient un parti de masse, ses positions ont évolué. Au congrès d'Arles de 1937, Maurice Thorez prononce sa fameuse phrase : « Le droit au divorce ne signifie pas l'obligation de divorcer. » L'anticolonialisme n'est donc véritablement actif que dans certains milieux intellectuels : les surréalistes qui critiquent violemment l'Exposition coloniale, Andrée Viollis qui en 1935 dans *Indochine SOS,* préfacé par André Malraux, dénonce la politique coloniale menée par la France dans la péninsule. La gauche intellectuelle, la catholique *(Esprit),* critiquent la dualité civilisation-barbarie. Certains cherchent à dissocier le catholicisme et la colonisation. L'idée communautaire chère aux administrateurs coloniaux, francs-maçons et chrétiens, progresse. Mais l'influence politique de ces courants est faible.

Ainsi la bienfaisance de la colonisation française (à la différence des autres, dépourvues d'humanité) est une opinion acceptée. Mais cela ne correspond qu'à une sensibilité superficielle, les colonies sont loin, donc peu présentes et peu connues. A un moment où apparaissent les premiers nationalismes, l'absence de réflexion approfondie sur les nécessaires évolutions de l'Empire, l'indifférence du monde politique, qui se contente de la célébration rituelle et mécanique de l'humanisme colonial, ne préparent guère la France à aborder avec intelligence les réalités des années 1930.

L'Empire dans l'économie française [1].

Toutes les données convergent pour montrer que l'Empire, dans les années 1930, tient une place relative de plus en plus importante dans les échanges extérieurs français.

Exportations et importations de la France
en millions de francs 1914, constants

	Exportations		Importations	
	vers l'étranger	*vers l'Empire*	*de l'étranger*	*de l'Empire*
1930	6 522,8	1 698,8	8 825,3	1 253,5
1936	2 661,8	1 330,9	4 680,9	1 869,0

Le débouché métropolitain permet aux économies coloniales de subir moins lourdement les effets de la crise, tout au moins pour les matières premières agricoles. En 1929, l'Empire fournit 37,5 % des matières premières agricoles importées par la France, le pourcentage atteint 71,2 % en 1938. La croissance est surtout sensible pour le café, le cacao, les graines oléagineuses et l'arachide, les sucres. Ces produits agricoles représentent, en 1931, 80,1 % des importations coloniales totales. L'évolution est différente pour les matières premières industrielles ; malgré

1. Ce développement est essentiellement fondé sur Jacques Marseille (119).

des efforts importants d'équipement — un des buts de l'Office
du Niger en 1932 était la production de coton —, l'Empire ne
fournit toujours qu'une très faible part des matières premières
textiles nécessaires à l'industrie française ; la même observation
peut être faite pour les produits miniers. Les seules matières premières industrielles pour lesquelles l'Empire joue un rôle important de fournisseur sont le caoutchouc et les phosphates. Quant
aux exportations vers l'Empire, l'évolution des années 1930 renforce la place des produits textiles — l'Empire absorbe 49,9 %
des exportations de tissus de coton en 1929 et 84,6 % en 1938
— et de la production des industries alimentaires — en 1938 la
France écoule vers ses colonies 90 % de l'huile d'arachide et
98,5 % des sucres raffinés qu'elle exporte.

   L'évolution des placements extérieurs est tout aussi significative. En 1929, Jacques Marseille évalue les investissements dans
l'Empire à un total de 6,3 à 10 milliards de francs-or, soit 30
à 40 % de l'investissement extérieur total. En 1939, ce pourcentage atteint 40 à 50 %, soit 10 à 15 milliards de francs-or. Mais
la croissance est essentiellement due à l'augmentation des investissements publics.

   Peut-on pour autant parler du repli impérial ? L'intérêt majeur
des travaux de Jacques Marseille est de montrer qu'il s'agit du
repli d'**un** capitalisme français. Les affrontements des milieux
d'affaires autour de la stratégie coloniale sont ainsi, dès les années
1930, significatifs du dualisme permanent de l'économie française,
mais sont aussi annonciateurs des évolutions de l'après-guerre.

   Les débats des années 1930 opposent en effet trois stratégies.
La première défend le renforcement de l'« autarchie » coloniale,
définie par Albert Sarraut en décembre 1934, à l'ouverture de
la Conférence économique de la France métropolitaine et d'outre-
mer : face aux blocs économiques qui se constituent partout dans
le monde, la France doit organiser un « système défensif »,
« intensifier la production coloniale et les échanges avec la métropole », « établir un régime privilégié permettant à la métropole
à la fois d'écouler aux colonies ses produits fabriqués et d'absor-
ber la production coloniale ». Les leaders de cette stratégie sont
les industriels du coton, soutenus conjoncturellement par les
fabricants d'automobiles, inquiets de la contraction brutale de
leurs exportations. Les coloniaux eux-mêmes se rallient ; dans
le court terme le marché protégé peut éviter un effondrement

brutal des prix des produits coloniaux et donc éviter des troubles politiques.

La deuxième stratégie est celle des libéraux qui regroupent, front commun hétéroclite, les représentants des industries de luxe exportatrices vers l'étranger (les soyeux lyonnais, les lainiers du Nord) mais aussi les milieux d'affaires marseillais, les milieux agricoles concurrencés par les productions coloniales et, au premier rang, les viticulteurs, qui supportent mal les importations croissantes de vin d'Algérie. Les libéraux souhaitent l'ouverture des marchés, le retour à une vraie concurrence, et donc la suppression d'une zone impériale protégée.

Le troisième groupe est largement anticipateur. Il propose une stratégie industrialiste, que Paul Bernard, ingénieur et administrateur de nombreuses sociétés coloniales, expose clairement en 1934 à propos de l'Indochine. La stratégie « autarchique » préserve les rentes de situation, elle « fige l'économie », elle permet aux industries les plus traditionnelles d'éviter tout effort de modernisation. En condamnant l'Indochine à la production de produits agricoles, elle ne permet pas d'offrir du travail à une population en accroissement rapide. Seule l'industrialisation permettrait de résoudre la fondamentale contradiction de la politique coloniale française : tenter d'instruire et donc de créer des élites mais en même temps leur fermer les horizons du développement. L'Empire peut ainsi, au lieu d'être le moyen de perpétuer les archaïsmes de l'économie et de la société françaises, être l'occasion du « redéploiement » et de la modernisation de cette économie. Quitte à envisager entre la France et ses colonies d'autres formes de liens politiques.

Face à ces débats, la politique de l'État reste indécise, plus soucieuse de conserver que d'innover. Les gouvernements successifs écoutent volontiers les autarchistes et les coloniaux. D'autant plus que l'Empire est une ambition de substitution quand le rôle européen de la France s'affaiblit. Il faut attendre les années 50 pour que les modernistes se fassent vraiment entendre. Mais, dans le domaine colonial comme pour tant d'autres, les années 1930 représentent ce moment où la crise laisse voir l'affrontement du passé et de l'avenir.

La diversité de l'Empire.

Le mot Empire masque la diversité des situations administratives. Si l'on met à part les vieilles colonies (Antilles, Guyane, Réunion) où l'on tend à l'assimilation, on peut distinguer trois grands ensembles : l'Indochine, l'Afrique noire, le Maghreb. Le ministère des Colonies n'a que peu de moyens. Les protectorats d'Afrique du Nord, qui dépendent du ministère des Affaires étrangères, lui échappent. L'Algérie est contrôlée par le ministère de l'Intérieur. Depuis 1889, l'École coloniale forme des administrateurs spécialisés.

L'ensemble indochinois est lui-même composite, la Cochinchine, l'Annam, le Tonkin, le Laos et le Cambodge ont chacun un statut spécifique : colonie, protectorats... Mais quel que soit le statut des différents pays, l'ensemble indochinois est soumis à un gouverneur général qui dépend du ministère des Colonies. Les protectorats ne sont que des fictions ; là comme ailleurs, la tendance française est l'administration directe. Le recensement de 1937 permet de mesurer la faiblesse de la présence française : 40 000 Européens environ sur les 22 millions d'habitants que compte la Fédération. La communauté française est essentiellement composée de militaires (59 % des actifs), de fonctionnaires (19 %) et de quelque 600 missionnaires. C'est dire que les colons sont peu nombreux. La France a construit des hôpitaux et des écoles, édifié un réseau ferroviaire : le Transindochinois est achevé en 1937, il permet depuis Saigon, par Hué et Hanoi, de gagner la Chine du Sud. La mise en valeur du delta, en Cochinchine, a multiplié les rizières. On a créé de grandes plantations d'hévéas, et le caoutchouc représente 20 % des exportations du pays. Les mines de Hongay, au Tonkin, produisent 2 millions de tonnes de charbon, exportées pour l'essentiel. Quelques grands groupes français, la Banque de l'Indochine, le groupe Rivaud, le groupe Rothschild-De Wendel, contrôlent les secteurs importants. L'Indochine est considérée comme une colonie d'exploitation.

L'Afrique occidentale française (Sénégal, Mauritanie, Soudan, Haute-Volta, Niger, Guinée, Côte-d'Ivoire, Dahomey) et l'Afrique équatoriale française (Gabon, Congo, Oubangui, Tchad) sont les deux fédérations de colonies de l'Afrique noire. La France, d'autre part, ajoute à son domaine africain les mandats confiés par la SDN sur le Togo et le Cameroun. Enfin, dans l'océan Indien, Madagascar. En 1936, on ne compte que 25 000 Européens en AOF, pour 4,6 millions de kilomètres carrés et 14,5 millions d'habitants au total. En AEF, 5 000 Européens pour 2,2 millions de kilomètres carrés et 3,2 millions d'habitants. C'est dire la faiblesse de la présence française. L'AEF est le domaine des grandes compagnies concessionnaires. Quelques grands projets sont entrepris. Gide, dans son *Voyage au Congo,* a décrit les souffrances provoquées par la construction du chemin de fer *Congo-Océan,* achevée en 1934 grâce au travail forcé. En AOF, les grands ports se développent, Dakar au Sénégal, Abidjan en Côte-d'Ivoire. Les plantations, arachide essentiellement, sont aux mains de grandes sociétés. En 1932 l'Office du Niger doit permettre une mise en valeur d'une ampleur considérable et même fournir à la métropole le coton brut dont elle a besoin. A la veille de la guerre les résultats sont décevants.

Il faut mettre à part le Maghreb. En Algérie, le gouverneur général exerce le pouvoir exécutif et administratif sur un groupe de départements dotés de la personnalité civile et de l'autonomie financière. Le budget de l'Algérie est élaboré par une assemblée, les délégations financières, qui comprend 24 représentants de colons, 24 représentants des Français non colons, et 21 représentants de la population musulmane. D'autre part, les Français élisent des députés qui constituent, à Paris, un utile groupe de pression. Certes, depuis 1919, quelques musulmans, triés sur le volet, peuvent obtenir la citoyenneté française, mais ils doivent alors abandonner leur statut personnel. En 1936, on ne compte en Algérie que 7 636 naturalisés musulmans. L'Algérie est ainsi contrôlée par une population européenne nombreuse, 940 000 en 1936. Depuis 1889, les enfants d'Européens nés en Algérie sont Français. Ainsi se forme une population de « Français d'Algérie », de plus en plus homogène, dont la grande majorité est née en Algérie. La propriété rurale européenne se concentre rapidement. De grands domaines mécanisés, disposant des meilleures terres, se consacrent désormais aux cultures spéculatives : des années 1920 aux années 1930, la production de vin est multipliée par deux. Cette mise en valeur est la grande fierté des Français d'Algérie. En 1930, en présence du président de la République, un grand monument « au génie colonisateur français » est élevé à Boufarik, dont le maire s'écrie : « De cette terre infernale où le génie des Césars avait brillé pendant plusieurs siècles et que des invasions successives avaient livrée au pillage et à l'anarchie, les Français ont fait ce jardin admirable que ne cessent de contempler les yeux éblouis du voyageur [1]. » Mais la population européenne vit essentiellement dans les villes ; hiérarchisée, diverse, composée en majorité de petits fonctionnaires et d'employés, cette population ne connaît guère la population musulmane, sinon par l'intermédiaire d'une importante domesticité. Elle a l'habitude d'imposer ses vues à la métropole. Albert Sarraut, dans son livre de 1931 déjà cité, souligne la persistance de « l'esprit colon ». « Si le gouvernement local, écrit-il, arbitre des intérêts et défenseur-né des droits indigènes, se prononce contre lui et rejette ses requêtes, à qui s'en prend-il sinon à la race *inférieure* du pays qu'il vient... mettre en valeur. » Les Français d'Algérie savent d'ailleurs faire utilement pression sur la métropole pour obtenir le départ de gouverneurs généraux non conformes à leurs vues. Ainsi Viollette « l'arabe » est-il rappelé en 1927 sur la pression du lobby algérien. Une des clés des problèmes de l'Algérie est l'incapacité du pouvoir métropolitain à y imposer les politiques définies à Paris.

Désormais, la population musulmane s'accroît très vite. L'effort sanitaire explique le recul de la mortalité ; entre 1920 et 1940, le nombre de musulmans passe de 5 à 7 millions. Or, l'économie indigène est en crise structurelle, les paysans sont endettés, la propriété est très morcelée, les rendements céréaliers stagnent ou même régressent. Les Algériens élevaient à la fin du XIXᵉ siècle 10 millions de moutons, ils n'en élèvent plus que 5 millions dans l'entre-deux-guerres. Ainsi une part importante de la population agricole est-elle sous-employée ou inemployée. L'afflux vers les villes commence. En 1936, la population citadine musulmane représente 13 % de la population indigène totale. L'effort de scolarisation, orgueil traditionnel de la colonisation française, ne peut suivre la croissance démographique. Maurice Viollette estime à 60 000 le nombre d'enfants scolarisés, sur un effectif théorique de 900 000. Les classes construites chaque année ne permettent pas de combler un retard qui s'aggrave [2].

1. Cité dans R. Weiss, *op. cit.*
2. M. Viollette, *L'Algérie vivra-t-elle ?*, Paris, 1931.

En Tunisie comme au Maroc, la France est représentée par un *résident*. Théoriquement, le bey, en Tunisie, le sultan, au Maroc, sont des souverains autonomes. En réalité, les protectorats ne sont que des fictions, les fonctionnaires français administrent directement les deux royaumes. Dans chacun des deux pays, les Européens sont environ 200 000 en 1936, dont, en Tunisie, un grand nombre d'Italiens. Comme en Algérie, les Européens possèdent de grands domaines ruraux, mais l'essentiel d'entre eux se concentrent dans les villes. Cependant la présence française est plus récente qu'en Algérie, les Européens sont moins nombreux. Les sociétés indigènes sont moins désagrégées. Le Maroc, où l'empreinte de Lyautey reste forte, est une vitrine de la colonisation et de ses dynamismes.

Ainsi d'un territoire à l'autre les formes de la présence française sont bien différentes, et, malgré les tendances centralisatrices, l'unité de l'Empire n'est qu'une apparence. Mais surtout, mal connus en métropole, les différents territoires sont sous le contrôle de petits groupes de pression qui veulent perpétuer des situations acquises. Le décalage entre le discours humaniste et les réalités s'aggrave ainsi. La France n'offre guère de perspectives d'avenir aux populations qu'elle « civilise », alors même que la croissance démographique détériore leurs conditions de vie. La France hésite même à former des élites. Les portes de l'enseignement supérieur ne sont qu'entrouvertes à quelques dizaines de musulmans en Algérie. Peut-on continuer à proposer à des populations, de plus en plus attentives au vent du monde, de constituer le peuple des **sujets** français ? Peut-on se vanter d'avoir fait disparaître l'esclavage, de soigner et de guérir, et, en même temps, justifier l'existence du travail forcé ? Le refus permanent de transformer les indigènes en citoyens traduit l'incapacité française à imaginer une véritable politique coloniale.

La crise coloniale et les débuts du nationalisme.

Il ne semble pas que la crise économique, qui touche inégalement les territoires coloniaux, soit à l'origine de la montée des nationalismes. Dans les différentes régions la révolte vient de plus loin et n'est qu'accélérée dans les années 1930.

En Indochine, les anciennes élites sont fascinées et par l'expérience japonaise et par l'exemple du Kouo-min-tang de Sun Yat-sen. Dès 1927, un parti est d'ailleurs fondé sur le modèle chinois, le VNQD ; violemment nationaliste, son but immédiat est le départ des Français. En février 1930, des tirailleurs annamites massacrent, à Yen Bay, leurs officiers français. Très différentes, les tentatives de nationalistes modérés, qui essaient d'agir, autour du souverain d'Annam, Bao Dai, éduqué et protégé par la France, et qui sont vite découragées par la puissance coloniale. Cependant, la crise économique aggrave les difficultés de la vie quotidienne et provoque, cette même année 1930, des grèves, des marches de la faim, des émeutes. Le Parti communiste indochinois est fondé en février 1930 à Hong-Kong, par Nguyên Ai Quôc, le futur Hô Chi Minh. En septembre 1930, le parti organise dans le Nord de l'Annam les « soviets » de Nghê-Tinh. La répression frappe sans distinction VNQD et communistes vietnamiens, beaucoup d'entre eux sont internés au bagne de Poulo Condor. Nguyên Ai Quôc, en prison à Hong-Kong, puis réfugié en URSS, ne rentre au Tonkin qu'au moment de la guerre. Dès 1930, l'administration coloniale fait une expérience décisive : faute d'accorder des réformes aux élites existantes, on est contraint d'affronter la violence. Il faut bien dire que cette expérience ne semble guère avoir éclairé les responsables de l'Empire.

Au Maghreb, le climat est différent. Comme le montrent les travaux de Jacques Berque[1], la part de « l'inviolé », qui s'exprime dans l'Islam, à la fois religion, ordre social et mode de vie, permet aux populations musulmanes de maintenir une identité que la colonisation ne peut atteindre. D'autre part, l'Afrique du Nord n'est pas isolée des grands mouvements qui agitent le monde musulman au Proche-Orient et en Égypte. Le Maghreb réagit quand il sent que les fondements de sa civilisation sont menacés par l'esprit de certains prélats catholiques, partagé par l'académicien Louis Bertrand, soutenu consciemment ou non par les savants de l'université d'Alger, le géographe Augustin Bernard, les historiens de l'Afrique chrétienne Gsell et Albertini. La multiplication des congrès eucharistiques est reçue comme une provocation. L'année 1930 est l'occasion de chocs psychologiques déterminants avec le congrès eucharistique de Carthage, aux portes de Tunis, la célébration du centenaire de la prise d'Alger, occasion d'exalter sans mesure la

1. Voir (109).

présence française et de rappeler l'anarchie de 1830. Enfin, au Maroc, l'année 1930 est celle du « dahir berbère ». Ce texte soustrait les Berbères de l'Atlas à la justice musulmane traditionnelle des cadis. Il rompt ainsi l'unité du royaume et peut laisser soupçonner la volonté de s'appuyer sur les Berbères contre les Arabes, voire peut-être de convertir au catholicisme ces populations qu'une certaine mythologie coloniale présente comme proches des Français.

Au Maroc, où les opérations de pacification durent jusqu'en 1934, le mouvement national naît dans la bourgeoisie menacée par la rapide transformation du pays et écartée de toute responsabilité quand les successeurs de Lyautey pratiquent de plus en plus l'administration directe. 'Allāl al-Fāsī, d'une vieille famille de Fès, diplômé de l'université coranique Quaraouiyina, appartient à des groupes soucieux d'un retour à la pureté islamique originelle. Ahmed Balafrej, étudiant à Rabat, est un de ces « évolués », formés dans les collèges franco-marocains. Les nationalistes marocains utilisent l'émotion suscitée par le dahir berbère. Le jeune sultan Muhammad Ibn Yūsuf, installé par les Français depuis 1927, devient le symbole de la résistance nationale aux Français. La France doit renoncer au dahir berbère, mais refuse, en 1934, d'examiner le *Plan de réformes marocaines* proposé par le Comité d'action marocaine d''Allal al-Fāsī.

En Tunisie, dans les années 1930, une nouvelle génération nationaliste prend la relève du *Destour,* fondé en 1920. Habib Bourguiba, avocat formé à Paris, crée le *Néo-Destour* en 1934. Le nouveau parti, plus radical, lance des mots d'ordre de boycottage des produits français et de refus de l'impôt. Le résident général Peyrouton décide alors la déportation dans le Sud des principaux dirigeants du Néo-Destour.

En Algérie, trois courants incarnent le mouvement national. Une minorité évoluée, de culture française, propose l'intégration progressive des musulmans dans le corps électoral français. Autour du Dr Ben Djelloul, de Fahrāt 'Abbās, qui ouvre en 1933 sa pharmacie à Sétif, la Fédération des élus musulmans réclame l'émancipation des indigènes. Ce courant n'est pas nationaliste, il n'y a pas, affirme Fahrāt 'Abbās, de « nation algérienne ». Mais la France ignore ces modérés qui souhaitent, en somme, devenir Français. « Aide-nous à reconquérir notre dignité, ou reprends tes écoles ! », s'écrie Fahrāt 'Abbās.

L'association des oulémas (docteurs de la Loi) réformistes naît en 1931 autour du cheikh Abd el-Hamid Ben Bâdîs. Les oulémas puisent dans l'Islam la certitude de l'existence nationale algérienne. Ils multiplient les écoles coraniques, prêchent dans les mosquées, quand l'administration leur en laisse la possibilité. L'enseignement de Ben Bâdîs affirme une religion, l'Islam, une langue, l'arabe, une patrie, l'Algérie.

Le troisième courant naît en France. Messali Hadj fonde en 1926 *L'Étoile nord-africaine,* qui dès cette date souhaite l'indépendance de l'Algérie. Ce mouvement recrute des immigrés, il est d'abord lié au Parti communiste puis s'en écarte au moment du Front populaire. Ce n'est qu'à partir de 1936 que *L'Étoile nord-africaine* s'implante en Algérie.

L'administration française ignore ou réprime ces aspirations. Elle contraint ainsi les plus modérés à radicaliser leurs revendications. Le voyage d'information en Algérie du ministre de l'Intérieur, Régnier, en 1935, n'a pour résultat qu'une législation d'exception. Le climat change en 1936 avec l'arrivée au pouvoir de Léon Blum. Le Front populaire est-il capable d'écouter et de comprendre ? Nous en reparlerons.

Peut-on tenter un bilan ? L'Empire, ce remède à la décadence, est plus rêvé que réellement connu. On se refuse à voir les effets de la croissance démographique, qui, en s'accélérant, aggrave la misère née de la désagrégation des sociétés et des économies traditionnelles. L'Empire est une trop commode position de repli et pour les industries vieillies et pour les discours patriotiques. La France use toujours les anciens thèmes civilisateurs et n'entend pas les colonisés qui, au nom de ces mêmes thèmes, réclament leur émancipation. C'est que, dans les territoires coloniaux, et tout particulièrement au Maghreb, une société coloniale vivace et puissante s'est développée, front commun de capitalistes et de « petits blancs » fiers de leur réussite collective et qui prennent l'habitude d'imposer au pouvoir métropolitain leurs volontés. Pour l'Algérie, Albert Camus a décrit les enfermements de deux communautés. De Meursault, le petit employé d'une société coloniale, ou de « l'arabe », qui est véritablement *l'étranger* ?

2

Crise politique ?
Crise des idéologies ?
Crise de la République ?

6
L'évolution politique
1929-1934

L'échec de Tardieu.

La période 1929-1932 est dominée par André Tardieu, qui bénéficie du soutien du président de la République, Doumergue, mais doit affronter l'hostilité du Sénat. Né en 1876, normalien, attaché de cabinet, journaliste, ministre depuis 1926, il devint président du Conseil en novembre 1929, après que la chute de Briand eut prouvé que la majorité de Poincaré, de l'URD à la gauche radicale, refusait la direction du « pèlerin de la paix ».

Forte personnalité et brillante intelligence, Tardieu détestait le régime parlementaire et voulait transformer les institutions dans le sens d'un État fort qui annihilerait les partis en surmontant les oppositions entre la droite et la gauche classiques. Il souhaitait incorporer à la majorité les radicaux socialement conservateurs et gouverner contre les « marxistes », SFIO et PC, en séduisant leur électorat par des réformes de répartition ne touchant pas aux structures de la société.

L'exécutif puissant dont Tardieu rêvait aurait réduit le contrôle du Parlement. Tardieu se disait admirateur des systèmes anglo-saxons, pourtant inadaptables à nos traditions historiques ; mais son bipartisme n'était que de pure façade, puisque sans alternance possible. Pour la gauche et une partie du monde parlementaire, ce prétendu « torysme » sans partenaire n'était qu'une voie française vers le fascisme. Dès novembre 1929, les radicaux refusèrent d'entrer dans son ministère et, quelques années plus tard, l'ayant percé à jour, l'éliminèrent. Dès avant 1936, Tardieu n'espérait plus, pour réaliser ses projets, que dans l'insurrection de la rue, qu'il avait subventionnée comme ministre de l'Intérieur [1]. Puis il finit comme Deschanel, laissant la conduite

---

1. Machefer, « Tardieu et La Rocque », *Bulletin de la Société d'histoire moderne,* n° 15, 1972.

de la droite à Laval et à Flandin, de moindre envergure. Mais, de 1929 à 1932, président du Conseil, ministre de l'Intérieur, de l'Agriculture, de la Guerre, il fut au pouvoir en titre, ou par personne interposée, et encore l'homme fort du cabinet Doumergue en 1934.

Réduit à la majorité de Poincaré, c'est-à-dire à la droite, il annonçait, le 25 novembre 1929, l'accession au pouvoir de la jeunesse et l'ouverture d'une large politique de prospérité économique et sociale. Renversé quelques semaines plus tard, il revint immédiatement au pouvoir, Camille Chautemps ayant fait l'intermède d'un cabinet de gauche qui vécut une journée.

Tardieu entreprit la politique de grands travaux permise par les excédents budgétaires et fit fonctionner les assurances sociales votées en 1928. Il menait en même temps sa politique personnelle en subventionnant les ligues pour se procurer, grâce aux fonds secrets, brigades d'acclamation et services d'ordre musclés. Le Sénat s'inquiéta de cet encadrement de la rue et de ce que le Parlement fût réduit à des débats techniques ; il renversa Tardieu en décembre 1930, profitant de la banqueroute frauduleuse du banquier Oustric, dans laquelle le garde des Sceaux Raoul Péret se trouva gravement compromis avec d'autres personnalités de premier plan : le sous-secrétaire d'État Gaston Vidal, le sénateur René Besnard, ambassadeur de France. Steeg à la tête d'une combinaison centre-gauche ne dura que quelques semaines. Doumergue appela donc Laval, avec la majorité de Tardieu, et Tardieu lui-même, à l'Agriculture, inaugura une politique de soutien des prix, car la crise atteignait enfin la France.

Laval fut un an au pouvoir. En mai 1931, Doumer remplaça Doumergue à la présidence de la République. Il avait été élu contre Briand dont la droite n'avait jamais accepté qu'en rechignant le genre débraillé et la politique de conciliation — politique dont la poussée nazie de 1930, réanimant le péril allemand, révélait la vanité.

Pour contraindre les radicaux à choisir ou à mourir, Laval, Mandel et Tardieu firent voter par la Chambre l'établissement du scrutin uninominal à un tour. Le Sénat indigné renversa alors le gouvernement en février 1932, et Tardieu revint pour peu de temps, puisque les élections changèrent la majorité.

Après son échec, Tardieu exprima ses vues politiques dans plusieurs ouvrages, dont le principal est *Le Souverain captif*. Il y préconise le droit de dissolution de la Chambre par le président de la République (d'ailleurs contenu dans la Constitution de 1875), la fin de l'initiative parlementaire en matière de dépenses budgétaires, l'introduction du référendum et le vote des femmes. Ces idées n'eurent alors que peu d'écho, elles heurtaient les convictions de la droite modérée et de la gauche. Mais, après les désastres du régime parlementaire, elles ont largement inspiré les auteurs de la Constitution de la Ve République.

Pendant la durée de ce gouvernement de droite, la rue fut calme, l'extrême gauche communiste durement réprimée. Le Sénat ne parvint jamais à imposer un gouvernement centriste. Ce sont donc presque toujours les mêmes hommes qui furent photographiés sur le perron de l'Élysée, échangeant leur portefeuille, ou le conservant avec une certaine stabilité ; Tardieu et Laval à la présidence du Conseil, Briand aux Affaires étrangères, Maginot à la Guerre, Leygues à la Marine. Rien ne fut fait pour prévenir la crise, malgré les objurgations — mal accueillies — de Paul Reynaud. Au contraire, on diminua considérablement la pression fiscale en dégrevant et même parfois en exonérant la propriété foncière, immobilière et mobilière, et les bénéfices industriels et commerciaux. Les seuls revenus qui ne bénéficièrent pas de ces largesses furent ceux du travail salarié. Mais l'emploi des excédents budgétaires ne fut pas seulement un gaspillage. Les mesures sociales, qu'ils provoquèrent, si elles ne protégeaient pas l'emploi, sur le plan matériel, soulageaient les salariés de l'angoisse, de la maladie et de la vieillesse.

La suppression des frais de scolarité en classe de sixième (par la loi de finances du printemps 1930) annonçait la gratuité de l'enseignement secondaire, réalisée en 1933. La retraite du combattant complétait ces mesures, les plus amples qui aient été réalisées depuis Millerand, trente ans plus tôt. C'est la droite qui pratiquait alors un réformisme social. Les 5 milliards investis dans les grands travaux — ligne Maginot, barrage de Kembs, grand canal d'Alsace — ont soutenu l'économie et le marché du travail. Mais ces dépenses engageaient l'avenir et pesèrent sur les deux dernières législatures, car la crise avait gagné la France. Ce qui explique que la droite ait perdu les élections de 1932.

L'échec des radicaux.

A la différence du « Cartel » de 1924, l'« Union des gauches »
qui remporta les élections n'était qu'une simple coalition électorale, Édouard Herriot, redevenu président du Parti radical,
ne voulant pas être lié aux socialistes qu'il jugeait responsables
du précédent échec et dont les exigences ne manqueraient pas
d'entraîner de nouveau l'hostilité mortelle des milieux d'affaires. La victoire fut nette : la gauche eut 335 élus et la droite 260,
l'écart des voix au premier tour dépassait le million (mais en
comptant les communistes). Les socialistes l'emportaient par les
voix sur les radicaux, mais avaient moins d'élus. La discipline
républicaine avait bien fonctionné au second tour, malgré le refus
du Parti communiste : la moitié de ses électeurs l'abandonna.

Entre les deux tours, le président de la République Doumer
avait été assassiné par un fou. Il fut remplacé dans une atmosphère d'union par le président du Sénat, Albert Lebrun, honnête homme sans personnalité, qui, le 3 juin, fit appel à Herriot,
chef du parti de la gauche le mieux représenté à la Chambre.
Herriot composa son cabinet avec des radicaux, des membres
de la gauche radicale (centre gauche) et des républicains de gauche (centre droit). Les portefeuilles économiques étaient confiés
aux hommes des milieux d'affaires : Germain-Martin, Raymond
Patenôtre. Tardieu démissionna alors du groupe des républicains
de gauche et prit la direction de toute la droite hostile aux combinaisons centristes. Malgré les radicaux et le Sénat, la tentative
de concentration échoua donc en partie, et Herriot fut contraint
de rechercher le soutien de parlementaires SFIO pour survivre.
Il lui fallait aussi compter avec le fait que les élus radicaux du
second tour savaient qu'ils dépendaient du report des suffrages
socialistes.

Le paradoxe d'un gouvernement conduisant la même politique financière et économique libérale que Tardieu, avec une partie de ses ministres, politique qui avait fait la preuve de son
incapacité à juguler la crise, en s'appuyant sur une majorité de
gauche, ne pouvait durer que dans l'immobilisme. Herriot
renonça en fait à toute action intérieure et se consacra à la politique étrangère avec plus de lucidité que beaucoup d'autres, car
il avait compris que la sécurité de la France dépendait avant tout
du maintien des alliances de la Grande Guerre. Pendant les sept

mois de son ministère, la situation internationale se détériora rapidement. Ouverte à Lausanne en juin 1932, la conférence des Réparations ramena en juillet la dette de l'Allemagne à 3 milliards de marks, payables après un moratoire de trois ans. En fait, le régime des Réparations se trouvait terminé. Cependant, l'Allemagne exigeait en plus, pour continuer à siéger à Lausanne, la reconnaissance de l'égalité des droits en matière d'armements ; ce qui lui fut accordé en principe par une déclaration commune de la France, de la Grande-Bretagne et de l'Italie. Une pièce essentielle du traité de Versailles s'effondrait.

Le gouvernement des États-Unis exigeait de son côté le remboursement des dettes de guerre, de son point de vue librement contractées, et il avait toujours refusé de les lier aux Réparations, immorales indemnités de guerre imposées par les vainqueurs aux vaincus. On sait que les Français, dans leur immense majorité, étaient d'avis opposé. L'ajournement de l'échéance du 15 décembre 1932 fut donc refusé par les États-Unis. Herriot choisit d'engager l'existence du ministère sur ce paiement de l'échéance et fut renversé le 14 décembre par la Chambre. Il ne pouvait pas en être autrement dans le déchaînement américanophobe du moment. Aussi estime-t-on que, harassé par l'exercice d'un pouvoir inefficace, dont l'incapacité était évidente, Herriot s'est fait renverser volontairement, en choisissant de « tomber à gauche ». Mais son choix n'était pas seulement celui d'un prétexte. Il pensait qu'une rupture avec les États-Unis allait avoir pour la sécurité de la France des conséquences tragiques.

L'échec de Herriot ne marque pas la fin de son rôle politique, loin de là, bien qu'il n'ait plus jamais accédé à la présidence du Conseil. De 1934 à 1936, il fut l'otage radical dans les gouvernements de droite. Après 1936, élu président de la Chambre, il conserva une influence considérable au Parlement et à l'Élysée.

Du 14 décembre 1932 au 7 février 1934, se sont succédé 5 ministères à direction radicale ou républicaine-socialiste : les cabinets Paul-Boncour, Daladier, Albert Sarraut, Chautemps, Daladier. Les trois premiers ont été renversés sur leurs projets financiers, les deux autres furent victimes de l'affaire Stavisky. La politique budgétaire est restée ce qu'elle avait toujours été, une politique de déflation qui entretenait la crise à perpétuité et en faisait payer le prix aux salariés, principalement aux fonctionnaires. Pendant cette période, le ministère des Finances fut occupé par

Chéron, collaborateur de Poincaré et de Tardieu, puis par Georges Bonnet, flanqué au Budget de Lamoureux, ou de Gardey, ou de Marchandeau. Tous étaient pour la plus stricte orthodoxie libérale, y compris Bonnet, qui avait été plus audacieux quelques années plus tôt. La chute répétée des gouvernements devant la Chambre des députés manifestait la crise des institutions, l'impuissance de l'exécutif.

7

Crise et renouvellements des forces politiques

Le désarroi des radicaux.

Comme les radicaux ont la vocation de diriger l'État sous la IIIᵉ République depuis 1902, leurs échecs de 1924 à 1926 et de 1932 à 1934, leur présence intermittente dans les cabinets de droite jusqu'à leur adhésion au Front populaire, conduisent et les conduisent à s'interroger sur leur impuissance. Le plus important parti français par le nombre de ses députés et le plus ancien, le Parti radical et radical-socialiste n'a en réalité que des structures très molles, beaucoup d'électeurs et peu de militants. C'est une fédération de comités dirigés par des parlementaires et des notables, il est sans discipline réelle. Ses congrès sont dominés par des luttes de clans menés par Herriot, Daladier, les frères Sarraut, les Chautemps et, par clientèle interposée, Caillaux.

La doctrine politique radicale se situait résolument à gauche, avec deux références historiques : la Révolution française (l'historien Alphonse Aulard) et l'affaire Dreyfus. Les valeurs étaient donc celles du XIXᵉ siècle et des « fondateurs » de la République, laïcité, anticléricalisme, discipline républicaine, réformisme social et pacifisme qui n'exclut pas un patriotisme jacobin.

Représentant un électorat de classes moyennes et rurales, les radicaux ont un grand attachement à l'économie libérale, ce qui les oppose à leurs alliés socialistes et provoque chez eux une contradiction interne, un tiraillement entre une morale de gauche et une pratique droitière.

Déjà Franklin-Bouillon, que son jacobinisme rendait solidaire des nationalistes dans le refus de la politique de Briand, avait rompu avec son parti dont la crise était devenue permanente : conflit entre les sénateurs hostiles aux socialistes et les députés partisans de l'Union des gauches, rivalité des chefs qui se disputaient la présidence, dite « guerre des deux Édouard ». Ces luttes

s'expriment dans une presse sur laquelle le parti n'a aucune autorité : *La Dépêche de Toulouse* de Maurice Sarraut, *La République* d'Émile Roche, *L'Ère nouvelle, L'Œuvre.*

La réaction contre la faiblesse patente vint d'abord de Herriot et de Daladier eux-mêmes, qui lors de leurs présidences tentèrent sans grand succès de renforcer les structures. Mais le grand
déballage fut le fait des Jeunes Radicaux, dits Jeunes Turcs (par
allusion aux tentatives de régénération de l'Empire ottoman au
début du siècle), jeunes intellectuels souvent députés, qui se ras-
semblent pour rénover le parti et l'adapter aux conditions nouvelles de l'après-guerre ; parmi eux, Jacques Kayser, Bertrand
de Jouvenel, Jean Mistler, Pierre Cot, Jean Zay, Mendès France
qui avait dirigé la Ligue d'action universitaire républicaine et
socialiste — LAURS, organisation estudiantine du parti. Ils voulaient un renforcement du pouvoir exécutif, le contrôle par l'État
de l'économie et le maintien de la paix par l'organisation de
l'Europe autour d'un axe franco-allemand. Ils apportèrent leur
soutien à Daladier contre Herriot. Nous avons vu que celui-ci
l'emporta finalement et si la plupart des Jeunes Turcs restèrent
fidèles à l'institution, Gaston Bergery démissionna du parti en
1933 et de la députation en 1934 pour protester contre le reniement des engagements électoraux de 1932. Pour les mêmes raisons, Gabriel Gudenet et les militants les plus à gauche formèrent
le Parti radical-socialiste Camille Pelletan, qui demeura sans
influence. D'autres prirent à l'opposé la même voie que les néo-
socialistes. Pierre Dominique, Bertrand de Jouvenel et Jean
Luchaire furent fascinés par le fascisme italien.

Ces petites scissions sans importance montrent que les radicaux, si attachés qu'ils fussent à des institutions et des méthodes qui se confondaient avec leur propre histoire, éprouvaient
le besoin d'un rajeunissement. Mais, n'en reconnaissant pas les
moyens, ils s'obstinèrent dans leur molle incertitude traditionnelle, jusqu'en 1934.

La crise socialiste.

A la différence du Parti radical, la SFIO avait une forte organisation et de nombreux militants. Cependant, sa cohésion restait faible car elle se réclamait à la fois de Marx et de Jaurès,
et était écartelée entre de très nombreuses tendances. Le marxisme

était assurément la doctrine officielle, mais il était rejeté par la droite du parti qui dominait le groupe parlementaire et, dans les concours sondages lancés par *Le Populaire* sur la « grandeur » des fondateurs, Jules Guesde ne venait que très loin derrière Jaurès et même après Édouard Vaillant. Dans leur action politique, les socialistes, tout en se disant révolutionnaires, sont réformistes, pratiquant l'alliance électorale avec les radicaux, même s'ils ne soutenaient pas fidèlement leurs ministères. Comme ils étaient fortement conscients des contradictions de leur politique, ils évitaient le débat théorique et bataillaient sur les rapports des uns et des autres avec les radicaux ou sur les compromissions de certains conseillers municipaux de Paris avec le préfet de police Chiappe.

Ce parti en passe de devenir le premier de France, avec près de 2 millions de voix en 1932, profitant de l'effondrement communiste en milieu urbain et du recul radical dans les campagnes, manquait pourtant de moyens. *Le Populaire* avait peu d'audience et vivotait difficilement, les tendances ne disposaient que de revues confidentielles qui combattaient âprement pour le pouvoir dans les congrès et à l'intérieur de la Commission administrative permanente, la CAP.

A droite, à *La Vie socialiste* avec Ramadier, Renaudel, Déat, on souhaitait l'alliance des radicaux et la participation aux ministères ; à gauche, *La Bataille socialiste* de Bracke et Zyromski maintenait obstinément les thèses intransigeantes du guesdisme d'avant 1914 ; à l'extrême gauche, une petite minorité communisante formait *L'Étincelle socialiste,* tandis qu'autour de Marceau Pivert se groupaient des éléments très ouvriéristes qui prolongeaient l'allemanisme. Ce jeu des tendances a donné pendant l'entre-deux-guerres le pouvoir au centre : Léon Blum, Paul Faure, Jean-Baptiste Séverac (qui inclinait vers la gauche), Vincent Auriol (plus proche de la droite). La supériorité intellectuelle de Léon Blum, qui était le vrai fondement de son autorité, était mal supportée par certains qui s'ouvraient à des courants de pensée nouveaux. *Au-delà du marxisme, L'Idée socialiste* et d'autres ouvrages de Henri De Man créèrent un nouveau révisionnisme, vulgarisé en France par André Philip. Il eut immédiatement prise sur la droite. Affrontés au fascisme, au nazisme, les jeunes socialistes cherchaient à comprendre le sens des défaites et à trouver les armes de la victoire. Un grand effort de recher-

ches théoriques fut accompli par les Étudiants socialistes (ES)
et le groupe (planiste) Révolution constructive qui en était issu.
Mais, s'il rencontrait de l'écho à la CGT, il était suspect au parti
attaché à ses références marxistes. De plus, les leaders des Jeunesses socialistes, Pierre Bloch et Daniel Mayer, étaient hostiles
aux Étudiants, en qui ils croyaient deviner une concurrence élec-
toraliste. En fait, deux étudiants socialistes seulement firent une
importante carrière politique, sans presque l'avoir cherchée : Max
Lejeune et Maurice Schumann. D'autre part, l'audience des ES
était limitée par le fait qu'ils n'avaient pas de journal, mais seulement quelques pages dans la revue des ES belges, *L'Étudiant
socialiste*. Pendant longtemps, cet effort des jeunes intellectuels
fut sans effet sur le parti qui restait plongé dans le conflit entre
le groupe parlementaire qui voulait la participation aux gouvernements radicaux et la CAP dominée par les guesdistes de la
Fédération du Nord, qui, de plus, comptait beaucoup de reca-
lés du suffrage universel et refusait toute participation à un gouvernement « bourgeois ». Comme à la différence des radicaux,
la SFIO avait une forte discipline, la « non-participation »
l'emporta en 1932, comme en 1924.

Les ambitions politiques concrètes réveillèrent et stimulèrent
les débats théoriques à la droite du parti, tandis que la gauche
s'accrochait à la vulgate. Marcel Déat, à la suite de De Man,
rejette le marxisme dans son livre *Perspectives socialistes,* en
1930, où il propose l'union des classes moyennes et du prolétariat, s'appuyant sur un État fort. Il rejette aussi l'internationalisme prolétarien. En somme, il souhaite un grand rassemblement
national antifasciste se donnant les moyens de son combat par
le renforcement de l'autorité de l'État. Déat, normalien, agrégé
de philosophie, raisonne en sociologue. En tacticien politique,
il entraîne la rébellion du groupe parlementaire qui vota en majorité pour les gouvernements radicaux, même lorsqu'ils ampu-
taient les traitements des fonctionnaires. Le congrès de Paris de
juillet 1933 blâma sévèrement les indociles ; Montagnon, Marquet et Déat, dans trois interventions très importantes, y dénoncèrent l'incapacité de la SFIO, rivée à des idéologies dépassées,
à s'adapter à la crise du XXᵉ siècle. C'est Marquet qui alla alors
le plus loin dans le sens d'un socialisme national, avec le trip-
tyque : *Ordre, Autorité, Nation,* qu'il proposait au parti de façon
provocatrice. Ainsi fut défini ce qu'on appelle le néo-socialisme.

Léon Blum se déclara « épouvanté », d'autant plus que Bernard Montagnon reconnut une forme du socialisme dans le fascisme.

Ayant persisté dans leur indiscipline, les parlementaires de la droite suivis par de nombreux militants furent exclus au début de novembre. Ils fondèrent un mois plus tard le Parti socialiste de France (PSF) qui se fondit avec de plus anciennes dissidences dans l'Union socialiste républicaine en novembre 1934. Les exclus de 1933 ne restèrent pas longtemps unis, et leur groupe éclata dès 1936 ; certains rentrèrent à la SFIO. Le PSF était en effet très hétérogène. La droite participationniste voulait seulement des ministères. Déat, Marquet, Montagnon visaient plus haut. Ils répudiaient le marxisme, et même les synthèses de Jaurès. Persuadés que le capitalisme était apte à surmonter les crises par la rationalisation de la production, certains que le socialisme avait prouvé en Italie et ailleurs son impuissance à l'éliminer, ils se ralliaient à sa supériorité économique, se proposant seulement de l'orienter politiquement vers les transferts sociaux qu'ils jugeaient nécessaires.

Dans le conflit personnel avec Blum, l'antisémitisme joua son rôle. Proclamé par l'extrême droite comme un facteur du nationalisme, il est honteux et diffus mais toujours présent à l'extrême gauche. Chez les « néos », il fut manifeste dès l'origine, lorsque la demande d'adhésion de Salomon Grumbach fut repoussée de façon sarcastique et injurieuse. Patriote alsacien, socialiste situé à l'extrême droite du parti, agent de la France pendant la Grande Guerre, Grumbach avait eu la naïveté de croire que sa place était avec les dissidents qui incluaient le chef de sa tendance, Renaudel, personnage médiocre, nullement partisan du « socialisme national » de Déat, mais dans les bras de qui Jaurès était mort, ce qui était d'un grand effet sentimental sur les militants. C'est seulement pour avoir des troupes et des assises électorales que les « néo-socialistes » emmenaient avec eux les chefs de la droite qu'ils méprisaient. Plus perspicace que Grumbach, Frossard, lui aussi participationniste, et d'ascendance israélite, évita ce genre d'affront en faisant bande à part par sa propre scission « attentiste », qui le plaça entre la SFIO et les néo-socialistes.

On pourrait penser que cette scission affaiblit le Parti socialiste, et cela fut vrai pour un temps. Des municipalités, des conseils généraux, des fédérations furent entraînés par les néos. Mais la plupart revinrent assez rapidement au bercail. Quant aux députés, les élections de 1936 furent une guillotine pour les dissidents. Le parti fut donc épuré de ses éléments que la réussite fasciste avait ébranlés ou conquis, de ceux aussi qui ne se consolaient pas de n'avoir jamais été sous-secrétaires d'État. La réflexion théorique n'a pas véritablement souffert de la dissidence de Déat. Les planistes issus des ES sont restés à la SFIO. Ils ont peut-être représenté dans les conditions historiques du moment, et de manière désintéressée, la recherche la plus vigoureuse d'un rajeunissement du socialisme. Il est vrai que le parti ne les a pas reconnus. Ils se heurtaient à une méfiance, fondée sur l'histoire, envers les ambitions politiques des professeurs. Ils n'avaient pas la caution, loin de là, de la 5e section, celle du quartier Latin. Cependant, leur rôle peu étudié, sauf par Georges Lefranc, l'un d'entre eux, fut grand, car la CGT imposa plus ou moins quelques-unes de leurs vues au Front populaire, c'est-à-dire au parti. Et depuis, on pourrait beaucoup écrire sur ce que les réformateurs du capitalisme libéral ont utilisé de leurs intuitions. Mais la SFIO, pour se garder du révisionnisme, préférait leur opposer les trotskistes qu'elle choyait et dont elle souffrit.

Les communistes, entre le parti et la secte.

« Lorsque notre grand parti poursuivait une politique sectaire… », telle était la phrase liturgique par laquelle les dirigeants et la presse communistes évoquaient la période, après que, sous la direction de Maurice Thorez, le parti fut devenu le deuxième et parfois même le premier de la nation. Sans que, à la différence des groupuscules, il ait jamais été menacé de disparition, le Parti communiste se réduisit comme une peau de chagrin, victime de la politique de la IIIe Internationale, de la vigueur de la répression et des conséquences de la crise.

Les causes externes de cet abaissement furent la ligne « classe contre classe » et « la défense de la patrie socialiste », deux mots d'ordre suicidaires qui firent du communisme un ghetto de 1928 à 1935. Le premier, contraire à la tradition nationale de discipline républicaine dans la gauche, provoquait le scandaleux succès d'hommes de droite ou d'extrême droite dans des élections triangulaires. Il fit faillite en 1932 quand les chômeurs se rallièrent quand même au second tour aux candidats radicaux ou socialistes pour éliminer ceux du Comité des forges.

Imposée par le VIᵉ Congrès de l'Internationale communiste, tenu à Moscou pendant l'été 1928, la défense de la « patrie du socialisme », complot permanent, non seulement avoué, mais proclamé, contre la sûreté de l'État, autorisa celui-ci à une vigoureuse politique répressive. Toute annonce de manifestation de rue fut alors considérée comme une provocation à l'insurrection et entraîna l'arrestation préventive des chefs et des cadres, l'abstention des militants et des sympathisants terrorisés.

Le coup d'envoi fut donné par Tardieu qui brisa, avec le préfet de police Chiappe à Paris, une manifestation nationale contre la guerre décidée pour le 1ᵉʳ août 1929. Désormais, la technique des arrestations préventives, jadis employée contre les anarchistes, fut systématique. La persécution ne prit pas fin avec les élections à gauche de 1932, elle se poursuivit au contraire. En 1933, le complot« Fantomas », affaire d'espionnage dans les établissements militaires, permit de démolir les cadres « unitaires » de la marine et des arsenaux, particulièrement actifs et courageux, souvent anciens mutins de la mer Noire.

Les raisons internes de la crise communiste furent qu'une telle stratégie exigeait une direction ferme, dictatoriale qui provoquait inévitablement des luttes et des tensions clandestines. Le groupe Barbé-Célor installé par l'Internationale à la tête du parti de 1928 à 1931 appliqua avec la plus grande rigueur, avec fanatisme, la tactique classe contre classe et la défense de la patrie socialiste — face aux prétendus préparatifs d'intervention franco-britannique contre l'Union soviétique.

Tous les coups furent dirigés contre l'ennemi principal du prolétariat : la SFIO. L'influence que pouvait avoir le « social-flic », le « social-traître », le « social-fasciste » sur la classe ouvrière devait être détruite comme le seul empêchement à la révolution rendue imminente par la crise du capitalisme. Ainsi le parti s'isolait-il volontairement et se lançait, sans en avoir la force, dans un aventurisme insurrectionnel. L'invective et la rixe étaient les principales méthodes. Une telle stratégie avait d'autres conséquences que la mise à l'écart de la vie politique nationale : dénonçant comme policiers tous ceux qui, en dehors de lui, se réclamaient du socialisme ou du communisme, le parti était en réalité lui-même pénétré jusqu'au sommet par les indicateurs. Ceux-ci faisaient courir des rumeurs qui discréditaient les plus irréprochables comme le secrétaire général Sémard. Tous étaient amenés à se suspecter mutuellement.

L'effet d'une telle politique, dictée de Moscou, en inadéquation totale avec la situation politique, économique et sociale de la France, fut la fonte des effectifs. De 60 000 adhérents en 1925, le PCF tombe à moins de 30 000 en 1933, et de 14 élus à la Chambre de 1928 à 11 en 1932. Les principaux dirigeants étaient battus. C'était le fruit de la tactique classe contre classe ; mais aussi de la crise économique. Le parti devint un parti de chômeurs, contrairement à la CGTU qui recrutait dans l'élite ouvrière. Paradoxalement, la ligne insurrectionnelle amena au parti pour plus ou moins longtemps de jeunes intellectuels, des surréalistes notamment. Parmi les cadres, l'hémorragie commencée dès 1922 s'accéléra. Les fondateurs du parti, formés dans la SFIO d'avant 1914, ne pouvaient pas accepter des pratiques aussi étrangères à leur mentalité. Ceux qui demeurèrent fidèles, Cachin, Vaillant-Couturier, Renaud Jean, furent utilisés selon leurs compétences, mais n'eurent plus de rôle dirigeant. Les exclus rentrèrent au Parti socialiste ou formèrent des dissidences dont la seule importante fut celle du Parti ouvrier et paysan, fondé en décembre 1929 autour de Louis Sellier et de l'ancien espoir du PCF, Garchery. Devenu Parti d'unité prolétarienne, il porta des coups très durs aux communistes aux élections de 1932 à Paris et en banlieue, où furent battus tous les chefs historiques. La dissidence « pupiste » finit, comme les autres, par rejoindre en partie la SFIO.

En 1931, le groupe Barbé-Célor fut éliminé par l'Internationale dans des circonstances mélodramatiques. Doriot reprit de l'influence, mais, très désabusé, il commença sa campagne contre la tactique du front unique à la base, campagne qui se termina par son exclusion en 1934. Thorez, promu en 1930 au secrétariat du Bureau politique, fut placé à la direction du parti. Sans mettre en cause la ligne générale, il s'efforçait de l'adapter avec l'aide d'émissaires de l'Internationale. Le principal de ces « conseillers » était le Tchèque Fried, dit Clément. En 1931 commence une grande campagne d'explication qui n'empêche pas la suspicion interne de subsister, et ce n'est qu'en 1934 que le parti commença à remonter la pente.

Dans ces années sombres de son histoire, le PCF subsista comme une « forteresse assiégée », grâce à son organisation rigoureuse, et il conserva, en dépit de son anéantissement parlementaire, une influence sociale par les organisations dépendantes : Association républicaine des anciens combattants, Secours rouge international, Fédération sportive du travail, etc. *L'Humanité* était lue par des non-communistes ; dès 1932, le mouvement Amsterdam-Pleyel fondé par Henri Barbusse et Romain Rolland élargissait cette influence aux intellectuels pacifistes. Le parti avait aussi une organisation d'étudiants, l'Union fédérale des étudiants, dont le journal était *L'Étudiant pauvre,* qui forma des cadres exemplaires par l'intransigeance et l'esprit de sacrifice comme le médecin Ténine et Danielle Casanova.

Intellectuels et autodidactes révoltés.

L'influence des trotskistes fut toujours faible, et ils gênèrent davantage la SFIO que les communistes. Exclus du PCF, les uns après les autres, ils tardèrent à s'organiser, d'autant que les plus importants des amis personnels français de Trotski : Rosmer, Souvarine, restèrent en marge du trotskisme organisé. Le journal *La Vérité* fut fondé en 1929, mais c'est pendant le séjour en France du révolutionnaire russe que la Ligue communiste devint une réalité, en 1933-1934. Après son éviction du Parti communiste, Doriot sembla quelque temps vouloir regrouper toutes les tendances dissidentes, du PUP aux trotskistes, mais il échoua. Les principaux dirigeants de la Ligue étaient jeunes : Pierre Frank, Pierre Naville, Yvan et Maria Craipeau, Fred Zeller et David Rousset. Trotski, déporté dans les Alpes au printemps de 1934, approuva à la fin de l'année l'entrée groupée de ses partisans dans la SFIO.

Le Parti socialiste, ressentant l'humiliation de sa faiblesse idéologique, accueillit avec faveur des arrivants dont la culture marxiste était forte et la jeunesse trop grande pour qu'ils fussent tenus coupables de la scission de Tours. Ils auraient pu jouer un rôle important dans un grand parti, s'ils s'étaient montrés plus adroits, moins pressés de le conquérir. Organisés en fraction dans les Jeunesses socialistes, ils y concurrençaient l'illisible *Cri des jeunes* avec leur périodique *Révolution*. Dès l'été 1935, l'appareil SFIO excluait les Jeunesses socialistes de la Seine qui constituèrent les JSR (Jeunesses socialistes révolutionnaires), désormais pôle d'attraction, qui contraint le parti socialiste à épurer périodiquement ses organisations. Au moment où leur chef est expulsé de France, les trotskistes le sont du Parti socialiste.

Dès lors, ils furent incapables de s'entendre et se divisèrent en fractions rivales, sans compter les francs-tireurs. Frank et les plus âgés formèrent le PCI (Parti communiste internationaliste), avec pour organe : *La Commune.* Les plus jeunes créèrent, autour de *La Vérité,* le POR (Parti ouvrier révolutionnaire) qui devint le POI.

On voit que la présence trotskiste fut « essentiellement parisienne et composée d'intellectuels » (Y. Craipeau [1]). Il est aisé d'en déduire que l'influence sur les ouvriers communistes fut nulle. Mais, comme on le voit aussi, la SFIO fut constamment contaminée et menacée de noyautage dans la région parisienne. Nombreux furent les intellectuels gagnés par le trotskisme, à commencer par les surréalistes. En province, seuls les professeurs et les instituteurs y furent sensibles. Avec les époux Bouet et Maurice Dommanget, la Fédération unitaire de l'enseignement fut dirigée jusqu'à la réunification syndicale par la tendance « École émancipée » qui mena la vie dure aux communistes.

L'ultra-gauche ne doit pas être confondue avec les trotskistes. Elle comprend les anarchistes, les sectes issues du Parti communiste et les surréalistes. Les anarchistes n'ayant plus d'influence réelle dans les syndicats n'ont pas joué un grand rôle avant le renouveau provoqué par la guerre d'Espagne. Des subtilités doctrinales et des querelles de personnes les opposaient les uns aux autres dans des groupes très hostiles. Ils disposaient de journaux, *Le Libertaire, L'Anarchie,* ou de revues, *L'Idée libre.* Ils republiaient indéfiniment les mêmes brochures d'avant 1914 : ce qui témoigne de leur sclérose et de leur inadaptation.

Les oppositions communistes n'ont jamais réussi à devenir autre chose que des chapelles. Pourtant, la France avait accueilli d'anciens bolcheviks de « l'opposition ouvrière » comme des anarchistes russes. Des groupuscules « luxembourgistes » ont existé. André Prudhommeaux, avant de se fondre dans la diversité anarchiste, a vraiment incarné une opposition bolchevique de gauche avec les nombreux journaux qu'il fit paraître entre 1928 et 1933 (*Le Réveil communiste, L'Ouvrier communiste, Spartacus, La Correspondance internationale ouvrière*). Il fut

---

1. *Le Mouvement trotskiste en France,* Paris, Syros, 1971.

relayé à la même date par Lefeuvre, éditeur de *Masses*. Jacques Soustelle était le principal animateur de ce groupe très marxiste. Mais cette ultra-gauche eut encore moins d'influence sur les ouvriers, qui l'ignoraient, que les trotskistes ; elle témoigne à sa façon de l'engagement massif des intellectuels dans la politique, avant et après février 1934, que nous retrouverons plus loin.

Les problèmes des droites classiques.

Les droites parlementaires, qu'on peut étendre jusqu'au centre, ne devaient pas souffrir de la crise dans leurs multiples organisations, puisque celles-ci se réduisaient à des comités de notables. Leurs véritables forces viennent des « 200 » familles, du Comité des forges et du grand patronat qui oriente les deux journaux du soir, les plus sérieux : *Le Temps* et *Le Journal des débats*. Les masses sont procurées par le catholicisme politique. Malgré le fonds commun : orthodoxie libérale, cléricalisme, nationalisme, anticommunisme et antisocialisme, réactionnaires traditionalistes et modérés libéraux ne s'aimaient pas. « Appartenant à la même société, ils ont, dans les questions où son sort se décide, pris deux positions opposées. Dans ce différend, la défense du réactionnaire est de faire entendre que le modéré n'est pas fidèle à sa classe, et celle des modérés de dire que le réactionnaire ne comprend rien à son temps ; à un reproche d'infériorité morale répond un reproche d'infériorité intellectuelle » (Abel Bonnard [1]).

Les modérés se divisaient en de nombreuses formations, la principale étant celle des républicains de gauche dont Tardieu avait fait partie. Devant la crise, ils se demandaient si l'économie libérale ne devait pas être tempérée par une légère intervention de l'État, ils rejetaient l'État mussolinien, par attachement au parlementarisme, mais le *corporatisme* commençait à les séduire. Lorsque Tardieu s'éleva contre la sclérose du régime, ils refusèrent de le suivre, continuant à rechercher l'alliance des radicaux, pour une politique qui depuis la fin de la guerre était le plus souvent à leur service.

A leur droite, ceux que leur ami académicien nomme les réactionnaires, la droite nationaliste avait la Fédération républicaine

1. *Le Drame du présent, les modérés,* Paris, 1936, p. 117.

comme groupement principal, elle était dirigée par Louis Marin, mais les « maringouins » étaient rarement à son image de vrai républicain, porteur de l'idéologie fossilisée de 1870 ; la plupart d'entre eux au contraire étaient de tradition contre-révolutionnaire, ralliés sans attachement au régime républicain. De ces droites s'étaient détachés les démocrates populaires qui avouaient leur but de reprendre les pauvres aux partis de gauche en se fondant sur l'encyclique *Rerum novarum*. *L'Action française* leur reprochait à juste titre d'avoir conquis leur dizaine de circonscriptions uniquement aux dépens de sortants d'extrême droite. C'est qu'en fait la vraie crise de la droite était celle du catholicisme politique. Entre les deux guerres, les catholiques engagés à gauche n'étaient qu'une infime minorité. Le fondateur de la Jeune République, Marc Sangnier, n'avait été élu qu'une seule fois à la Chambre ; socialistes et radicaux anticléricaux couvraient les militants de quolibets et ils se sentaient toujours menacés de sanctions ecclésiastiques. L'alliance entre une Église d'abord contre-révolutionnaire et la droite semblait dans la nature des choses. Or la condamnation de l'Action française, par Rome, en 1926, provoqua une grande crise de conscience et des résistances dans l'épiscopat. La Fédération catholique du général de Castelnau maintint l'orientation droitière de la majorité des catholiques, mais l'influence de Maurras était très réduite après 1929.

La crise de la droite, l'impuissance de Tardieu à la régénérer, sa responsabilité partagée avec la gauche dans la faiblesse du régime et son incapacité à résoudre les problèmes de l'époque, expliquent la prolifération des ligues.

Les ligues. Y eut-il un fascisme français ?

Les ligues sont un phénomène ancien, le fascisme est une nouveauté.

Au XIXe siècle, la gauche descendait dans la rue, mais, sous la IIIe République, elle n'a jamais cherché à réparer illégalement une défaite électorale. Son idéologie l'eût refusé, et elle n'en avait pas d'autre part la force, faute de disposer d'un syndicalisme puissant capable de paralyser le pays. La droite qui n'aime pas le régime ne le met pourtant pas en cause quand elle en a la direction. Les détenteurs de la puissance réelle ne subventionnent pas la subversion quand leurs hommes sont au gouvernement, mais il n'en est plus de même après les défaites électorales. C'est pourquoi les ligues connurent un grand développement à partir de 1932, et leur existence a posé la question d'un fascisme français.

Le fascisme appartient au vocabulaire de la gauche. Pour l'homme de la rue socialiste, non seulement toutes les ligues de droite sont « fascistes », mais aussi les parlementaires de droite, Tardieu, Mandel, Louis Marin, etc., le préfet de police Chiappe, sont fascistes. Les socialistes sont pour les communistes des « social-fascistes ». Qui est à ma droite est fasciste. Il y a là parfois injure gratuite mais souvent une conviction certaine, dont l'historien doit faire abstraction, s'il veut essayer de rétablir les faits.

Ne peuvent être fascistes les vieilles ligues antérieures à son apparition. *L'Action française* n'était pas et ne pouvait pas être fasciste, elle avait son idéologie propre : monarchiste, contre-révolutionnaire, xénophobe, antisémite et antiprotestante, socialement conservatrice. Affaiblie par la condamnation pontificale et en rupture avec le prétendant, elle resta un modèle par sa pratique de la violence. Les camelots du roi étaient les meilleurs combattants de rue de ce temps et les étudiants d'Action française régnaient par la matraque sur le quartier Latin. Les Jeunesses patriotes de Pierre Taittinger n'étaient que la continuation des mouvements boulangiste et antidreyfusard. Purement nationalistes et antiparlementaires, les JP ne s'en prenaient pas aux structures économiques et sociales. Quelques députés d'extrême droite, Philippe Henriot, Xavier Vallat, les appuyaient, ainsi que de nombreux conseillers municipaux de Paris, mais leur influence était faible en dehors de la capitale, et leur valeur au combat, très inférieure à celle des royalistes, pourtant moins nombreux. En 1929, les JP sont en déclin. A cette date, le seul vrai mouvement créé à l'imitation du fascisme italien, par Georges Valois, le Faisceau, a disparu, et son fondateur est en train de passer dans le camp opposé. Les organisations de masse hostiles au régime politique, Fédération catholique, Union nationale des combattants, Fédération des contribuables, ne recourent pas à la violence avant le 6 Février. Leur idéologie est dans le courant nationaliste et antiparlementaire traditionnel. Constatant l'ancienneté des valeurs des ligues, les historiens français ont longtemps rejeté l'existence d'un fascisme français. Des savants étrangers ont au contraire cherché dans la pensée française la source de tous les fascismes, notamment Zeev Sternhell qui découvre du fascisme partout et accuse particulièrement l'extrême gauche et la gauche. L'excès polémique ne doit pas empêcher de s'interroger sur les rapports de la droite historique avec le fascisme. Elle en rejette l'idéologie anticapitaliste, mais elle admire Mussolini qui a rétabli l'ordre et restauré l'État fort. Il y a donc une certaine imprégnation, mais dans la mesure où l'antisémitisme est la marque de ceux que la gauche traite de fascistes, ceux-ci sont ou seront plus proches du nazisme.

Quant aux formations qui naquirent ou se développèrent dans les années 30, à la faveur de la crise, il y a plus d'ambiguïtés dans les comportements. Le parfumeur Coty avait déjà subventionné de nombreuses organisations d'extrême droite et fondé en 1928 le quotidien (à 10 centimes au lieu de 25) de la démagogie antiparlementaire et antisémite : *L'Ami du peuple*. Il créa en 1933 la Solidarité française, dirigée par Jean Renaud, avec une organisation imitée du parti nazi. Elle recruta ses troupes de choc dans le sous-prolétariat maghrébin, d'où le sobriquet : « Sidilarité française ». Par malheur, son fichier fut vendu par un de ses membres à une organisation de gauche qui l'édita sous le titre *Les Ennemis du peuple*. On y voit qu'elle trouvait des adhésions dans la petite bourgeoisie et notamment celle de la boutique.

Le francisme, dirigé par Marcel Bucard, ancien secrétaire de Coty, collaborateur, en 1932, de Gustave Hervé à *La Victoire* où la « mystique Pétain » était exaltée dans un vague Parti socialiste national, fut fondé à la fin de 1933. Son idéologie était nettement inspirée par le fascisme italien, et il fut largement subventionné par Mussolini. Mais il était sans troupes, isolé dans l'extrême droite par son intransigeance doctrinale et concurrencé jusque dans son titre par les francistes de Jolivet et de Coston.

Ces mouvements royalistes, bonapartistes, fascistes se vantaient de recruter des dizaines, parfois même des centaines de milliers d'adhérents. Leurs effectifs allaient en réalité de quelques membres à une centaine de mille pour les JP. De toute manière, les mobilisables dans la rue étaient peu nombreux. Comme pour l'extrême gauche non communiste, leur influence se limitait à Paris et à quelques grandes villes. Cependant, le monde rural connut l'agitation violente du Front paysan créé par Henri Dorgères et Marcel Braibant, les « Chemises vertes ». A l'origine, l'idéologie en était traditionnelle, elle s'imprégna de fascisme après le 6 Février.

De grandes autorités morales se compromettaient souvent avec ces mouvements : les maréchaux survivants, le général de Castelnau et une partie de la hiérarchie militaire, des académiciens. Cependant, les notables restèrent fidèles dans l'ensemble à la droite classique, et les classes moyennes ou les paysans affectés par la crise n'ont jamais voté pour les agitateurs.

Le seul mouvement de masses que l'extrême droite ait connu avant le Front populaire est celui des Croix-de-Feu. Cette organisation d'anciens combattants, créée en 1927 et subventionnée par Coty, ne prit de l'importance que par l'adhésion en 1929 du colonel de La Rocque. Il en devint président en 1931. Elle se développa régulièrement avec des filiales : Fils et Filles de Croix-de-Feu, Ligue des volontaires nationaux. Après le 6 Février, le mouvement aurait atteint 150 000 adhérents. Mussolinien, par ses méthodes de mobilisation permanente, de nettoyage et occupation de la rue, de chasse aux communistes, le mouvement du colonel de La Rocque propageait l'idéologie habituelle de l'extrême droite sous son aspect le plus nationaliste baptisé « esprit combattant ». Largement subventionné sur les fonds secrets, s'il fallait en croire Tardieu et Laval, La Rocque soutint les gouvernements de ceux-ci, puis occupa la rue pour harceler la gauche. Après le 6 Février, il donna son appui au gouvernement Doumergue dominé par Tardieu, puis combattit les successeurs. Le prestige des Croix-de-Feu en fit alors le principal mouvement d'extrême droite, en apparence le plus actif, et c'est contre lui que le Front populaire se constitua. Mais l'ouvrage de La Rocque *Service public*, écrit en 1934, n'était en rien fasciste; son attitude à diverses reprises avait manifesté pour le moins une certaine timidité. Il fut alors abandonné par les éléments vraiment fascistes de sa formation : Pucheu, Pozzo di Borgo.

Les Croix-de-Feu, comme le Parti social français qui leur succéda, après la dissolution des ligues, restèrent toujours dans la légalité, bien que leurs parades paramilitaires et le culte du chef les rendissent odieux et redoutables aux « républicains ». Les valeurs du colonel de La Rocque n'étaient pas fascistes en ce qu'il rejetait le racisme, la xénophobie et tout modèle étranger. Il réclamait un exécutif fort, mais peu d'État, le vote des femmes, la restauration des valeurs chrétiennes par l'enseignement libre, une économie paternaliste, favorisant les petits contre les gros. Ces idées qui peuvent mobiliser temporairement une partie de la petite bourgeoisie ont pu inspirer le régime de Vichy, comme le poujadisme. Nationalisme, anticommunisme, antiparlementarisme, ce n'est pas le fascisme mais la droite traditionnelle.

Pour conclure sur ce point, il y avait en France de vrais partis fascistes subventionnés par Coty ou par l'étranger. C'étaient des groupuscules sans audience ; il y avait des organisations de la droite traditionnelle qui admiraient les résultats obtenus par Mussolini, mais n'étaient que peu influencées par l'idéologie fasciste ; la seule organisation de masse, avant le Front populaire, était celle de La Rocque, qui élimina les fascisans de son mouvement et qui pourtant fut pour la gauche l'incarnation du fascisme, contribuant ainsi involontairement à la fédérer dans le Front populaire. Avec celui-ci vont apparaître d'autres mouvements, CSAR (Comité secret d'action révolutionnaire), PPF (Parti populaire français), dont nous reparlerons.

8

La réaction des intellectuels à la crise de la société et de l'État

Depuis l'affaire Dreyfus, il y a un engagement politique des intellectuels en tant que tels. Ceux qui avaient trente ans en 1900 pouvaient vivre encore en 1930. La guerre de 1914 avait le plus souvent bloqué leur pensée, et ils étaient fidèles à leur jeunesse : André Beaunier, Paul Bourget, Henri Bordeaux, Paul Claudel et l'Académie, à droite ; Henri Barbusse, Jean-Richard Bloch, Victor Margueritte, Romain Rolland et la Sorbonne, à gauche. André Gide, qui se rallia un temps au communisme après ses voyages en Afrique noire par laïcisation de l'éthique chrétienne, puis fut détaché du stalinisme par l'influence des frères Pierre et Claude Naville, ses parents trotskistes, est à part. Mais il sera peu question de ces aînés qui peuvent avoir été ou non des créateurs littéraires, mais dont l'invention politique fut nulle.

L'éventail de la révolte.

Dans les années 30, la jeunesse intellectuelle a manifesté un vif intérêt pour la politique. Peu vinrent au socialisme et au radicalisme, sinon des savants et des universitaires. La droite classique elle-même n'en recruta guère. C'est que « l'engagement », mot de l'époque, exprimait alors une révolte contre la société issue de la guerre, contre l'impuissance des institutions et la veulerie de la classe politique. Ce fut le fait des générations nées entre 1890 et 1910. S'il existe vraiment un fascisme français, ce fut celui des intellectuels obsédés par ce qui leur paraissait être une crise de civilisation. Eux seuls ont cherché à aller au-delà des vieilles idées bonapartistes et nationalistes qui étaient l'essentiel du programme des ligues. De la première génération, le plus notable est Drieu La Rochelle. Venu des confins de la gauche et de l'extrême gauche, il s'exprima d'abord dans *La Lutte des jeunes* fondée par Bertrand de Jouvenel, issu du radicalisme ; puis dans *L'Émancipation nationale* de Doriot. Il fut le penseur du Parti populaire français. L'un des meilleurs écrivains de sa génération, c'est surtout dans ses romans — une confession permanente où se lit son obsession du suicide — et dans *Gilles,* notamment, qu'il a le mieux dévoilé les racines de son fascisme : « [...] violent refus de la France contemporaine, une nostalgie avouée d'un âge d'or révolu et le rêve moins précis d'un ordre nouveau [1]... »

L'âge d'or vient de la mythologie médiévale, de l'ordre corporatiste chrétien propagé, au mieux par Maritain, au pire par Walter Scott. Il provient aussi de Barrès dont l'influence fut si forte sur cette génération (Drieu, Aragon), alors que les plus jeunes n'en supportaient pas l'insipide lecture. Jeanne d'Arc et l'An II étaient, comme chez Barrès, les grandes références historiques d'un homme qui rêvait de regrouper les extrêmes — il n'était pas le seul — pour l'assaut contre la France bourgeoise. Venus du communisme, d'autres ont suivi la même voie, Camille Fégy, Ramon Fernandez. Remarquons ici que ces intellectuels attirés par le fascisme étaient plus sensibles à son activisme qu'à son idéologie.

L'Ordre nouveau était une revue publiée à partir de 1933 par un groupe dirigé par Robert Aron. Arnaud Dandieu (mort en 1933) et Robert Aron avaient écrit un ouvrage qui eut à l'époque un grand retentissement : *La Révolution nécessaire. L'Ordre nouveau* rejetait également le capitalisme et le parlementarisme ; là se trouvait sa tendance fasciste. C'était un mouvement de jeunes ingénieurs, de « managers » dirait-on aujourd'hui. Leur proudhonisme était affirmé, et on les classe à tort parmi les fascistes. Le fils aîné de Péguy eut aussi ses périodiques et son groupe : le Front national syndicaliste.

Jean Touchard a étudié les petites revues qui contiennent ce qu'il appelle « l'esprit des années 30 ». Cet esprit d'insurrection contre une société insupportable est pour lui un fascisme.

Des normaliens de la rue d'Ulm, passés par *L'Action française,* demeurés sensibles à l'influence de Massis et de Maurras,

1. M. Winock, « *Gilles* de Drieu La Rochelle », *Le Mouvement social,* n° 80, juill.-sept. 1972.

Robert Brasillach, Maurice Bardèche et Thierry Maulnier, furent avec Jean-Pierre Maxence, les principaux représentants de cette famille idéologique. Massis les fit entrer à *La Revue universelle,* où Brasillach publia son « Oraison funèbre pour M. Gide ». Ils créèrent ensuite la revue *Réaction.* Mais c'est *Je suis partout,* hebdomadaire à grand tirage qui parut à partir de 1930, sous la direction de Gaxotte, qui leur permit d'atteindre une large audience.

Le planisme défendu par *L'Homme nouveau* était, lui, assez loin du fascisme, bien que chargé des ambiguïtés néo-socialistes. Il devait beaucoup aux socialismes français du XIXe siècle, et surtout à Henri De Man. Mais la plupart des disciples de celui-ci se tinrent à l'écart et cherchèrent plutôt à rénover la SFIO. En effet, à la différence de tous ces rêveurs, le groupe Révolution constructive, dont il a été parlé, avait, lui, une véritable base ouvrière : la CGT.

La revue *Esprit* (1932) et le groupe qui l'animait sous la direction du philosophe Emmanuel Mounier surmontaient à l'origine l'opposition historique entre la droite et la gauche. Dans un esprit de fidélité au catholicisme, la revue témoignait d'un de ces efforts fréquents pour combler le fossé entre les Églises chrétiennes et la classe ouvrière. Le groupe initial, qui comprenait d'ailleurs des protestants et des agnostiques, voulait saisir tous les éléments de la crise de la société, d'une manière qui puisse aider l'Église et les catholiques à se dégager des jugements inspirés par leurs compromissions temporelles. La politique personnaliste rejetait le matérialisme individualiste ou collectiviste et la fausse solution fasciste. Elle était contre le libéralisme, le capitalisme, le cléricalisme, pour la reconstitution de la personne éclatée. Cette politique était donc spirituellement révolutionnaire, et les répressions coloniales la firent glisser à gauche progressivement jusqu'à l'adhésion critique au Front populaire. Mais si un mouvement effectivement politique dirigé par Georges Izard, la Troisième Force, s'en inspira et s'en dégagea plus tard, Mounier ne voulait pas être le chef ou l'adhérent d'un parti. Son rôle, qu'il n'avait pas convoité, fut d'être en fait la conscience des chrétiens démocrates, comme l'avait été, avant lui, Marc Sangnier.

Il était naturel que l'extrême gauche soit également le pôle d'attraction d'une jeunesse intellectuelle révoltée, qui formait, malgré la présence de quelques ouvriers, l'essentiel du trotskisme et de l'ultra-gauche. Mais elle eut aussi, par rapport aux formations politiques, ses groupes autonomes.

De jeunes poètes, historiens, philosophes communistes, normaliens comme Jean Bruhat ou Paul Nizan, professeurs comme Georges Politzer ou Valentin Feldman, ont combattu la culture bourgeoise, « corruption de l'homme » (Nizan), dans _La Revue marxiste_, que l'influence de Rappoport rendait parfois suspecte au parti, et dans une petite maison d'édition, la librairie « Les Revues », où l'on trouvait Pierre Morhange, Gutermann, Georges Altman, Henri Lefebvre. Boris Souvarine avait rassemblé autour de lui un groupe de discussions, le Cercle communiste démocratique, qui a publié _La Critique sociale,_ dont les 12 numéros constituèrent en leur temps un remarquable instrument de réflexion marxiste, d'orientation trotskiste, sur le fascisme et l'échec de la révolution. Gérard Walter, Georges Bataille, Raymond Queneau, Jean Bernier et de plus jeunes comme Pierre Kaan, Simone Weil et Jean Dautry, furent les principaux participants du groupe souvarinien. Le grand homme du groupe « Masses », que dirigeait Lefeuvre, était Jacques Soustelle. Il était très proche du communisme officiel, et beaucoup de jeunes intellectuels venaient recevoir de lui des leçons de marxisme. Édith Thomas disait qu'elle devait à Soustelle sa conversion au communisme.

Le surréalisme, qui a publié en 1928 deux de ses livres les plus importants, _Nadja_ de Breton et _Le Traité du style_ d'Aragon, se mit, comme le second de ces livres l'y appelait, au service de la révolution. Sans doute fut-il affaibli par les scissions et les polémiques qui isolèrent Breton, et par le suicide de Crevel. Mais, si Aragon et Sadoul devinrent des intellectuels communistes, tous les autres, quelles que fussent leurs divisions, restèrent en gros des trotskistes. Sans doute l'activité surréaliste est-elle largement présente dans la revue _Le Surréalisme ASDLR_ et dans les œuvres poétiques de ces années ; mais ce qui marque l'époque 1930-1936 dans l'histoire du mouvement intellectuel le plus important de l'entre-deux-guerres, ce sont les tracts contre l'Exposition coloniale ou l'expulsion de Trotski et l'ouvrage de Breton : _Position politique du surréalisme._ Aussi le surréalisme a-t-il recruté parmi les gens de vingt ans, notamment au moment de « l'affaire Aragon », c'est-à-dire des poursuites judiciaires contre l'auteur du poème « Front rouge ». On comprend mal le jugement de Touchard : « En 1930 le surréalisme est sur la voie du déclin, il n'offre plus qu'un refuge douteux aux jeunes en quête d'une issue [1]. » Il est vrai que le surréalisme, ayant toujours et systématiquement pratiqué une politique interne d'épuration, n'a jamais participé à cette espèce d'union sacrée de la révolte et de la réaction contre la civilisation bourgeoise, que Touchard a si justement soulignée et dont il va être maintenant question.

Des solidarités au reclassement.

Un commun refus de l'ordre établi, dit Jean Touchard, la volonté que cela change conduisaient l'extrême gauche et l'extrême droite à s'entendre, non dans le domaine de l'action, où les coups s'échangeaient, mais dans celui des idées. Dans *La Grande Peur des bien-pensants,* Bernanos, venu de l'AF, fait l'apologie de la Commune. L'extrême gauche sophistiquée recherche alors désespérément la voie qui lui permettra de triompher du fascisme dont les victoires lui donnent le vertige. Les références du fascisme et du *surfascisme* (le fascisme surmonté) ont été les mêmes : Sorel, Nietzsche ; mais comme chacun puise en eux ce qui lui convient, c'est bien plus dans l'horreur de la société existante que l'entente pouvait se faire, ainsi qu'il advient dans les coalitions électorales, plutôt que sur un impossible programme constructif commun. Dans le monde politique d'ailleurs, en Allemagne autour des frères Strasser ou en Grande-Bretagne avec Mosley, de telles confusions se voyaient ; mais, en France, ce furent les intellectuels qui allèrent le plus souvent de la révolution sociale et nationale à la libération nationale et sociale, et réciproquement. Des intellectuels communistes sont passés au fascisme ; des étudiants d'Action française en 1930 étaient communistes en 1936. Ajoutons que l'irrationalisme commun aux fascistes et à une partie des non-communistes de l'extrême gauche les opposait conjointement au marxisme et au maurrassisme. De plus, les uns et les autres pouvaient à l'occasion communier dans l'indignation.

En mars 1932, l'ébéniste Edmond Fritsch qui haranguait des ouvriers sur un chantier de Vitry-sur-Seine fut abattu froidement par deux policiers. Cet événement provoqua une très vive émo-

1. Voir (11).

tion dans la région parisienne. Quoique aujourd'hui tout à fait
oublié, il mérite d'être retenu pour au moins deux raisons. La
première est que l'indignation de la jeune extrême droite des
« petites revues » fut aussi vive que celle de l'extrême gauche.
Ce n'est pas un moment unique, car cette conjonction des extrêmes se retrouva plus ou moins jusqu'au 6 Février ; mais c'est
un moment plus rare dans la vie politique française que dans
l'allemande. Il coïncida aussi avec la période où Mussolini encourageait chez les étudiants un fascisme gauchisant. Les jeunes
Français d'extrême droite avaient des relations plus ou moins
étroites avec les groupes milanais qui publièrent *Il Cantiere* et
Camminare dans les premières années de la décennie.

L'autre raison pour laquelle la mort de Fritsch est significative, c'est que le Parti communiste édita un tract rédigé par les
intellectuels, rédacteurs et dessinateurs de *L'Humanité :* « Ils ont
tué Fritsch ! » témoignage d'une phase ouvriériste — tous les
articles sont anonymes, la signature est collective : « Rédigé par
la première brigade de choc de l'association des écrivains et artistes révolutionnaires (UIER) mise à la disposition des syndicats
unitaires du bois et du bâtiment et des comités de chômeurs. »
Cela n'a pas duré. Moins de deux ans plus tard, le tract de
l'AEAR qui salue les morts des 9, 11 et 12 février porte les signa-
tures de Romain Rolland, Vaillant-Couturier, Ramon Fernandez, Jean-Richard Bloch, Aragon et Jean Giono.

Plus d'un an après le meurtre de Fritsch, Pierre Andreu
publiait encore dans *L'Assaut* (mai 1933) un article sur l'événement, qui montrait que l'émotion éprouvée n'était pas simple
attitude. Le sorélien Pierre Andreu, historien avec Raoul Girardet de ces mouvements, venu de la LAURS de Mendès France,
ami de Marcel Péguy et des marins de la mer Noire, disciple de
Drieu, rédacteur à *La Lutte des jeunes,* mais électeur communiste, est exemplaire de cette incertitude dans la recherche d'une
voie, qui caractérise la jeunesse de cette époque, explique des
connivences, des amitiés profondes, paradoxales chez les fana-
tiques qu'ils étaient.

Les événements de février 1934 provoquèrent un reclassement
qui mit fin progressivement aux ambiguïtés. Chacun dut choisir
son camp. Le refus du fascisme se substitua plus ou moins pour
beaucoup au refus de la société. L'espoir de conjonction des
extrêmes rêvé par Drieu La Rochelle avoua sa vanité, et les intel-

lectuels de gauche se regroupèrent. L'AEAR (Association des écrivains et artistes révolutionnaires) publia *Commune*. Sa création remontait à 1932, elle dura jusqu'à la guerre. On y trouvait Barbusse, Gide, Giono, Malraux, Chamson, Guéhenno, Nizan et quelques burgraves du parti. Ce fut vraiment la forte organisation de l'extrême gauche intellectuelle. Vaillant-Couturier y imposa l'autorité du PCF. Pour la concurrencer, l'ultra-gauche eut son organisation en 1935-1936 : Contre-Attaque, qui unissait le groupe surréaliste et, autour de Georges Bataille, le plus grand nombre des anciens souvariniens.

Comme Mounier, un homme tout à fait différent choisit aussi sa place à gauche : Georges Valois. On ne dira jamais assez l'importance de la Librairie Valois. C'est dans les multiples collections, la somme des ouvrages des éditions de la Librairie Valois, que les générations de 1930 firent, pour une grande part, leur éducation politique, économique et sociale, et acquirent leur culture. Après les « Documents bleus » des éditions Gallimard et les « Documentaires » des éditions Kra, la Librairie Valois fut et reste un témoignage capital de « l'esprit de 1930 ». Là comme ailleurs, la naissance du Front populaire allait apporter des mutations décisives et mettre en cause une manière de vivre de jeunes intellectuels, bourgeois ou non, dont l'extrémisme de gauche ou de droite était autant une esthétique moralisante, un dandysme, qu'une politique.

9

Le 6 Février 1934

Les causes de cette journée d'émeute sanglante sont déjà apparentes dans les chapitres précédents.

La France, qui n'avait pas de chômeurs en 1929, en compte 273 000 en 1932, 340 000 en 1934. La majorité de gauche élue en 1932 a démontré son impuissance. A Herriot tombé sur la politique extérieure, ont succédé des présidents du Conseil rapidement renversés sur des questions financières, puis vint Chautemps, le 7 novembre 1933. La politique budgétaire est restée ce qu'elle avait toujours été, une politique de déflation qui entretenait la crise à perpétuité et en faisait payer le prix aux salariés, principalement aux fonctionnaires. Pendant cette période, le ministère des Finances fut occupé par Chéron, collaborateur de Poincaré et de Tardieu, puis par Georges Bonnet, flanqué au Budget de Lamoureux, ou de Gardey, ou de Marchandeau. Tous étaient pour la plus stricte orthodoxie libérale, y compris Bonnet, qui avait été plus audacieux quelques années plus tôt. La chute répétée des gouvernements devant la Chambre des députés manifestait la crise des institutions, l'impuissance de l'exécutif, la déficience des institutions parlementaires qui ne peuvent plus fonctionner. A ce régime vulnérable, la droite qui n'adhère qu'en paroles est tentée d'opposer la subversion, d'où la prolifération des ligues.

En cette année 1933 vient s'ajouter le danger de l'évolution internationale. Hitler est devenu chancelier du Reich le 30 janvier. Il a tous les pouvoirs depuis l'incendie du Reichstag. Le Japon s'est retiré de la Société des nations, suivi par l'Allemagne qui avait déjà quitté la conférence de Genève sur le désarmement.

C'est l'enterrement de la politique de sécurité collective et une grave menace sur le système diplomatique français d'alliances de revers. Cette crise internationale s'ajoute aux difficultés intérieures.

L'agitation de la rue.

L'incapacité politique à résoudre les problèmes posés par la crise dans une population sans protection contre le chômage et la peur de la guerre expliquent les manifestations violentes et les grèves qui marquent l'année 1933. En janvier le textile du Nord, en avril les mineurs du Nord et du Pas-de-Calais, les ouvriers agricoles du Languedoc sont en grève, et, plus tard, les métallurgistes de Citroën à Paris. Une marche de la faim des mineurs eut lieu en décembre. L'année 1933 a également vu l'agitation violente des agriculteurs.

Renforcées par l'extension du chômage chez les « cols blancs », les ligues étaient naturellement très actives. Elles l'eussent été de toute façon, puisque leur rôle était de rendre à la droite, par la rue, le pouvoir qu'elle avait perdu par le suffrage. Mais la situation permettait de développer considérablement l'action antiparlementaire en appelant chômeurs et contribuables à se débarrasser des incapables du Palais-Bourbon.

La rue était devenue, surtout à Paris, le théâtre de l'affrontement entre l'extrême gauche et l'extrême droite. Entre les deux, la police n'était pas impartiale. Beaucoup de commissaires et d'inspecteurs, souvent radicaux et francs-maçons, n'avaient aucune sympathie pour les factions. Mais la police en tenue était utilisée par le préfet de police, Chiappe, uniquement contre la gauche, avec la tolérance des ministres radicaux. Haï dans les quartiers populaires, il était adulé dans l'Ouest parisien. Ses amis étaient les conseillers municipaux de la capitale qui menaient l'action antiparlementaire. Il avait même la sympathie de *L'Action française* qu'il avait su ménager. Par les arrestations préventives dans une extrême gauche noyautée par les indicateurs, il parvint à éviter des affrontements aussi violents que ceux qui ensanglantèrent Berlin avant 1933. Il avait d'autre part le mérite de dire franchement son parti. Il écrivait en 1930 : « ... il n'est pas admissible que de jeunes Français, dont je n'ai pas à connaître les tendances politiques, mais qui appartiennent à l'élite intellectuelle de la nation [il s'agit évidemment des étudiants de l'AF et des JP], soient frappés et risquent d'être tués parce qu'ils défendent la cause nationale... » Plus loin, il désigne ses ennemis et les leurs en écrivant bizarrement : « ... La rue est à tout le monde et nous n'admettrons jamais que des manifestations

y soient organisées par les professionnels de l'émeute et les ennemis de la Patrie [1]. »

Aux côtés des contribuables, c'est-à-dire de la boutique, des
chômeurs, le scandale Stavisky va permettre d'ajouter les anciens
combattants dans la lutte contre le régime. Lorsque à l'incapacité et à la gabegie, responsables des souffrances, vint s'ajouter
l'infamie de la corruption, il était naturel de faire appel aux représentants désignés de l'abnégation, du sacrifice, de l'héroïsme et
de l'honneur que sont les anciens combattants. Naturellement,
« l'esprit combattant » fait partie de la mythologie de la droite.

Mais ceux qui avaient subi les tueries de 1914-1918 et les atro-
ces conditions de la vie des tranchées, s'ils étaient unanimes pour
ne plus revoir cela, s'ils étaient indignés par l'évolution de la
France depuis 1919, étaient très divisés politiquement quant aux
moyens de défendre la paix et flottaient entre le nationalisme
radical de l'UNC et l'ultra-pacifisme de l'ARAC (Association
républicaine des anciens combattants).

Bien des anciens combattants étaient en effet de gauche et
d'extrême gauche, parfois très violemment antimilitaristes et anti-
patriotes. Ils se reconnaissaient dans les romans-témoignages de
Henri Barbusse et de Jean Bernier. Et, justement, la période a

1. J. Chiappe, *Paroles d'ordre*, Paris, 1930, p. 190, 197.

vu paraître la seconde génération des écrits sur la guerre, ceux de Gabriel Chevallier, d'André Thérive, les traductions des romans allemands : *A l'ouest rien de nouveau, Quatre de l'infanterie, Classe 22 ;* la dénonciation du massacre fut parfois renforcée par les œuvres cinématographiques qui en ont été tirées. Les anciens combattants du terroir (Grenadou), cultivateurs, paysans, instituteurs ruraux, avaient la haine de la guerre, et c'est dans ce milieu qu'est né le puissant courant de pacifisme inconditionnel, aboutissant à la démission nationale, qui prit son essor à ce moment. Dans le *long terme,* c'est sans doute le plus important.

Dans le *court terme,* c'est au pacifisme que Georges Lefranc attribue le succès électoral de la SFIO en 1932. Toute sa campagne avait négligé la crise, dont elle ne détenait pas les clés, et privilégié la lutte contre la menace de guerre. « Non, plus jamais ça ! », disaient ses affiches.

Les anciens combattants mobilisés par les ligues, par les Croix-de-Feu, étaient ceux de l'UNC. Ils étaient aussi nombreux (ARAC communiste, FRAC socialiste) d'opinion opposée. Quant aux autres organisations, elles n'avaient pas de couleur politique et se contentaient de lutter pour des avantages matériels (retraite des combattants instituée par Tardieu).

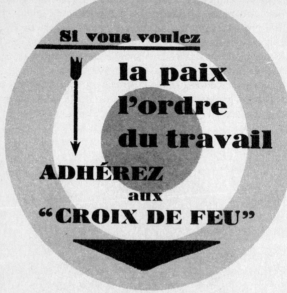

Le 6 Février, les anciens combattants de l'UNC, formèrent l'aile marchante de l'insurrection ligueuse, mais l'ARAC est tout autant présente place de la Concorde.

« L'affaire Stavisky ».

Depuis celui des « décorations », les scandales n'ont pas manqué dans l'histoire de la IIIᵉ République. Ils furent particulièrement nombreux, à répétition pourrait-on dire, entre 1928 et 1932, sous le régime de l'Union nationale : affaire de *La Gazette du franc* de Mme Hanau, affaire Oustric sont les deux principaux. Le second entraîna plus ou moins la chute du second cabinet Tardieu, dont trois membres, parmi lesquels le garde des Sceaux Raoul Péret, étaient convaincus de corruption. D'autres anciens ministres allaient eux aussi comparaître devant le Sénat, érigé en Haute Cour de justice, ou devant la justice ordinaire. Ces scandales dévoilaient la protection intéressée dont la plus louche des finances jouissait de la part de personnages parmi les premiers de l'État. L'action judiciaire ne fut pas alors exploitée politiquement. La droite n'y avait aucun intérêt, et la gauche ne pouvait pas se permettre une campagne qui eût éclaboussé la République. L'affaire Stavisky est par comparaison un scandale mineur. Les protecteurs de cet escroc au Parlement étaient d'obscurs députés radicaux dont la réputation n'avait jamais dépassé les limites de leur circonscription. Mais la situation était différente, puisque les radicaux étaient justement au gouvernement. C'est la raison qui explique pourquoi le scandale aboutit à une agitation inégalée.

Le discrédit du régime ne vient pas seulement de sa totale inefficacité mais aussi de sa corruption que révèlent les scandales accumulés. L'affaire Stavisky prouve, à la fois, la vénalité de la presse française avilie par les maîtres chanteurs, par les publicités financières, et la contamination d'une partie (faible) du monde parlementaire.

Alexandre Stavisky, juif ukrainien, Français naturalisé, a commis de très nombreuses escroqueries sans que les poursuites judiciaires engagées contre lui aient jamais abouti, en raison de l'attitude du Parquet qui a toléré jusqu'à 19 remises. Il mène une vie mondaine brillante, fréquente le monde politique et la haute administration policière, y compris Chiappe. En décembre 1933, une nouvelle escroquerie, celle des bons du Crédit municipal de Bayonne, est découverte. Fondée par l'aventurier, cette institution avait émis plus de 200 millions de francs de faux bons de caisse, afin que Stavisky puisse s'en approprier les fonds. Stavisky prend alors la fuite, et on arrête ses complices et hommes de paille, dont le député-maire de la ville et des directeurs de journaux. Le 9 janvier, la police cerne le chalet de montagne dans lequel s'est réfugié Stavisky et déclare l'avoir trouvé agonisant. Cette version policière provoqua l'incrédulité générale.

Le même jour, Dalimier, ministre des Colonies dans le cabinet Chautemps, doit démissionner parce qu'il avait signé une circulaire recommandant les bons de Bayonne quand il était ministre du Travail. Jusqu'alors, le gouvernement s'était efforcé de faire le silence et de maintenir l'affaire sur le plan judiciaire. C'est désormais impossible, d'autant que se développe parallèlement un conflit entre le conseiller Prince, chargé des affaires financières au Parquet, et son supérieur, le procureur de la République Pressard, beau-frère du président du Conseil Chautemps.

Lequel des deux magistrats était-il responsable de l'incroyable laxisme du Parquet ? Dans l'interprétation de ces événements, la gauche et la droite ne sont d'accord que sur un point : la version policière de la mort de Stavisky est fausse, il ne s'est pas suicidé, on l'a tué par ordre pour qu'il ne parle pas. Selon la gauche, il eût compromis Chiappe et le conseiller Prince, auquel Pressard reprochait d'avoir étouffé toutes les poursuites antérieures. Pour la droite, Stavisky représente la finance métèque et juive associée à la pourriture parlementaire et maçonnique. (Chautemps et Pressard étaient des dignitaires importants de la franc-maçonnerie.) C'est donc Chautemps qui a donné l'ordre de tuer Stavisky. C'est aussi Pressard qui interdisait à Prince de poursuivre l'escroc, et c'est encore la maçonnerie qui, plus tard, aurait enlevé et assassiné le conseiller, trouvé mort sur une voie ferrée le 24 février (pour la gauche, il s'est suicidé). On voit donc que l'extrême droite pouvait se mobiliser sur tous les thèmes dont elle se nourrit : antisémitisme (Mme Hanau illustrait déjà le mythe du juif et même Oustric, pris à tort pour un israélite), xénophobie, antiparlementarisme, haine de la République.

Pendant tout le mois de janvier, des manifestations violentes, aux cris de « à bas les voleurs », se déroulèrent, à l'appel initial de *L'Action française* à la Concorde et sur les Grands Boulevards, entre l'Opéra et la rue de Richelieu, avec la connivence de la police.

Le 11, la Chambre avait refusé la création d'une commission d'enquête. Des directeurs de journaux étaient inculpés : Dubarry (*La Volonté,* journal radical), et Aymard (*La Liberté,* journal de droite). Les journaux d'audience nationale, tous de droite, développent l'exploitation politique d'une affaire où n'étaient pas compromis que des radicaux.

A la Chambre des députés, Philippe Henriot, Ybarnégaray et Tardieu conduisirent l'assaut contre le gouvernement, d'ailleurs sans succès, car la majorité (radicaux-SFIO) faisait bloc et votait la confiance contre la droite et les communistes. Mais Chautemps ne put pas tenir contre le déchaînement de la presse dite d'information (notamment *Paris-Soir),* l'agitation parisienne de la rue et la découverte d'un nouveau scandale sans rapport avec l'affaire Stavisky, mais qui contraignit le garde des Sceaux à démissionner, sous la pression des Jeunes Radicaux et des socialistes. Chautemps alors se retira, le 27 janvier, capitulant devant l'émeute.

Celle de cette journée-là, boulevard des Italiens, fut la plus violente avant celle du 6 Février. Pendant toute cette période, les tribunaux rivalisèrent d'indulgence avec la police.

L'émeute.

Le 29 janvier, Lebrun fit appel à Daladier, homme intègre, réputé courageux et énergique, chef des Jeunes Radicaux. Il constitua un gouvernement à l'image des précédents, renforcé, pensait-il, par 2 hommes du centre droit et à l'Intérieur un dissident de la SFIO : Eugène Frot. Chiappe, grâce à ses relations dans l'extrême droite, obtint d'abord pour Daladier l'annulation d'une manifestation annoncée par les ligues pour le 4 février ; mais la gauche voulait se débarrasser d'un préfet de police complice de la droite et compromis par ses relations personnelles avec l'escroc. Chiappe, remplacé par Bonnefoy-Sibour, refusa sa nomination de résident au Maroc. Les ministres Fabry et Piétri démissionnèrent alors, et les conseillers municipaux de Paris, liés aux ligues, appelèrent avec l'Union nationale des combattants, à manifester le 6 février, jour où le ministère se présentait devant les Chambres. L'Association républicaine des anciens combattants (communiste) décidait de se mobiliser le même jour contre le « régime du profit et du scandale » et pour exiger l'arrestation de Chiappe.

Daladier avec l'appui de Blum obtint alors facilement la confiance de la Chambre, qui fut votée vers 20 heures, en faisant appel, contre Tardieu, qui sommait le gouvernement de démissionner, à l'union des républicains. Mais le Palais-Bourbon était cerné. UNC, Solidarité française, JP, camelots du roi et ARAC convergeaient vers la Concorde. Les Croix-de-Feu progressaient dans le faubourg Saint-Germain. Les échanges de coups de feu eurent lieu de 19 heures à minuit. Les émeutiers utilisèrent aussi des projectiles divers et tailladèrent les jambes des chevaux avec des lames de rasoir. Les gardes mobiles qui tenaient le pont de la Concorde n'ont pas plié. Le mince rideau de policiers qui protégeait la Chambre sur la rive gauche aurait sans doute cédé, mais La Rocque donna contrordre, et les Croix-de-Feu n'attaquèrent pas. Il y eut une quinzaine de morts et environ 2 000 blessés. Le 7 au matin, plusieurs des meneurs de l'insurrection étaient arrêtés. Cependant, non seulement la presse ouvertement à droite, mais aussi les grands journaux attaquaient violemment le « gouvernement d'assassins », et Daladier, malgré la confiance votée la veille, démissionna vers midi. Les magistrats et les hauts fonctionnaires refusaient d'exécuter les ordres répressifs gouvernementaux. Herriot, le chef du parti du président du Conseil, annonçait sa défection. La plupart des ministres poussaient à la démission.

Historien des soldats de l'An II, le général Herlaut commandait alors un régiment de chars près de la capitale. Il racontait plus tard qu'il avait téléphoné dans la nuit à Daladier pour lui offrir de faire mouvement sur Paris. Daladier ne pouvait pas gouverner avec l'appui des seuls socialistes. Il dut capituler. C'était la première fois dans l'histoire de la République qu'un ministère fuyait devant une émeute de la rue, conduite à la façon des insurrections républicaines du XIXe siècle. Si le but des instigateurs était de chasser les radicaux pour rendre le pouvoir à Tardieu, il était atteint. Mais Action française, Jeunesses patriotes et ligues fascistes auraient voulu envahir la Chambre et abattre le régime, elles avaient échoué.

Le colonel de La Rocque porte la responsabilité de la faillite du complot. Il a retenu ses troupes au moment décisif. Peut-être n'a-t-il pas voulu tirer pour d'autres les marrons du feu. Plus probablement était-il attaché aux formes républicaines et proche des conseillers municipaux. L'éviction des radicaux du pouvoir lui suffisait. Seule son éloquence fut agressive. « Les Croix-de-Feu resteront donc l'arme au pied, à monter la garde au bord d'un Rubicon que le colonel semble bien décidé à ne jamais franchir [1]. » C'est pourquoi il fut l'objet de tant de haines : fasciste pour les uns, traître et renégat pour les autres.

La colère contre la corruption et l'incapacité parlementaire aboutit seulement au retour de la droite au pouvoir, selon le vœu des conseillers municipaux de Paris, dont la réputation était encore plus douteuse, comme en témoigne la célèbre pièce de Pagnol, vieille seulement de six ans. Les organisations subversives étaient trop nombreuses, trop faibles pour réussir.

D'autre part, dès que la droite fut installée de nouveau au pou-

---

1. S. Berstein, voir (63).

voir sous le nom de l'ancien président de la République Doumergue, appelé comme sauveur par Albert Lebrun, les ligues se démobilisèrent, la presse changea de ton. Le 7 au soir, tout le quartier délimité par la Concorde, l'Étoile, la Madeleine fut strictement fermé et quadrillé. Entre 20 heures et minuit, tous ceux qui se trouvaient dans la rue furent sévèrement étrillés par la police. Les blessés furent nombreux, il y eut encore un ou deux morts. Mais ces manifestants ou curieux de la veille, revenus sans l'ordre de leurs organisations, furent traités de « pègre descendue des faubourgs » par *Paris-Soir* qui pourtant, la veille, présentait la photographie d'une femme et d'un policier avec cette légende : « Une étrangère félicite un officier de la garde mobile. »

Cet étrange revirement s'explique d'une phrase : sous le nom de Doumergue, le souriant Gastounet, Tardieu, ministre d'État, est au pouvoir. Dans la journée du 6 février, il avait exigé sans succès cet abandon d'une Chambre qui subissait l'agression de la rue. La retraite de Daladier le lui avait donné, réparant son échec de la veille. Il était normal que les ligues soient alors démobilisées par celui qui les subventionnait jusqu'en 1932 avec les fonds secrets. C'était d'ailleurs dans leur tradition. En rendant à la droite le pouvoir que les élections lui avaient ôté, elles avaient rempli leur mission. Tardieu a réparé le 7 février sa défaite de 1932. Ce qu'il ne pouvait pas prévoir, c'est que la gauche a vu dans l'émeute le visage du fascisme, tel qu'elle le connaissait en Italie et en Allemagne, et elle a eu peur. Elle a réagi en ordre dispersé, au niveau des états-majors, les 9 et 12 février. Mais les troupes avaient tout de suite compris que la menace du fascisme imposait l'union de ceux qu'il condamnait. L'insurrection qui, pour la gauche, radicaux compris, a mis en danger la République, conduit au durcissement de l'opposition de deux France et, pour finir, au Front populaire.

3

Le Front populaire

10

La formation du Front populaire
février 1934 - mars 1936

Du 6 février 1934 aux élections de 1936 qui consacrent la victoire du Rassemblement populaire et l'accession au pouvoir, pour
la première fois dans l'histoire, d'un président du Conseil socialiste, se rencontrent deux temps historiques contradictoires, ou
concurrents. Mais rien d'inéluctable ne se dessine encore en 1934.

Les événements du 6 Février et leur résultat politique, le ministère Doumergue, mettent au premier plan les idées diffuses de
réforme de l'État qui ont agité de multiples groupes de pensée
et qui ont gagné en urgence quand les équipes gouvernementales ont révélé, face à la crise et aux désordres de la rue, leur incapacité à agir. Mais ces idées sont, en 1934, portées par un
mouvement de rue, qui, le 6 Février, a manifesté son rejet du
parlementarisme. Certes, ni le mouvement combattant, ni les
Croix-de-Feu n'aspirent au fascisme, ils souhaitent l'union nationale, une sorte d'ordre moral à la française. Mais, à gauche, si
les radicaux, tel Herriot, écoutent volontiers les voix qui appellent à l'union nationale, ils ne peuvent l'envisager que dans un
cadre parlementaire et restent prêts à « défendre la République »
contre toute ombre de « pouvoir personnel ». Ainsi sont-ils, de
1934 à 1936, toujours au gouvernement et en même temps toujours critiques, voire opposants. Leur attitude rend caduques les
formules traditionnelles de la vie politique de la IIIe République, union nationale de centre droit ou défense républicaine de
centre gauche. La droite n'est plus tout à fait la droite poinca-
riste des années 1920, la gauche la soupçonne trop de collusions
avec la rue ligueuse pour aboutir durablement avec elle à une
entente.

Alors apparaît une autre force qui, dans l'histoire de France, n'avait pu jouer encore qu'un rôle épisodique. La rue est parcourue par des cortèges revendicatifs. C'est, écrit Antoine Prost, « l'intrusion, somme toute pacifique, mais résolue, des forces populaires, mobilisées ou encadrées par les syndicats, dans notre histoire politique [1] ». La nouveauté de la période est bien cette irruption du social dans le politique. Et, progressivement, la prise en compte, par le politique, du mouvement social. Le personnel politique n'a pas alors tout à fait conscience de cette transformation fondamentale. Les historiens eux-mêmes retiennent plus volontiers les évolutions des partis : hésitations radicales ou virage tricolore du Parti communiste vers la défense de la République. Mais l'essentiel est que dorénavant, pour quelques mois, ce ne sont plus exclusivement les catégories naturellement gouvernantes de la IIIe République, la bourgeoisie, appuyée sur les boutiquiers et les paysans, qui mènent le jeu. Le pouvoir se joue dans la rue. Certes, en 1938, la France retrouve des chemins plus familiers à son génie politique quotidien, Daladier réussit alors cette « défense républicaine » au centre, mélange d'autorité rassurante et de réaffirmation des grands principes. Mais fugitivement une autre configuration sociopolitique est née : la classe ouvrière a pris ses couleurs, trouvé ses marques et ses territoires, dessiné ses valeurs. Certains intellectuels ont pris la route à ses côtés. De 1941 à la fin des années 50, cette configuration a quelque avenir.

Les enjeux de la période, on le voit, sont sociaux, politiques et sans aucun doute culturels. L'affrontement de la droite et de la gauche des années 1930 invente et révèle une France nouvelle et périme la IIIe République et ses affrontements blancs-bleus, même si la France boutiquière et paysanne résiste et n'en finit pas d'affirmer son éternité rassurante.

L'impuissance gouvernementale et parlementaire.

Le gouvernement de Gaston Doumergue fut le résultat immédiat de la journée du 6 Février. Pour la troisième fois en moins de vingt ans, la classe politique en face du péril s'en remettait à un vieillard. Celui-ci, vieux routier, était d'abord rassurant par

---

1. A. Prost, « Les manifestations du 12 février 1934 en province », *Le Mouvement social*, n° 54, 1966.

son air affable, son sourire, sa simplicité. Retiré à Tournefeuille depuis la fin de son septennat, « Gastounet » semblait être un personnage de Pagnol, interprété par Raimu. Dans la réalité, homme politique assez retors, il avait été le dernier président de la République à manœuvrer à la façon de Grévy entre les rivalités pour imposer son jeu. Comme tous les vieillards, il cachait, sous un apparent renoncement, un autoritarisme croissant et il aimait le pouvoir. Il sut se faire prier et réclamer par tous les anciens présidents du Conseil et fut acclamé par la foule en débarquant à Paris.

Doumergue ne prit pas de département ministériel, non plus que les deux autres ministres d'État, Herriot et Tardieu, qui représentaient chacun les deux majorités possibles, l'ancienne et la nouvelle. Le gouvernement allait de la Fédération républicaine, avec Louis Marin à la Santé, aux néo-socialistes avec Adrien Marquet au Travail. Mais les radicaux gardaient les ministères qu'ils affectionnaient : Albert Sarraut à l'Intérieur, Queuille à l'Agriculture, Berthod à l'Éducation nationale. Louis Barthou, aux Affaires étrangères, incarnait la politique de fermeté vis-à-vis de l'Allemagne. Enfin, concession à la rue, mais surtout au mouvement ancien combattant, le maréchal Pétain devenait ministre de la Guerre et Georges Rivollet, secrétaire général de la Confédération générale des Combattants, ministre des Pensions. Il s'agit donc, comme en 1926, d'un ministère d'Union nationale, « de trêve, d'apaisement et de justice » disait Doumergue. Axée au centre droit, cette majorité rejetait dans l'opposition l'extrême gauche parlementaire, c'est-à-dire les socialistes. Toutefois l'identité n'était pas complète, car Poincaré n'avait passé dans sa vie que du centre gauche au centre droit ; tandis que Doumergue, comme avant lui Clemenceau, comme après lui Laval, est allé, de l'extrême gauche, beaucoup plus à droite. Cette orientation du ministère et de son chef a pu favoriser les rapprochements de l'extrême gauche ; les effets immédiats du 6 Février sont ainsi contredits par les conséquences plus lointaines.

Le 15 février, Doumergue était aisément investi. Contre son gouvernement votaient les 115 élus communistes et socialistes ; les 70 abstentions venaient de l'aile cartelliste des radicaux (Jean Zay, Pierre Mendès France) et des socialistes de France (Ramadier, Déat, Montagnon). Le 22 février, Doumergue obtenait de la Chambre la possibilité d'agir par décrets-lois pour décider des

« mesures d'économie qu'exigera l'équilibre budgétaire ». Doumergue avait dû faire face à la réaction républicaine des 9 et 12 février contre la subversion ligueuse et à l'affaire Prince qui relayait l'affaire Stavisky. L'incapacité économique suffit à expliquer le rapide gaspillage de son capital de popularité. Il fit voter d'abord un demi-budget de six mois en déficit, pour se donner le temps de prévoir des économies qu'il fit accepter en avril : réduction des traitements civils et militaires et des pensions, réduction du nombre des fonctionnaires. Malgré le plan Marquet de grands travaux, exécutés avec les réserves des assurances sociales, on peut dire que l'échec économique et financier fut complet. A l'extérieur, face au renforcement du pouvoir de Hitler à la faveur de la « Nuit des longs couteaux » (30 juin), puis de la mort de Hindenburg, Louis Barthou resserrait les alliances de revers et faisait admettre l'URSS à la SDN en septembre 1934. Mais il tomba victime le 9 octobre de l'attentat perpétré à Marseille contre le roi de Yougoslavie par des nationalistes croates à la solde de Mussolini. Laval, alors ministre des Colonies, le remplaça aux Affaires étrangères. L'habileté relayait la fermeté.

Mais la grande affaire du ministère Doumergue était la réforme de l'État. Une commission parlementaire présidée par le radical Marchandeau et dont le vice-président était le républicain de gauche René Coty, futur président de la République sous la IVe République, adoptait, à la fin d'avril, un projet de réforme constitutionnelle. Mais Doumergue tardait à agir. Il ne proposait son plan qu'à la fin de septembre et au début d'octobre. La méthode, allocutions radiodiffusées du 24 septembre et du 5 octobre, inquiéta les radicaux. Doumergue proposait de renforcer les pouvoirs du chef de gouvernement, devenu Premier ministre. Il pourrait dissoudre la Chambre sans avis du Sénat. Les parlementaires perdaient l'initiative des dépenses publiques. Le gouvernement pouvait proroger le budget de l'exercice courant pour un an, si celui de l'exercice à venir n'était voté à temps utile. Ces réformes étaient proches de celles que Tardieu proposait dans son livre *L'Heure de la décision,* publié en janvier 1934. Mais Doumergue voulait aussi limiter le droit de grève des fonctionnaires et il s'en prenait au front socialo-communiste qui venait de naître. Les projets de Doumergue ressoudaient alors les radicaux, des Jeunes Turcs aux sénateurs dessaisis de leur contrôle de la dissolution. Lors du congrès de Nantes, le 25 octobre, le président du parti Édouard Herriot recevait une double mission : ne pas être à l'origine de la rupture de la « trêve », fondement du ministère Doumergue, mais s'opposer aux projets « antirépublicains » de réforme de l'État. Herriot pouvait alors retrouver un rôle qu'il jouait à la perfection, la défense de la République contre les tentatives de pouvoir personnel. Quand, le 8 novembre, Doumergue demanda l'unanimité gouvernementale sur ses projets, il provoqua alors la démission de tous les ministres radicaux. Doumergue dut se retirer, on ne parla plus jusqu'à la guerre de réforme de l'État. Ainsi l'émeute du 6 Février antiparlementaire n'avait provoqué qu'un reclassement de majorité, le pouvoir restait impuissant.

Avec la bénédiction de Herriot qui rêvait d'un tiers parti enraciné au centre, Pierre-Étienne Flandin, de l'Alliance démocratique, formait le nouveau gouvernement, assez peu différent du gouvernement Doumergue, si ce n'est que le maréchal Pétain abandonnait le ministère de la Guerre au général Maurin et que Tardieu laissait à Louis Marin les fonctions de ministre d'État. Tardieu se retira alors de la vie politique active et multiplia les ouvrages de plus en plus critiques vis-à-vis du parlementarisme. Flandin, qui tentait de retrouver les accents d'un Waldeck-Rousseau en 1899, obtenait pour son gouvernement l'unanimité radicale. Seule conséquence tangible des velléités de réforme de l'État, une loi de décembre 1934 organisait les services de la présidence du Conseil, qui s'installait, rue de Varenne à l'Hôtel Matignon, dans l'ancienne ambassade d'Autriche-Hongrie. Mais la majorité de Flandin s'effritait vite, une partie des radicaux, les amis de Daladier et les Jeunes Turcs faisaient défection. Aux élections municipales de mai 1935, au second tour, l'union de toute la gauche se réalisait. Le 30 mai, la Chambre refusa une délégation de pouvoirs au gouvernement. Flandin, abandonné par une partie de sa majorité, dut alors se retirer.

Fernand Bouisson, ancien socialiste, président de la Chambre, formait alors un gouvernement où rentrait Pétain mais n'obtint pas le 4 juin les pleins pouvoirs qu'il demandait à la Chambre.

Déjà président du Conseil en 1931-1932, ministre des Colonies de Doumergue, en charge des Affaires étrangères depuis la disparition de Barthou en septembre 1934, Pierre Laval, au centre droit, apparaissait inévitable par son entregent, son réalisme indifférent aux idéologies, ses amitiés parlementaires. Le gouvernement qu'il forma alors était encore un gouvernement d'union nationale, où, inévitable depuis 1934, Édouard Herriot était ministre d'État comme Flandin et Marin. Pierre Laval obtenait les pleins pouvoirs par 324 voix contre 160. Seule son habileté manœuvrière lui permit de tenir au pouvoir jusqu'en janvier 1936, alors que, hors du Parlement, dans la rue, s'esquissait une coalition d'une autre nature. Certes, la politique économique de Laval était-elle sans doute plus cohérente que celle des gouvernements qui l'avaient précédé. L'assainissement monétaire et financier, thème inlassable des discours parlementaires, était alors réellement tenté à coups de décrets-lois organisant la déflation [1]. Mais cette politique était à contre-courant, elle alimentait même le rassemblement des forces de gauche contre les décrets-lois de misère. A l'extérieur, le pacifisme, viscéral depuis la Grande Guerre, de Pierre Laval l'entraînait à multiplier tous les gestes qui pouvaient éloigner le spectre d'un conflit. Même si, avec l'Italie de Mussolini, le compromis ressemblait fort à une compromission [2]. Mais Pierre Laval ne pouvait rien sans l'appui des radicaux ; Herriot, caution et otage, était essentiel à la survie du gouvernement. Or Herriot était alors l'apôtre crucifié d'une conception dépassée du radicalisme et de son rôle dans la République. Fervent partisan de la sécurité collective et de l'esprit de Genève, pouvait-il accepter le plan pour l'Éthiopie (plan Laval-Hoare) que le président du Conseil présentait le 10 décembre 1935 et qui ratifiait l'agression italienne ? Soucieux d'équilibre budgétaire et d'assainissement monétaire, Herriot pensait que la politique économique de Pierre Laval était la seule possible, mais pouvait-il accepter que les mesures décidées par le président du Conseil frappent les classes moyennes ? En juillet c'était en vain que Herriot tentait d'obtenir que le prélèvement sur les traitements des fonctionnaires soit moins élevé. Enfin, face à la montée des ligues, alors que Herriot demandait la dissolution des Croix-de-Feu, Laval pratiquait une attitude dilatoire et tentait d'endormir les radicaux. Face à son président, le Parti radical glissait peu à peu vers l'union de la gauche. Le congrès de Wagram en octobre 1935 consacrait à la fois l'adhésion des radicaux au Ras-

---

1. Sur la politique économique, voir le chapitre 2.
2. Sur la politique extérieure, voir le chapitre 4.

semblement populaire et le maintien des ministres dans le gouvernement Laval. La crise de décembre 1935-janvier 1936 clarifiait la situation politique. Herriot quittait la présidence du Parti radical ; c'est Daladier qui, en janvier, le remplaça. Puis, le 22 janvier 1936, les ministres radicaux abandonnaient le gouvernement Laval. Ce dernier ne pouvait que démissionner. L'opposition de la droite et de la gauche, les heurts idéologiques réduisaient l'espace politique d'un centre républicain dont le Parti radical était la nécessaire colonne vertébrale. L'impuissance de la République parlementaire était patente. L'idéal républicain qui inspirait Herriot apparaissait soudain obsolète. Comme l'écrit Serge Berstein, « en 1936 une nouvelle époque commence où le républicain Herriot n'a plus réellement sa place [1] ».

Laval entrait dans une retraite dont seule la défaite le tirerait en 1940. Pour le remplacer, le radical Albert Sarraut constituait un gouvernement dont le rôle était tacitement d'attendre les élections. Plus axé à gauche que le précédent, il marquait, au bénéfice de la concentration républicaine, la fin des tentatives d'union nationale ; soutenu par les socialistes, bénéficiant de l'abstention des communistes, il était en somme un retour au néo-Cartel de 1932. Mais, présidant un gouvernement de transition, Albert Sarraut ne pouvait guère disposer d'autorité. L'absence de réaction face à la remilitarisation de la Rhénanie en mars 1936 témoignait de sa faiblesse. L'opinion, il est vrai, était tout entière tournée vers les débats intérieurs et la campagne électorale.

Ainsi, la législature 1932-1936 avait usé deux majorités possibles : la majorité cartelliste à dominante radicale, soutenue du bout des lèvres par les socialistes, la majorité de centre droit issue de la journée du 6 Février mais qui ne pouvait gouverner sans l'appui radical. Certes, ce double échec peut s'expliquer par la dureté des temps et la crise économique. Mais c'est surtout l'échec de la République parlementaire, qui, malgré l'usage constant des décrets-lois et des délégations de pouvoir, ne pouvait assurer une autorité et une durée suffisantes aux gouvernements successifs à un moment où les tâches dévolues à l'État s'accroissaient. Pris en compte par la droite après le 6 Février, le thème de la réforme de l'État apparaissait trop lié aux critiques virulentes des ligues pour entraîner l'adhésion radicale. Défendre la République contre

1. Voir (40).

les ligues, c'était défendre ses traditions parlementaires. D'autre part, depuis 1934, c'était désormais dans la rue que s'exprimaient, à droite comme à gauche, des forces qui n'étaient que peu ou pas représentées au Parlement. Ainsi, de plus en plus coupé des forces vives, le monde politique, dans l'irréalité, était-il impuissant et désarmé, faute d'avoir pris conscience des transformations sociales — le peuple de 1936 n'était plus le peuple de Gambetta —, faute d'avoir pris conscience de l'indispensable renforcement du rôle de l'État, faute d'avoir enfin pris conscience que le monde avait changé et que le pacifisme des années 1920 devenait suicidaire dans les années 1930.

La pression de la rue.

Au début de 1934, la rue appartenait aux ligues. Le 6 Février était l'aboutissement d'une série de manifestations qui s'étaient succédé depuis le mois de janvier. Les ripostes « antifascistes » organisées par le Parti communiste le 9 février, puis, en ordre dispersé, par l'ensemble des partis de gauche et par les syndicats qui décidaient la grève générale pour le 12 février, lançaient alors les forces de la gauche dans la « défense de la République ».

En juin 1936, un mouvement de grèves, sans précédent dans l'histoire de la France, accompagnait la victoire électorale de la coalition de Front populaire.

La période (février 1934-juin 1936) est ainsi encadrée par deux puissants mouvements populaires. Mais, pendant ces deux années, les cortèges n'ont guère cessé d'occuper l'espace public. Du 13 février 1934 au 5 mai 1936, Danielle Tartakowsky a pu recenser « 1 063 attroupements, cortèges ou manifestations [1] ». 55 % de ces manifestations peuvent être qualifiées de revendicatives. Les manifestations politiques sont organisées pour 83 % d'entre elles par la gauche, 17 % par la droite. L'exemple parisien, souvent seul pris en compte, est exceptionnel : à Paris, les manifestations politiques représentent 67 % des manifestations, et la droite, avec 45 % d'entre elles, mobilise autant que la gauche.

Ces manifestations témoignent d'abord de l'opposition de deux cultures et de la tentative d'enraciner deux rituels. Dans l'espace

1. Danielle Tartakowsky, « Stratégies de la rue, 1934-1936 », *Le Mouvement social,* n°135, 1986.

symbolique de Paris se dessinent des parcours : pour la droite la rue de Rivoli et la statue de Jeanne d'Arc, face aux Tuileries, la place de la Concorde, les Champs-Élysées et l'Arc de Triomphe de l'Étoile, avec les traditionnelles cérémonies de la Flamme. A gauche, c'est l'Est de Paris qui est investi : le Mur des fédérés au cimetière du Père-Lachaise, la place de la République et surtout, à travers le vieux faubourg Saint-Antoine, les rues qui mènent de la Nation à la Bastille. Dans ces espaces se déploient des cortèges dont l'ordonnancement s'oppose terme à terme : bras tendu d'un côté, alors qu'à gauche s'impose peu à peu, venu d'Allemagne, le poing levé ; à droite, impeccables alignements uniformisés des ligues, derrière leurs bannières et leurs drapeaux, à gauche cortèges où les femmes et les enfants se mêlent aux militants dans une atmosphère populaire de kermesse. Recours enfin à deux histoires : à droite, l'hétérogénéité des ligues réduit à Jeanne d'Arc et au Soldat inconnu le patrimoine commun ; à gauche, alors que le Parti communiste réintègre la mémoire républicaine, les références historiques sont plus nombreuses : les grands ancêtres de la Révolution, les communards, Jaurès enfin, dont la mémoire rassemble les deux fractions du mouvement ouvrier séparées en 1920.

Le 24 mai 1934, *L'Ami du Peuple* titrait : « Front commun contre Front national, un appel à la bataille de rue ». Au lendemain du 6 Février, tout semblait en effet indiquer que la France était au bord de la guerre civile. Symétriquement, les ligues créaient un Front national alors que les forces de gauche se rapprochaient. Cependant, les grands affrontements furent évités. Certes, la violence ne disparaît pas, mais si les trois journées des 6, 9 et 12 février ont fait 37 morts, pendant les deux années qui suivent on peut recenser 9 victimes. Enfin, les heurts résultent essentiellement d'affrontements avec les forces de l'ordre. La guerre civile est ainsi, selon le mot de Serge Berstein, *simulée.* Pourquoi ?

L'impressionnante manifestation du 6 février 1934 n'avait pu prendre une telle ampleur que grâce aux troupes que les anciens combattants avaient lancées dans la rue. Après le 6 Février, le mouvement, qui a atteint son apogée au début des années 1930, se divise : un des siens, Rivollet, ministre des Pensions, défend ses intérêts matériels, alors que Doumergue semble incapable de mener à bien la réforme de l'État qu'il appelait de ses vœux.

L'axe majeur de la sensibilité des anciens combattants passait par la constitution d'une unanimité nationale, ils ne pouvaient entrer dans la logique d'une guerre civile qui les aurait opposés entre eux. Le 11 novembre 1934, des anciens combattants républicains défilaient dans l'Est de Paris ; le 11 novembre 1935, c'était à l'Arc de Triomphe même que les associations d'anciens combattants de gauche commémoraient la fin de la guerre. « L'Inconnu a retrouvé ses camarades », titrait, le 12 novembre, *L'Humanité.* Enfin, le mouvement combattant ne voulait être le fer de lance que d'une France rassemblée ; les succès, visibles dans les rues, de la gauche, l'attrait, pour certains, de cet autre rassemblement, populaire celui-là, ne pouvaient que les détourner d'une action commune avec des ligues, agissantes mais divisées.

Un second facteur peut expliquer que la France des années 1934-1936 ait pu éviter la guerre civile. Les ligues, Action française, Jeunesses Patriotes..., qui voulaient visiblement en découdre, étaient minoritaires à Paris, fort peu présentes, tout au moins dans la rue, en province. L'organisation la plus forte, les Croix-de-Feu du colonel de La Rocque, évitait soigneusement, comme elle l'avait déjà fait le 6 Février, tout affrontement direct. Certes, La Rocque entretenait l'activité de ses troupes. Le 30 septembre 1934, à Chantilly, alors qu'on les attendait à Meaux, 800 voitures et autocars convergeaient vers l'hippodrome transportant 16 000 hommes. Cette « deuxième journée des taxis de la Marne » était organisée comme une manœuvre militaire, elle était rééditée l'année suivante à Lizy-sur-Ourcq avec des moyens encore plus importants. Mais les Croix-de-Feu, malgré le succès considérable de leur mouvement — ce fut la seule organisation à ne pas décliner après le 6 Février —, s'ils multipliaient les parades motorisées, de préférence dans les circonscriptions rouges, étaient en permanence critiqués pour leur passivité par les autres ligues d'extrême droite. Le livre de La Rocque, *Service public,* écrit en 1934, reprenait les thèmes classiques de la droite conservatrice. D'ailleurs, le mouvement ne s'opposait ni à Doumergue ni à Laval. Il semble qu'au-delà des efforts tentés pour susciter le réflexe d'union nationale les Croix-de-Feu n'aient pas eu de véritable stratégie.

D'autant plus que les organisateurs d'extrême droite ne pouvaient que constater l'échec du 6 février 1934. Leurs manifestations gonflaient les ripostes de la gauche et provoquaient son rapprochement avec l'extrême gauche sur le thème de la défense de la République. Enfin, contre les décrets-lois de Laval, en 1935, les actions revendicatives prenaient le relais des cortèges politiques. Dans la rue, en 1935, et en province encore plus qu'à Paris, la gauche tenait le haut du pavé. A la Chambre, les radicaux, s'ils acceptaient de faire un bout de chemin avec les tenants de l'union nationale, marquaient clairement avec Herriot les limites de ce compagnonnage, puis basculaient irrésistiblement vers le Rassemblement populaire.

La culture politique française, depuis la fondation de la IIIe République, se traduit par deux types de comportements inextricablement liés : l'appel à l'union nationale, mais en même temps la défense républicaine. En 1934-1936, les réflexes de défense républicaine étaient encore assez puissants, et l'espoir d'union nationale excluait, sinon pour des groupes minoritaires, l'appel direct à la guerre civile. Ainsi le radicalisme accomplissait-il une de ses dernières missions historiques en imprégnant encore les mentalités. D'ailleurs, le dernier grand ministère d'avant-guerre, le ministère Daladier, en 1938, réussira à unir les deux thèmes, autorité dans l'union et dans le respect des grands principes républicains.

Cependant, le phénomène nouveau était l'apparition d'un prolétariat organisé. Dans les rues, de cortège en cortège, les ouvriers prenaient conscience de leur force et entrevoyaient une autre configuration politique où ils auraient peut-être leur place. Les manifestations ouvrières, de 1934 à 1936, particulièrement nombreuses dans la banlieue de Paris et les grandes villes industrielles, étaient le prélude d'une acculturation politique du prolétariat. Les liturgies lui donnaient une mémoire et lui indiquaient une pratique. En ce sens les grandes grèves de juin 1936 ne peuvent surprendre.

La gauche : de l'anathème à l'unité.

Pour la gauche, les hésitations et l'idéologie propre du colonel de La Rocque étaient secondaires ; ce qui apparaissait clairement, c'était la méthode. La supériorité matérielle des Croix-de-Feu, en un temps où le parc automobile était presque entièrement aux mains des classes dirigeantes, était dangereuse

pour la République. Le colonel se vantait de disposer d'une aviation de tourisme. Déjà, les éléments de gauche de l'armée, des
officiers de la gendarmerie et de la police, manifestaient de
l'inquiétude. Même si le fascisme a été surestimé, l'antifascisme
est une réalité et une nécessité. On a pu dire justement que c'est
contre le colonel de La Rocque que fut constitué et consolidé
le Rassemblement populaire.

Pourtant en 1932, et encore en 1934, une entente des trois
grands partis de gauche paraissait impossible. L'isolement communiste était d'autant plus grand qu'il était volontaire. Cependant, c'est en mai 1932 que la première tentative avait été faite
pour briser cet isolement avec le comité Amsterdam-Pleyel.
Romain Rolland et Henri Barbusse, écrivains communistes, mais
surtout pacifistes, avaient pris l'initiative d'un congrès de défense
de la paix, tenu à Amsterdam, suivi, en 1933, d'un autre à la
salle Pleyel de Paris, qui, en raison de la venue au pouvoir de
Hitler, unissait la lutte antifasciste à la lutte pour la paix. Autour
des deux écrivains se réunirent alors de nombreuses personnalités politiques, syndicales et intellectuelles. Parallèlement était
créée en 1932 l'Association des écrivains et des artistes révolutionnaires (AEAR). Ces deux initiatives étaient dues au Komintern qui tentait de rassembler les intellectuels, au-delà des limites
des partis communistes, aux fins de défendre l'URSS. Les mouvements attirèrent des personnalités aussi diverses qu'André Gide,
Georges Duhamel ou Jean Guéhenno. Mais les membres des Partis radical ou socialiste, les syndiqués de la CGT ne purent adhérer
qu'individuellement, et furent même dans certains cas menacés
d'exclusion par les organisations où ils militaient. Le comité
Amsterdam-Pleyel était donc crypto-communiste, et son existence n'empêchait pas le PCF de continuer sa politique de front
commun à la base, qui excluait toute possibilité de front commun
au sommet, et d'injurier quotidiennement la SFIO comme
l'ennemi principal du prolétariat.

L'arrivée de Hitler au pouvoir avait provoqué, d'autre part,
une tentative d'union due à l'initiative de Gaston Bergery, député
radical de Mantes, inventeur du « Front commun contre le fascisme ». Bergery était alors à l'extrême gauche de son parti, qu'il
quitta après la capitulation de Daladier devant l'émeute du
6 février 1934. Il s'est toujours considéré lui-même comme le véritable promoteur du Front populaire. Avec lui s'unirent des

hommes politiques de premier plan, Georges Monnet, député et espoir de la SFIO, dont il était un des principaux économistes, spécialiste des questions agricoles, et Jacques Doriot, le plus populaire des dirigeants communistes, mais déjà en conflit avec la direction de son parti. Le physicien Langevin, sympathisant communiste, Benoît Frachon représentant la CGTU, et Bernard Lecache, président de la Ligue internationale contre l'antisémitisme, entrèrent aussi dans le groupe initial. Mais Monnet fut désavoué par les socialistes et dut se retirer, ainsi que les deux communistes Doriot et Frachon qui siégeaient comme observateurs. Le Parti radical ne soutint pas Bergery dont se méfiaient Herriot et Daladier. En conséquence, toutes les tentatives d'action commune de la gauche avortèrent tant que la menace fasciste ne se fit pas sentir. Le 6 février, l'ARAC, organisation communiste des anciens combattants, se mêla aux formations de droite, et les journées des 9 et 12 février virent un rapprochement qui ne fut que temporaire.

Le 9, en effet, le Parti communiste organisa une manifestation qui n'avait rien d'unitaire, « contre le fascisme et les fusilleurs Daladier et Frot », place de la République. Quoique interdite, la manifestation eut lieu et la réaction policière la transforma en combat très violent près des gares du Nord et de l'Est, et à Belleville. Il y eut 9 morts et des centaines de blessés. Or il n'est pas douteux que de nombreux jeunes socialistes, communistes dissidents, anarchistes et ultra-gauche se battirent ce jour-là aux côtés des militants communistes. D'ailleurs, la « grande presse d'information », enthousiaste le 6, indignée le 7, plus réticente le 8 et le 9, cessa totalement d'inviter les Parisiens à l'insurrection à partir du 10. Le rassurant Doumergue, mais aussi la peur de « l'homme au couteau entre les dents » invitaient les agitateurs à prêcher la pacification.

La CGT de Léon Jouhaux, de son côté, lança un mot d'ordre de grève générale pour le 12 février, à laquelle s'associa le Parti socialiste qui décida un défilé de la porte de Vincennes à la Nation. Sans doute poussés par leurs militants, la CGTU s'associa à la grève et le PCF appela à manifester. Il n'y eut aucune négociation entre des gens qui s'injuriaient quotidiennement depuis plusieurs années ; mais pour la première fois les communistes se mettaient à la remorque de la centrale réformiste et de la SFIO. Il est vrai qu'ils espéraient, fidèles à leur stratégie de front unique à la base, attirer à eux, grâce à leur dynamisme et au radicalisme de leurs positions, les militants socialistes et syndicalistes. La grève générale fut un succès : plus d'un million de grévistes dans la région parisienne (Livre, PTT, instituteurs...) ; dans une entreprise comme Renault où les syndicats étaient très peu présents, 50 % des ouvriers cessèrent le travail. La manifestation du cours de Vincennes, tolérée par le gouvernement, réunit 100 000 personnes, et les deux cortèges de frères ennemis se fondirent en un seul aux cris de « Unité ! Unité ! ». Dans les deux camps, des militants, qui avaient vécu la scission de Tours, pleuraient d'émotion.

En province il y eut des manifestations dans 346 villes, et le plus souvent, comme à Paris, les cortèges se sont confondus.

Ces journées des 9 et 12 février furent importantes dans la mythologie de la gauche, car elles avaient « sauvé la République ». D'autre part, elles firent réfléchir les états-majors des partis. Le 9, le PC avait mobilisé des forces qui dépassaient en nombre ses propres troupes ; le 12, la base avait imposé l'unité par la fusion des cortèges à des chefs qui se haïssaient. Mais ces manifestations n'eurent aucun effet dans l'immédiat. Le 12, Cachin avait déclaré, dans son discours, que les communistes n'étaient pas là pour défendre une République pourrie, et Blum avait affirmé que tous n'étaient réunis que pour la défense du meilleur régime : la République.

La seule suite immédiate et positive fut la fondation du Comité de vigilance des intellectuels antifascistes par trois grands professeurs : Alain sympathisant radical, Rivet socialiste, Langevin sympathisant communiste. A la différence du comité Amsterdam-Pleyel, les communistes n'y eurent jamais la majorité.

La clé de la situation appartenait en apparence à la SFIO, en réalité à l'Internationale communiste. Le Parti communiste français n'en était, en effet, qu'une section. Jusqu'en mai 1934, parallèlement à la politique extérieure de l'URSS, dont l'attitude vis-à-vis de l'Allemagne nazie resta plusieurs mois indécise, c'est le « social-fascisme » — c'est-à-dire la social-démocratie —, abuseur des ouvriers, qui était l'ennemi principal. Comme le disait alors Thorez, il s'agissait encore au printemps 1934 de gagner au communisme les ouvriers socialistes, c'est-à-dire, selon une formule vieille de dix ans, de « plumer la volaille ». La stratégie du front unique à la base est maintenue contre les aspirations de cette base et des sympathisants. Doriot, lui, qui avait été au premier rang du combat le 9 février, défendait contre la direction de son parti et de l'Internationale l'unité d'action au sommet qu'il avait réalisée en son fief de Saint-Denis, dans un comité d'action antifasciste, créé le 12 février, où se retrouvaient militants de la CGT et de la CGTU, de la SFIO et du PCF. Condamné à Paris, refusant de déférer aux convocations de l'Internationale à Moscou, Doriot qui aurait pu constituer un rival pour Maurice Thorez, tant sa popularité était grande, fut exclu en juin 1934.

Doriot éliminé, le Komintern dut utiliser comme relais de sa nouvelle politique Maurice Thorez, secrètement conseillé par Fried. C'est pendant la Conférence d'Ivry (23-26 juin 1934) que le parti prit son virage. La Conférence avait commencé en exaltant la ligne classe contre classe, un télégramme de l'Internationale imposa à Thorez la nouvelle tactique. Le discours de clôture réclamait au contraire « l'unité à tout prix ».

Ainsi, comme l'écrit Blum dans *Le Populaire* du 8 juillet, « tout a changé en un clin d'œil ». Les dirigeants de la SFIO, Paul Faure et Jean Lebas comme Léon Blum, restaient méfiants. Mais, comme ce dernier l'écrivait dans le même article : « Est-il possible de méconnaître l'appel vers l'unité qui sort des masses populaires ? » La pression des militants, surtout dans la Fédération de la Seine avec Marceau Pivert et Jean Zyromski, contraignit le Parti socialiste à négocier avec les communistes. Le 14 juillet, sur l'invitation des dirigeants socialistes, les délégués des organisations de la Seine des deux partis se réunirent cité Malesherbes ; puis les dirigeants nationaux négocièrent le pacte d'unité d'action le 27 juillet 1934 entre les deux partis. Ce premier texte leur donne le même objectif, « battre le fascisme ». Pour cela, une grande campagne de propagande sera organisée en commun pour la dissolution des milices fascistes, pour défendre les libertés démocratiques, contre les préparatifs de guerre, contre les décrets-lois. Chaque parti garde son indépendance, et s'abstiendra « d'injures et d'outrages » à l'égard de l'autre.

Le Parti communiste comprenait vite l'intérêt qu'il pouvait retirer de sa réinsertion dans la vie politique. Et, alors qu'il avait sans cesse reproché aux socialistes leurs alliances avec les partis bourgeois, il ressentait la nécessité d'étendre aux classes moyennes, et donc au Parti radical, l'unité d'action conclue avec les socialistes. A Nantes en octobre 1934, Thorez fait appel « aux éléments de gauche qui existent dans le Parti radical ». Il s'agissait évidemment de Daladier, puisqu'il n'était pas ministre. Ce même mois, les élections cantonales permettaient aux communistes d'enregistrer les premiers bénéfices de la tactique utilisée. Après le comité central d'octobre où Thorez et Duclos firent approuver la nouvelle ligne du parti, Maurice Thorez, dans un discours à la Chambre des députés, lance le 13 novembre un appel aux classes moyennes.

A cette date les radicaux n'étaient certainement pas prêts à se rapprocher des communistes. La SFIO, de son côté, n'envisageait pas avec enthousiasme un rapprochement avec un Parti radical qui, depuis le 6 février 1934, participait aux gouvernements d'union nationale, et semblait ainsi avoir choisi la droite. Plusieurs facteurs expliquent l'évolution qui conduisit les radicaux à accepter en juin 1935 la main tendue par Thorez.

Tout d'abord le Parti communiste changeait, et changeait très vite. Le voyage de Laval à Moscou, en mai 1935, eut comme résultat tangible une phrase célèbre du communiqué que Laval était très fier d'avoir obtenue de Staline. Le dirigeant soviétique affirmait comprendre et approuver pleinement « la politique de défense nationale faite par la France pour maintenir sa force armée au niveau de sa sécurité ». Laval pensait ainsi mettre un terme aux campagnes antimilitaristes du Parti communiste, en les ridiculisant. Contre toute attente, le PCF fut au contraire plus libre d'affirmer un patriotisme intransigeant et de couper ainsi court aux accusations qui le poursuivaient sur ce thème depuis sa fondation. Abandonnant alors l'antimilitarisme fondamental qui lui avait donné naissance et les thèmes du syndicalisme révolutionnaire d'avant 1914, le communisme reprend l'héritage du blanquisme, le plus chauvin des courants du socialisme français. Les thèmes jacobins seront désormais défendus jusqu'à la guerre par le PCF. Un patriotisme longtemps refoulé explosait alors avec une étonnante vigueur, mettant à l'aise la plupart des militants, heureux de sortir de leur ghetto. Alors, de secte, le PCF devenait parti de masse, doublant de la fin 1934 à la fin 1935 le nombre de ses adhérents (de 42 000 à 87 000). Le PCF a-t-il cru réellement à une réhabilitation de la démocratie parlementaire par Moscou ? Tout indique en tout cas que les communistes ont intégré sans problème la défense de la patrie et de la République aux valeurs du socialisme et pensé irréversible l'alliance de la France et de l'Union soviétique ; ce qui allait les conduire au drame de 1939. Mais dans l'immédiat étaient levées toutes les hypothèques sur les relations avec les patriotes de gauche.

Le second facteur de rapprochement tient à l'évolution même du Parti radical. Progressivement les radicaux prirent conscience de l'impasse où les conduisait leur maintien au pouvoir aux côtés de la droite. Cette droite qui d'ailleurs les insultait, alors même que le Parti communiste découvrait en eux les fils légitimes de la grande Révolution, les représentants indispensables d'une fraction essentielle du peuple français. Au sein du parti, certains des Jeunes Turcs, Pierre Cot, Pierre Mendès France ou Jean Zay, pensaient alors que la modernisation du parti pouvait passer par l'expérience de l'union de la gauche. Assez proche des Jeunes Turcs, rival de Herriot, alors président du parti et hostile au rapprochement avec les communistes, Édouard Daladier pouvait faire oublier, en prenant la tête de la gauche du parti, sa démission devant l'émeute de février 1934. Enfin, les radicaux constataient d'élection en élection l'érosion de leur potentiel électoral. En mai 1935, les élections municipales étaient marquées par des succès socialistes et communistes. Au contraire, les radicaux reculèrent plus dans le monde rural où ils s'étaient alliés avec la droite que dans le monde urbain où ils s'étaient unis avec la SFIO. De plus, l'élection de Paul Rivet au deuxième tour dans une circonscription du Ve arrondissement, le quartier Saint-Victor, prouvait la dynamique de l'unité. Ce siège était disputé, depuis la guerre, entre la droite et la gauche ; le président de l'Union française des combattants, Lebecq, jugé « fasciste », l'avait conquis en 1929 à une voix de majorité. Il était très largement en tête au premier tour et semblait devoir l'emporter facilement quand les quatre candidats de la gauche et de l'extrême gauche se retirèrent en faveur du fondateur socialiste du Comité de vigilance. La victoire de Paul Rivet eut un grand retentissement ; elle avait valeur d'expérience, puisque le Front populaire réclamé par les communistes n'existait pas encore.

Le comité Amsterdam-Pleyel proposa pour le 14 juillet 1935 une grande manifestation commune à Paris. Le comité exécutif du Parti radical décida d'y participer, emporté par la mystique unitaire antifasciste. Alors naquit le « Comité d'organisation de rassemblement populaire », présidé par Victor Basch, professeur à la Sorbonne et président de la Ligue des droits de l'homme. Déjà le 19 mai, communistes et socialistes avaient participé ensemble au Mur des fédérés du Père-Lachaise à la commémoration de la Commune de 1871 ; le rassemblement du 14 juillet fut d'une tout autre ampleur. Le Comité d'organisation comprenait des délégués des Partis communiste, socialiste, radical, néo-socialiste (USR), de la CGT et de la CGTU, de la Ligue des droits de l'homme, du comité Amsterdam-Pleyel, du Comité de vigilance, de l'Action combattante et de la Fédération nationale des combattants républicains. Des délégués provinciaux étaient montés à Paris pour cette nouvelle fête de la Fédération.

Tout fut organisé pour qu'apparaisse la force tranquille d'un peuple rassemblé, revendiquant son histoire. Le matin, un meeting avait lieu au stade Buffalo de Montrouge. L'après-midi un cortège de 500 000 personnes se déployait de la Bastille à la Nation dans l'euphorie d'une unité retrouvée de la gauche. Les chefs radicaux favorables au Rassemblement, Daladier, Jean Zay, Pierre Cot, y côtoyaient les dirigeants communistes et socialistes. Les rites étaient alors en place. Les poings se dressaient, mais le geste affirmait alors une paisible assurance. On se coiffait du bonnet phrygien. La solennité était renforcée par un serment, dont le texte avait été rédigé par deux écrivains de gauche, Jean Guéhenno et André Chamson, et par le journaliste radical Jacques Kayser. L'union contre le fascisme était au cœur de l'engagement : chacun jurait de « rester unis pour défendre la démocratie, pour désarmer et dissoudre les ligues factieuses, pour mettre nos libertés hors d'atteinte du fascisme ». Puis étaient définies les finalités d'une possible action commune : « donner du pain aux travailleurs, du travail à la jeunesse, et au monde la grande paix humaine ». Tourné à l'initiative de la Fédération SFIO de la Seine, et sous l'impulsion de Marceau Pivert, un film de propagande amplifiait la résonance de la grande manifestation, « le peuple, disait le commentateur, a pris conscience de sa force ». Le peuple en effet se donnait une dimension nationale, et le recours à l'histoire de France marquait le rôle qu'il entendait alors y jouer. La déclaration lue par Jean Perrin au nom des organisateurs revendiquait Jeanne d'Arc, « cette fille du peuple », *La Marseillaise,* et le Soldat inconnu. Le peuple était prêt à agir dans la continuité de la grande chaîne des héroïsmes nationaux qui avaient construit la France.

Grâce à Victor Basch, le Comité d'organisation devint permanent et, selon la tradition jacobine, s'efforça de se ramifier dans les départements en comités locaux pour préparer les élections. Il assura également la liaison entre les organismes nationaux pour établir un programme.

Le programme du Rassemblement populaire.

« Programme de second tour, programme commun de majorité, programme de gouvernement, c'est ainsi que se caractérise à mes yeux le programme du Front populaire », écrivait Léon Blum dans *Le Populaire* du 11 janvier 1936. Il n'était pas facile de rassembler sur un programme les 10 organisations qui constituaient le Rassemblement populaire. Ainsi chaque parti, au premier tour des élections, se présentait sur son propre programme. L'adhésion radicale, en effet, approuvée au Congrès du parti à la fin d'octobre 1935, se fondait sur « l'élargissement de la discipline républicaine et l'espérance d'une union constructive pour la réalisation des tâches immédiates ». Rien de plus, si ce n'est l'élargissement aux communistes, que la vieille règle républicaine. Pour les radicaux, le Rassemblement était-il autre chose qu'une actualisation du Cartel de 1924 et de 1932 ? L'allusion aux tâches immédiates rejetait clairement les réformes de structure que la plate-forme commune aux socialistes et aux communistes avait proposées en septembre 1935.

La négociation fut d'autant plus difficile qu'une fraction importante de la SFIO, et en particulier la Gauche révolutionnaire, constituée en tendance autour de Marceau Pivert en octobre 1935, renâclait devant le réformisme d'un programme « bourgeois ». Mais le Parti communiste appuya de tout son poids la modération radicale, la volonté de rassurer les classes moyennes était alors l'axe majeur de sa stratégie.

Le programme était publié en janvier 1936. Il se limitait volontairement « aux mesures immédiatement applicables ». Deux grands chapitres le composaient : revendications politiques, revendications économiques.

Les revendications politiques s'articulaient autour de la défense de la liberté et de la défense de la paix. En tête figure le désarmement et la dissolution des ligues fascistes, puis des mesures pour assurer la liberté et l'indépendance de la presse et des émissions radiophoniques. Viennent ensuite les libertés syndicales. Malgré le Syndicat national des instituteurs, qui souhaitait étendre à l'Alsace-Lorraine le régime de la Séparation de l'Église et de l'État, le programme n'allait pas sur ce thème au-delà des généralités sur l'école publique, la liberté de conscience et la laïcité. Enfin, pour les territoires coloniaux, le texte ne prévoyait qu'une commission parlementaire chargée d'enquêter sur leur situation. La défense de la paix s'inscrivait dans la tradition : sécurité collective, collaboration internationale dans le cadre de la SDN, réduction générale des armements. La seule innovation portait sur la « nationalisation des industries de guerre ». Ainsi l'antifascisme était-il essentiellement interne. Ce programme, à quelques semaines de la remilitarisation de la Rhénanie par les nazis, ne faisait aucune allusion aux dangers extérieurs, ne dessinait aucune politique européenne pour la France ; il témoigne que la gauche n'abandonnait pas, au début de 1936, les idéaux définis par Briand dans les années 1920. L'absence d'une politique extérieure allait peser lourd sur la coalition de Front populaire une fois au pouvoir.

Les revendications économiques rappelaient de nombreux thèmes radicaux traditionnels rassemblés autour de la défense des petits contre les gros. « Contre le pillage et l'épargne » et « contre l'oligarchie économique », la réorganisation du crédit était dominée par une réforme visant à faire de la Banque de France, *la Banque de la France.* On reconnaît la traduction des slogans contre les « deux cents familles » et contre le « mur d'argent » qui avait brisé en 1925 le premier gouvernement Herriot. L'absence d'allusions aux problèmes monétaires et à l'équilibre budgétaire, la condamnation des décrets-lois, signifiaient la rupture avec les politiques de déflation conduites par les gouvernements d'union nationale. Au contraire, la création « d'un fonds national de chômage », la « réduction de la semaine de travail sans réduction de salaire hebdomadaire », « un plan de grands travaux d'utilité publique », « la revalorisation des produits de la terre », impliquaient une relance de la production. Dans le débat déflation ou dévaluation, le programme choisissait ainsi la reflation, en s'inspirant de la politique de Roosevelt aux États-Unis. Les « mesures plus profondes pour arracher définitivement l'État aux féodalités industrielles et financières » étaient prévues, sans précision, pour une deuxième étape.

Ce programme, symboliquement résumé par trois mots simples, le pain, la liberté et la paix, était modéré, il masquait les contradictions entre les trois grandes composantes du Front populaire. Attachés à l'économie libérale, les radicaux n'acceptaient en fait que des mesures d'urgence et se méfiaient de l'étatisme de la SFIO. Les communistes, quant à eux, voulaient utiliser la dynamique de l'unité et de la lutte antifasciste pour accroître leur influence. Leurs propositions d'unité organique avec la SFIO allaient dans ce sens, et les socialistes craignaient le prestige reconquis par un parti, promoteur de l'union, solidement organisé et discipliné autour de Maurice Thorez, qui en devient le secrétaire général au début de 1936.

La victoire du Front populaire
avril - août 1936

« Le 14 Juillet l'emportera sur le 6 Février », ce titre de *L'Humanité,* entre les deux tours des élections, situait clairement la perception des enjeux électoraux de 1936. Mais malgré ce rappel des grandes manifestations, la rue depuis la fin de 1935 était restée calme, le rythme des cortèges s'était ralenti. La gauche rassemblée avait fait la démonstration de sa puissance, elle pouvait laisser maintenant parler les urnes. Tout était attente. Le gouvernement intérimaire d'Albert Sarraut se satisfaisait de son impuissance ; Hitler pouvait remilitariser la Rhénanie, la France était en campagne électorale. Le fascisme qu'elle combattait était le fascisme intérieur.

Il fallut le 13 février un hasard malheureux pour ranimer les cortèges. La voiture de Léon Blum croisa le convoi funèbre de l'académicien d'Action française, l'historien Jacques Bainville. L'automobile fut encerclée, et le chef du Parti socialiste, sérieusement blessé, échappa de peu à un lynchage complet grâce à l'intervention d'ouvriers travaillant sur un chantier voisin. Une immense manifestation de protestation se déroula du Panthéon à la Bastille, marquée par quelques affrontements. La ligue d'Action française fut interdite en vertu de la loi votée un mois plus tôt, mais Maurras continua, dans son journal, à dénoncer « la lie des faubourgs » et « l'élément juif métèque » mêlés, dans les cortèges de la gauche, au « peuple trompé ».

Quelques semaines plus tard, la réunification syndicale avait lieu. Les pourparlers avaient commencé dès septembre 1934. Ils furent lents en raison des réticences des dirigeants de la CGT, mais aboutirent sous la pression des militants de la base à un accord de principe à la fin de 1935. Les unitaires, qui voulaient conclure à tout prix, firent toutes les concessions. La nouvelle centrale conserverait le nom de CGT. L'indépendance syndicale serait affirmée par la référence à la « charte d'Amiens » de 1906. Les tendances n'auraient pas le droit de s'organiser en fractions. C'est selon ces principes que la réunification se fit au congrès de Toulouse en mars 1936. Deux ex-unitaires seulement, Frachon et Racamond, entraient au Bureau confédéral. La CGT réunifiée, dont Léon Jouhaux restait le secrétaire général, comptait alors près de 800 000 adhérents.

Les élections législatives de 1936.

La discipline électorale ne devant jouer qu'au second tour, chaque parti se présenta séparément devant les électeurs. Les socialistes proposaient un programme de vastes nationalisations, le retour au scrutin proportionnel, l'abolition du Sénat et le renforcement de la sécurité collective. Le Front populaire pouvait apparaître comme secondaire pour eux, et, puisque le planisme proposé par *Révolution constructive* avait été repoussé, il n'y avait guère de différence entre ces propositions et celles de toutes les consultations antérieures depuis 1928. Mais, face aux programmes de leurs partenaires, le programme des socialistes apparaissait maximaliste.

Les radicaux n'avaient pas, à leur habitude, de programme national. Daladier, cependant, redevenu président du parti au début de 1936, se référait à celui du Rassemblement populaire. Mais, localement, la majorité des candidats oubliaient de faire allusion aux accords nationaux. Certaines fédérations s'étaient d'ailleurs prononcées contre le Front populaire.

Finalement c'était le Parti communiste qui exprimait le plus directement dans sa campagne électorale l'idéal de l'unité républicaine contre le fascisme. Les communistes mettaient en avant la défense républicaine contre les ennemis du peuple, pour la paix, le pain et la liberté. Maurice Thorez, mieux que les autres, sut utiliser la radio, mise à peu près également à la disposition des candidats, alors que la grande presse d'information parisienne s'opposait au Front populaire dans son immense majorité. Dans son discours du 17 avril, « Pour une France libre, forte et heureuse », prononcé au micro de Radio-Paris, le secrétaire général du PCF insista sur un unique mot d'ordre : *Unir.* Unir non

seulement les partis frères de la classe ouvrière, mais tout le peuple
de France : « Nous te tendons la main, catholique, ouvrier,
employé, artisan, paysan, nous qui sommes des laïques, parce
que tu es notre frère [...]. Nous te tendons la main, volontaire
national, ancien combattant devenu Croix-de-Feu, parce que tu
es un fils de notre peuple... »

« Faut-il, écrivait le très catholique romancier Mauriac, repousser les deux doigts tendus par le camarade Thorez ? Faut-il au
contraire les serrer en fermant les yeux ? » Mais cet appel de Thorez, où l'immense majorité des catholiques, qui ne partageait pas
les hésitations délicieuses de Mauriac devant les tentations du
diable, ne vit qu'une ruse grossière, irrita les socialistes et les radicaux et même, selon Jacques Duclos, certains sectaires du parti.
Les formations du Front populaire étaient ainsi tournées sur leur
droite par les communistes qui apparaissaient comme les grands
rassembleurs d'une gauche nationale à laquelle ils ne s'étaient
pourtant intégrés que depuis quelques mois.

Abattue par l'échec de Laval et par ses conséquences psychologiques désastreuses pour elle, la droite bâtit toute sa campagne sur la peur du bolchevisme et l'annonce de catastrophes
effroyables si la gauche l'emportait.

Les élections eurent lieu les 26 avril et 3 mai. Comme en 1924
et 1932, le scrutin était un scrutin d'arrondissement, uninominal, à deux tours. Le nombre des candidatures déclarées n'avait
jamais été aussi élevé :

1919	1924	1928	1932	1936
2 120	2 765	3 763	3 837	4 817

Il y avait 618 sièges à pourvoir (contre 615 en 1932). La participation électorale (84,3 %) fut la plus élevée depuis les élections
de 1914. Entre la gauche et la droite, le déplacement des voix,
par rapport à 1932, était faible : la gauche gagne moins de
500 000 voix. Il est vrai qu'on avait tendance à oublier, en raison du changement de majorité parlementaire après le 6 février
1934, que les élections de 1932 avaient déjà été un succès de la
gauche. La victoire était incontestable mais ce n'était pas le raz
de marée espéré.

La répartition des voix entre les trois grands partenaires éclaire mieux les évolutions de l'opinion. Les candidats socialistes obtiennent 1 950 000 suffrages. Leur électorat était stable, d'autant plus qu'ils affrontaient la concurrence des dissidents de l'USR. La SFIO restait cependant le premier parti français.

Les radicaux (1 400 000 suffrages), normalement victimes de la bipolarisation du scrutin, perdaient 400 000 voix.

Le Parti communiste pouvait légitimement apparaître comme le grand vainqueur de la consultation. Avec 1 500 000 voix, il doublait ses suffrages de 1932. Cet accroissement était général, sauf dans le Doubs, les Landes et la Mayenne : 200 000 voix dans la région parisienne, 40 000 dans les Bouches-du-Rhône, 38 000 dans le Nord, entre 20 000 et 10 000 dans le Rhône, la Loire, les Alpes-Maritimes, le Var, la Dordogne, le Gard, l'Allier, le Pas-de-Calais, la Somme, la Seine-Inférieure et la Gironde. Le plus souvent, ces gains furent réalisés aux dépens des socialistes qui compensèrent leurs pertes en mordant sur les radicaux. Dans certaines circonscriptions indécises, la droite avait pu voter communiste pour éviter que le radical ne soit en tête des gauches au premier tour.

174 députés seulement avaient été élus au premier tour. Le second tour était donc décisif. La discipline républicaine, désistement systématique pour le candidat de gauche le mieux placé, joua à plein, et les cas d'indiscipline furent rares. La gauche l'emporta définitivement avec environ 380 élus contre 220 à la droite. La France du Midi, la France des paysans, des artisans, des fonctionnaires, avait uni ses voix, pour sauver la République, à celles des ouvriers des banlieues industrielles de la France du Nord.

La droite et l'extrême droite (Fédération républicaine, républicains indépendants, Union républicaine et nationale...) gagnaient environ 20 sièges. Le centre droit (Gauche démocratique et radicale indépendante, démocrates populaires) en perdait environ 45.

A gauche les socialistes comptaient le plus grand nombre d'élus avec 149 députés (132 en 1932 et 97 après la scission de 1935). Les radicaux (106 élus) perdaient 50 sièges. Les communistes (72 députés) gagnaient 61 sièges. Enfin, les divers gauches, USR, dissidents communistes, indépendants et gauche étaient 51. L'USR perdait de nombreux sièges, Marcel Déat était battu.

Certes, pour la première fois, le nombre des députés socia-

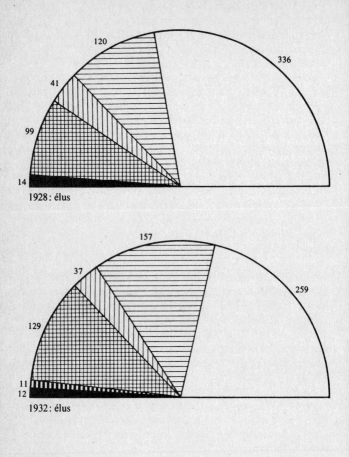

La Chambre des députés

120

41

99

14

336

1928 : élus

157

37

129

11
12

259

1932 : élus

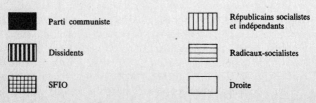

Parti communiste

Dissidents

SFIO

Républicains socialistes
et indépendants

Radicaux-socialistes

Droite

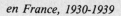

en France, 1930-1939

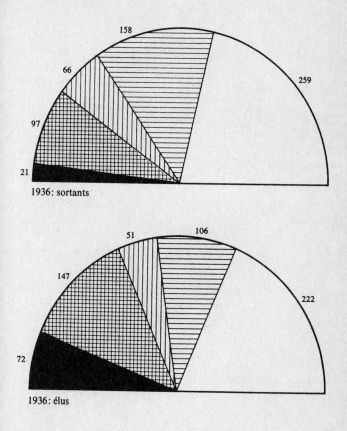

158

66

97

21

259

1936: sortants

51   106

147

222

72

1936: élus

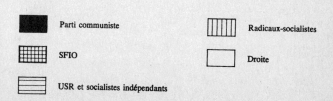

Parti communiste   Radicaux-socialistes

SFIO   Droite

USR et socialistes indépendants

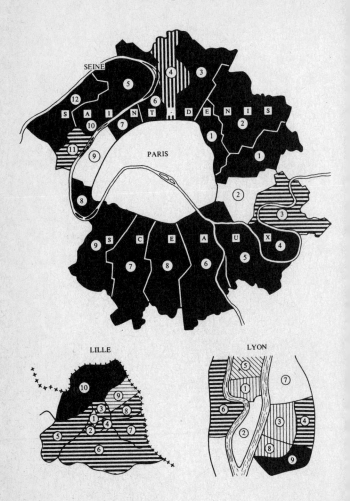

Source : *Le Figaro*, 5 mai 1936.
Les numéros en chiffres arabes sont ceux des circonscriptions.

dans les grandes villes

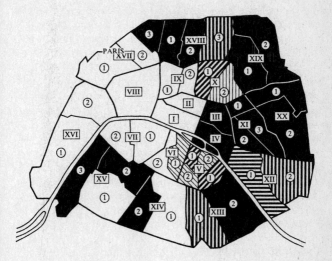

BORDEAUX

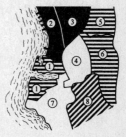

MARSEILLE

▦ Communistes	▤ Union socialiste	▥ Radicaux-socialistes	▨ Républicains de gauche
▥ Pupistes	▧ Socialistes indépendants	▤ Radicaux indépendants	☐ URD-conservateurs

listes dépassait le nombre des députés radicaux. On pouvait attendre Daladier à la tête du gouvernement, les résultats faisaient
de Léon Blum l'incontestable chef de la majorité. Mais, comme
en 1924 et en 1932, les radicaux restaient indispensables, un certain nombre d'entre eux, une trentaine sans doute, étaient clairement hostiles au Front populaire. Même affaibli, le radicalisme
restait l'arbitre qui pourrait, le cas échéant, donner naissance
à une autre majorité. La droite a perçu immédiatement cette possibilité : « L'arbitrage sera fait [...] par les radicaux-socialistes,
les socialistes indépendants et les socialistes USR, qui, bien lourdement éprouvés, représentent encore environ 150 voix. Ceux-
là presque tous se sont présentés aux élections sous la bannière
du Rassemblement populaire, c'est-à-dire qu'ils ont fait cause
commune, surtout au second tour, avec les socialistes SFIO et
les communistes. Mais une formation électorale survit rarement
au scrutin qui l'a motivée. Il faudra s'attendre, principalement
dans les rangs radicaux-socialistes, à des défections. Seront-elles
assez nombreuses pour empêcher les partis extrémistes de se livrer
aux expériences gouvernementales les plus périlleuses pour l'ordre
social ? C'est la grande inconnue de la XVIe législature [1] ».
C'est ce dont la gauche et notamment les communistes avaient
peur.

Alors que le Parti radical n'était plus, dans les combinaisons
d'union nationale, que l'otage de la droite, dans le Front populaire il pouvait jouer un rôle d'autant plus important que les
« marxistes » étaient prêts à toutes les concessions pour sauve-
garder l'unité.

Léon Blum face au pouvoir : la justice et l'espoir.

Léon Blum, né en 1872, dans une famille de bourgeoisie israélite aisée, appartenait comme Herriot à une génération marquée
par l'affaire Dreyfus. Il abandonna, comme Tardieu, l'École normale supérieure en cours d'études et collabora à *La Revue blanche,* revue de l'avant-garde littéraire et anarchisante à la fin du
siècle. Il fit une première carrière au Conseil d'État. Marqué,
comme beaucoup d'élèves de la rue d'Ulm, par l'influence du

---

1. *L'Illustration,* mai 1936.

bibliothécaire Lucien Herr, ce fut par son intermédiaire qu'il rencontra Jaurès et le socialisme. Mais il ne joua aucun rôle direct avant 1914, date à laquelle il devint directeur du cabinet du ministre socialiste Marcel Sembat. En 1919, il fut le porte-parole de la tendance hostile à l'adhésion à la IIIe Internationale, ce qui en fit naturellement le chef de la SFIO après le congrès de Tours de 1920. Cependant, le secrétaire général du parti fut, jusqu'en 1940, Paul Faure. Léon Blum était, au Palais-Bourbon, à la tête du groupe parlementaire et orientait, dans ses articles du *Populaire,* la doctrine et la stratégie de la SFIO.

Intellectuel, juriste scrupuleux, il est, comme Jaurès, dans la lignée des bourgeois de grande culture que l'humanisme conduisit au socialisme. Il fut, avec Jaurès, l'homme politique français le plus haï par la droite ; plus encore que Jaurès probablement, car, pour les maurrassiens, il était en somme Jaurès et Dreyfus réunis. En outre, cette haine incroyable qui appelait tous les jours à son assassinat n'était pas compensée par l'affection populaire, dont Jaurès avait été entouré. Réservé et sans chaleur apparente, il avait horreur de la démagogie. Les communistes le détestaient et préféraient les rondeurs radicales. Dans son parti même, beaucoup ne l'aimaient pas. Il y a des sentiments peu avouables : la jalousie des trop grandes supériorités intellectuelles et aussi l'antisémitisme larvé petit-bourgeois et populaire. Grandi par la bassesse d'âme de ses adversaires, étalée dans les manchettes de *L'Action française* et les articles de *Gringoire,* il fut parfois paralysé par sa bonne foi, les scrupules de sa conscience juridique et son manque de pragmatisme.

Les socialistes, et Blum tout particulièrement, avaient longuement médité sur les problèmes du pouvoir. Dans *Le Populaire* du 2 et du 4 juillet 1935, sous le titre « Conquête, exercice et occupation du pouvoir », il distinguait : « la conquête révolutionnaire du pouvoir, comportant la destruction des cadres politiques de la société capitaliste et la dictature temporaire du prolétariat » ; en second lieu « l'exercice du pouvoir » : quand un parti prolétarien a acquis légalement la majorité parlementaire, son rôle serait alors de hâter l'avènement de la révolution sociale. Enfin, « l'occupation du pouvoir », « à titre défensif », pour « empêcher la conjonction de la force gouvernementale et des forces fascistes contre les libertés démocratiques et ouvrières ». Léon Blum, aux portes du pouvoir, ne disait pas autre chose le 31 mai 1936 devant le congrès de son parti. La SFIO qui n'était pas majoritaire ne pouvait exercer le pouvoir, elle n'aspirait donc qu'à l'*occuper*. « Nous agirons, disait Blum, à l'intérieur du régime social actuel, de ce même régime dont nous avons démontré les contradictions et l'iniquité au cours de notre campagne électorale. C'est cela l'objet de notre expérience [...]. Il s'agit de savoir s'il est encore possible de distribuer une petite ration de justice et de bien-être, et une grande ration d'espoirs et d'espoirs prochains ». Ce n'était donc pas sur la base de son propre programme que la SFIO gouvernerait, elle appliquerait loyalement le programme du Rassemblement populaire dans la légalité républicaine.

C'était ce même souci de la tradition républicaine qui obligeait Léon Blum à attendre l'expiration du mandat de la Chambre précédente pour former, après l'appel du président de la République Albert Lebrun, son gouvernement. Un mois s'écoula donc entre le 3 mai, date du second tour des élections, et le 5 juin, date à laquelle Blum se présenta devant la Chambre. A un moment crucial, le gouvernement sans autorité d'Albert Sarraut expédiait donc les affaires courantes.

Si le Parti radical avait accepté de participer au gouvernement, les communistes, tout en affirmant leur total soutien, avaient décliné l'offre de Léon Blum. Pour rendre compte de ce refus, on peut avancer une série d'explications, qui ne sont pas nécessairement contradictoires. Le souci d'abord de ne pas se compromettre et de faire pression de l'extérieur, au sein des masses où leur influence grandissait, sur un pouvoir resté bourgeois, d'exercer en somme comme l'écrivait Vaillant-Couturier, le 10 mai, « une sorte de ministère des masses ». En deuxième lieu, ce fut la raison donnée par le parti lui-même, la crainte d'effrayer, par leur présence au pouvoir, les classes moyennes et d'alimenter les « campagnes de panique et d'affolement des ennemis du peuple ». Et il est vrai que l'opposition agitait sans cesse l'épouvantail de « l'homme au couteau entre les dents » et prédisait la violence bolchevique à brève échéance. En troisième lieu, c'est la thèse des historiens qui estiment que le PCF était alors sous la dépendance totale de l'Internationale et donc de la Russie soviétique, les communistes ne pouvaient risquer d'affaiblir une démocratie certes bourgeoise, mais alliée à l'URSS. Les socialistes ne pouvaient pas se plaindre de cette attitude, eux qui avaient opposé aux radicaux le même refus en 1924 et en 1932. Cependant, les parlementaires communistes ont presque toujours voté pour le gouvernement Blum.

La CGT, sollicitée elle aussi, avait refusé de participer en raison d'un autre mythe, celui de la « charte d'Amiens ».

Le cabinet était donc composé de socialistes et de radicaux. Le second de Blum en importance et en dignité était Édouard Daladier, vice-président du Conseil et ministre de la Défense nationale. Camille Chautemps, radical, Maurice Viollette, socialiste français, et Paul Faure, SFIO, représentaient comme ministres d'État les partis de la coalition gouvernementale. Les ministères économiques étaient pour l'essentiel confiés à des socialistes avec Vincent Auriol aux Finances, Charles Spinasse à l'Économie nationale et Georges Monnet à l'Agriculture. Les ministères politiques étaient partagés entre radicaux et socialistes avec Yvon Delbos (Affaires étrangères), Jean Zay (Éducation nationale), Pierre Cot (Air), d'une part, et Roger Salengro (Intérieur), Moutet (Colonies), d'autre part. Mme Brunschwig, Irène Joliot et Suzanne Lacore, qui n'avaient pas le droit de voter, étaient sous-secrétaires d'État (Éducation, Recherche scientifique et Protection de l'enfance). Le plus scandaleux pour la droite fut la création d'un sous-secrétariat aux Sports et aux Loisirs confié au socialiste Léo Lagrange. Léon Blum, président du Conseil, ne détenait pas de responsabilité ministérielle. Les services de l'Hôtel Matignon étaient renforcés, Jules Moch devenait secrétaire général du gouvernement.

Cependant, ce gouvernement devait immédiatement affronter une vague de grèves sans précédent. Cette irruption du social dans le jeu politique, cette manifestation d'une force d'espérance, bientôt organisée, et qui entendait peser sur les décisions du pouvoir, interpellaient, dès sa formation, ce gouvernement qui promettait le mieux-être et l'espoir.

Les grèves de juin : tout était-il possible ?

Les historiens du Front populaire s'affrontent autour d'une double série de questions. Le premier débat porte sur l'origine et la nature des grèves. Le second débat, plus général, concerne la situation de juin 1936 : sauveur de la société bourgeoise, le gouvernement de Léon Blum a-t-il étouffé une possible révolution ?

Depuis le début de l'année 1936, le climat social était relativement calme. La statistique des grèves en témoigne : 50 grèves en janvier, 39 en février, 38 en mars, 32 en avril et 65 en mai. Cependant entre les deux tours des élections la participation au 1er mai, massive, témoignait déjà d'une particulière combativité ouvrière. De même des grèves avec occupation des usines éclataient le 11 mai au Havre chez Bréguet, le 13 à Toulouse chez Latécoère. Dans les deux cas, il s'agissait de protester contre le licenciement d'ouvriers, grévistes le 1er mai. La grande vague commençait le 26 dans la métallurgie parisienne, atteignait Billancourt, Farman était en grève le 27 puis Renault le 28, et enfin toute la métallurgie de la banlieue de Paris. Une certaine tendance à la reprise se manifestait à la fin de mai, mais le mouvement rebondissait au début de juin, au moment même de l'investiture du gouvernement Blum, gagnait la province et tous les secteurs de l'activité industrielle et commerciale. L'Accord Matignon, signé dans la nuit du 7 au 8 juin, ne mettait pas fin au mouvement. Certains secteurs, comme le bâtiment, entraient dans la grève au lendemain même de l'accord. Le reflux fut lent et certains conflits ne furent résolus qu'en juillet.

L'ampleur et les formes prises par les grèves étonnèrent ou effrayèrent les contemporains : au mois de juin on enregistra plus de 1 800 000 grévistes et 12 142 grèves. En juillet, encore, 177 000 grévistes et 1 688 grèves. Quels furent les secteurs concernés ? Les salariés de l'État, les travailleurs bénéficiant d'un statut protecteur, ne participèrent guère aux conflits, alors même qu'ils appartenaient à des secteurs où la syndicalisation était forte. Ainsi les postiers, les enseignants, les cheminots, les employés des services publics, furent absents du mouvement qui affecta au contraire le secteur privé, métallurgie, textile, industries alimentaires où les syndiqués étaient très peu nombreux (entre 3 et 5 % des salariés) et même les grands magasins où les sections syndicales étaient inconnues. Une première conclusion s'impose : les postiers comme les enseignants et les cheminots n'ont pas ressenti la nécessité de s'opposer à un pouvoir qui leur était proche ; mais ce n'était pas le gouvernement de Léon Blum que combattaient les grévistes, ouvriers ou employés du secteur privé, ils luttaient contre le patronat et, s'ils entraient en grève au début de juin, c'était pour susciter la force médiatrice de la gauche au pouvoir qui devait les aider à faire céder les patrons. La grève était d'abord exigence d'un plus grand rôle de l'État dans les relations sociales.

Plus des trois quarts des grèves furent accompagnées d'occupation des locaux. Ces grèves « sur le tas » inquiétèrent la droite qui les analysa comme une insupportable atteinte au droit de propriété. Les patrons furent ignorés, les ouvriers semblaient prendre possession de l'usine, entretenaient les machines, veillaient à la sécurité. L'occupation était alors une sauvegarde. Elle visait à empêcher une pratique patronale courante depuis la crise : le lock-out complet des travailleurs suivi d'un réembauchage sélectif, permettant d'éliminer les meneurs. Mais l'occupation permettait aussi au groupe d'affirmer concrètement sa solidarité et sa détermination.

Quelle est l'origine de ce mouvement ? Si localement certains militants syndicaux communistes ou trotskistes ont pu jouer un rôle, ainsi dans les mines du Nord et du Pas-de-Calais [1], les historiens sont d'accord pour souligner la spontanéité d'un mouvement qui se propagea souvent géographiquement de proche en proche. Ni les syndicats, nous avons déjà noté que les grèves avaient éclaté dans les secteurs où la syndicalisation était la plus faible, ni le PCF, malgré les accusations portées contre lui par la droite qui voyait partout la main de Moscou, n'ont préparé et organisé le mouvement. D'ailleurs, les uns comme les autres firent tout, après l'Accord Matignon, pour favoriser la reprise du travail. Le célèbre discours de Maurice Thorez, « Il faut savoir terminer une grève », date du 11 juin. D'autre part, ce mouvement social n'entrait pas dans une stratégie communiste orientée vers le désir de ne pas effrayer les classes moyennes. En juin 1936, le PCF faisait tout pour ne pas affaiblir le gouvernement de Léon Blum. De même, il n'est pas possible de trouver trace d'un mot d'ordre expliquant les formes prises par le mouvement, alors même que la grève sur le tas n'était pas dans la tradition du mouvement ouvrier français. Enfin, tous les témoignages indiquent que les revendications n'ont été élaborées par les grévistes qu'*après* le déclenchement du mouvement.

Que les grèves aient été spontanées peut déjà donner une indication sur leur origine et leur signification. Et nous abordons

---

1. R. Hainsworth, « Les grèves dans le bassin houiller du Nord et du Pas-de-Calais », *Le Mouvement social,* n° 96, 1976.

ici le second débat : ce mouvement était-il révolutionnaire ? On a beaucoup glosé sur le célèbre article, « Tout est possible », de Marceau Pivert, leader au sein de la SFIO de la tendance Gauche révolutionnaire, paru dans *Le Populaire* du 27 mai 1936. « Ce qu'appellent, écrivait-il, du fond de leur conscience collective, des millions et des millions d'hommes et de femmes, c'est un changement radical, à brève échéance, de la situation politique et économique ». Mais cet appel à l'énergie et à l'action était fort vague quant aux mesures souhaitées et ne semblait pas chercher à étendre jusqu'à la révolution un mouvement de grèves auquel d'ailleurs il ne faisait guère allusion. Cet article, d'autre part, était à usage interne ; c'était la contribution de la tendance Pivert, dans le cadre de la préparation du congrès de la SFIO du 30 mai. Deux célèbres textes communistes répondaient à l'aventurisme de Marceau Pivert, « Non, tout n'est pas possible », écrivait Marcel Gitton dans *L'Humanité* du 29 mai. « Les radicaux ont raison quand ils déclarent n'accepter aucune menace contre la propriété privée et nous n'hésitons pas, nous communistes, à proclamer que c'est là également notre souci... », renchérissait Duclos un mois plus tard (27 juin) dans le même journal.

Mais les acteurs eux-mêmes ? Quelles furent en juin 1936 leurs motivations ? Il faut ici rappeler le passé : un mouvement ouvrier, vaincu en 1919 et 1920, divisé, affaibli. Un patronat traditionnel dont tous les témoignages soulignent l'autoritarisme sans mélange, le refus des conventions collectives et des lois sociales. Or la crise avait aggravé à la fois les difficultés ouvrières et l'autoritarisme patronal. Dans l'usine, qui n'avait jamais été véritablement acceptée, les disciplines se faisaient plus sévères à mesure que les chefs d'entreprise adoptaient les formes modernes de l'organisation du travail, le chronométrage, la chaîne. Il y avait les conditions de vie : la banlieue comme une lèpre autour des grandes villes et singulièrement de Paris, les déracinements. Cette situation, il fallait bien la subir : la crise multipliait les chômeurs et le sous-emploi ; les patrons, qui disposaient d'une réserve de main-d'œuvre, étaient en position de force. Or, de 1934 à 1936 dans les rues des villes, un grand mouvement politique, la lutte contre les ligues et le fascisme, prenait progressivement une couleur sociale. De cortèges en cortèges, une culture naissait, et cette culture faisait sa place au monde du travail, lui répétait sa misère et l'espoir des lendemains. Le pain, la liberté, la paix, disaient les affiches. Et, dans les entreprises, on finissait par y croire. On pouvait peut-être exister. En juin 1936, un nouveau gouvernement était formé. Pour la première fois sans doute dans l'histoire de la France, ce pouvoir n'envoyait pas sa police ou ses soldats dans les usines en grève. Soudain, dans la lutte contre le patronat, un gouvernement pouvait être un allié. Ainsi, parti du politique, le mouvement, après un détour par le social, revenait-il au politique en faisant appel à l'État. Cela seul suffirait à démontrer que les aspirations n'étaient pas révolutionnaires. Fait-on appel à l'intervention d'un État qu'on souhaite renverser ?

Clairement, et les chefs d'entreprise ne s'y sont pas trompés qui ont tous vu leur capitulation dans les événements de juin, c'était contre les patrons que le mouvement s'était développé et, si ce mouvement rebondissait après même la signature de l'Accord Matignon, c'est que cet accord donnait aux travailleurs des armes nouvelles.

La résolution tranquille des travailleurs s'accompagnait, dans les usines occupées, d'une agitation joyeuse, de « fêtes » auxquelles participaient des artistes, allant à la rencontre de la classe ouvrière. Ainsi le groupe Octobre qui jouait *Le tableau des merveilles* de Prévert, « au rayon *communiantes* du magasin du Louvre », à la Samaritaine, etc. [1]. La contagion, au son de l'accordéon, était spontanée. La jovialité des quêteurs « pour les grévistes » rencontrait la sympathie générale au-delà des partisans du Front populaire. Les photos d'époque rendent bien compte de cette atmosphère où se mêlaient parfois les gestes du passé, carnaval ou charivari traditionnels, moments festifs d'inversion des rôles sociaux, et les gestes, poings dressés, loisirs du corps, qui inventaient une nouvelle culture de masse.

Simone Weil, normalienne, professeur agrégé de philosophie, est de ces événements un témoin exceptionnel. En 1934 et en 1935, elle a travaillé comme manœuvre en usine chez Alsthom puis chez Renault. En juin 1936, elle publie un article, « La vie et les grèves des ouvriers métallos [2] ». Elle soulignait : « ... Il s'agit

1. J. Prévert, *Spectacles,* Paris, Gallimard, 1951.
2. Simone Weil, voir (181).

après avoir toujours plié, tout subi, tout encaissé en silence pendant des mois et des années, d'oser enfin se redresser. Se tenir debout. Prendre la parole à son tour. Se sentir des hommes pendant quelques jours. Indépendamment des revendications cette grève en elle-même est une joie. Une joie pure. Une joie sans mélange... »

Enfin, dans le monde ouvrier en grève, la spontanéité ouvrière rencontre l'organisation syndicale. Il fallait des militants pour rédiger les revendications, négocier avec les patrons, conclure les conventions collectives. Brusquement naissait en France un syndicalisme de masse. On pouvait vérifier ce que disait déjà à la fin du Second Empire le militant Eugène Varlin quand il remarquait que ce n'était pas l'Internationale qui conduisait à la grève, mais la grève qui conduisait à l'Internationale. En 1936, la grève conduisait au syndicat. En deux semaines d'occupation, la section CGT de Renault passa de 700 à 25 000 membres. Les militants syndicaux avaient été renforcés par la réunification de mars 1936, ils étaient prêts à jouer leur rôle.

Les cent jours du gouvernement de Front populaire.

Les grandes réformes du gouvernement Blum, comme celles de Roosevelt au moment du New Deal, se situent dans les trois premiers mois de son existence, dans ce moment d'« état de grâce » où se conjuguaient l'espoir des uns et la peur sociale des autres.

L'urgence invitait Léon Blum à tout mettre en œuvre pour résoudre les conflits sociaux. Le gouvernement était constitué le 5 juin, le 6 juin Léon Blum se présentait devant les députés, et annonçait alors le dépôt imminent d'un certain nombre de projets de lois (semaine de 40 heures, contrats collectifs de travail, congés payés). Léon Blum obtenait la confiance par 384 voix contre 210. Déjà des contacts avaient été pris avec les représentants du patronat et de la CGT. Le dimanche 7 juin, dans l'après-midi, se réunissaient à l'Hôtel Matignon, sous la présidence de Léon Blum, les délégués de la Confédération générale de la production française (CGPF), Dalboze, Duchemin, Lambert-Ribot et Richemond, les représentants de la CGT, Jouhaux, Frachon, Belin, Cordier et Semat. L'Accord Matignon fut signé dans la nuit du 7 au 8 juin.

Quelles étaient les concessions du patronat ? Par le premier article, le patronat « admet l'établissement immédiat de contrats collectifs de travail ». Les employeurs reconnaissent ensuite (article 2) « le droit pour les travailleurs d'adhérer librement et d'appartenir à un syndicat professionnel ». L'article 5 prévoit l'élection de délégués ouvriers. L'article 4 décide des augmentations de salaire allant de 7 % pour les salaires les plus élevés à 15 % pour les salaires les moins élevés. Enfin, alors que les patrons s'engagent « à ce qu'il ne soit pris aucune sanction pour fait de grève » (article 6), la CGT incitera à la reprise du travail (article 7).

Comme l'écrivait *Le Populaire* du lendemain : « Victoire ! Victoire ! Les patrons ont capitulé ! [...] Les patrons ? quels patrons ? Tous ! » Non seulement l'Accord Matignon apparaissait comme une lourde défaite mais il révélait l'impréparation et l'inorganisation des instances patronales. La surprise des délégués du patronat devant les bulletins de salaires produits à Matignon par la CGT en témoignait. Alors que le patronat avait jusqu'alors refusé obstinément de négocier tant que les usines resteraient occupées, ses représentants cédaient sur toutes les revendications en quelques minutes. Les négociations sur les contrats collectifs montraient vite, au lendemain de l'Accord, que le patronat n'avait aucune politique sociale. Plus gravement les petits patrons, les patrons de province se sentirent trahis par les chefs des grandes entreprises. Les mois qui suivirent furent consacrés à la reconquête du pouvoir dans l'usine et à l'organisation d'instances patronales capables de faire front plus efficacement. En ce sens l'Accord Matignon durcissait le monde patronal.

Mais si, dans le temps court, le patronat ne s'estimait vaincu que provisoirement, dans le temps long, l'Accord Matignon inaugurait un nouveau rôle fondamental pour l'État. Léon Blum en juin 1936 avait été un arbitre, mais un arbitre qui pouvait peser sur l'issue des négociations. L'Accord Matignon était historiquement le premier grand accord contractuel entre les syndicats et le patronat conclu sous l'égide du pouvoir politique. Sur ce point nous sommes au début d'une longue histoire qui après une parenthèse reprend en 1944 son cours normal.

Léon Blum faisait ensuite voter à la Chambre ce qui dans son programme relevait de la loi. Le 11 juin, au Palais-Bourbon, étaient votés les « quinze jours » de congés payés, les conventions collectives, et révisés les textes, héritage des gouvernements précédents, qui diminuaient les pensions des anciens combattants et les traitements des fonctionnaires. Le 13 juin, la Chambre adoptait le texte réduisant à 40 heures la durée hebdomadaire du travail, qui jusque-là atteignait 48 heures (8 heures par jour sur 6 jours). Le 19 juin des décrets permettaient de dissoudre quatre ligues : Les Croix-de-Feu, la Jeune Patrie, la Solidarité française, les francistes. Le nouveau statut de la Banque de France était voté le 24 juin, la création de l'Office du blé le 4 juillet, la nationalisation des industries de guerre le 17 juillet. Le 11 août enfin, à la veille de la clôture de la session parlementaire, la Chambre adoptait la loi sur les grands travaux.

Cet ensemble législatif était d'abord composé de mesures sociales dont la cohérence devait non seulement permettre une vie meilleure pour les travailleurs, mais participait aussi du projet économique du gouvernement de Léon Blum. Les augmentations de salaires, les congés payés, les grands travaux visaient à relancer la production par la croissance des revenus disponibles. Le Front populaire s'était prononcé à la fois contre la déflation et contre la dévaluation, il choisissait l'accroissement du pouvoir d'achat et la relance de la production par cette reflation. Cette croissance devait entraîner la baisse des prix français qui redeviendraient compétitifs, l'énorme déficit du commerce extérieur décroîtrait. La prospérité rétablirait l'équilibre budgétaire par les rentrées fiscales. La réforme de la Banque de France permettrait l'expansion du crédit. Tel était logiquement l'effet attendu des lois sociales.

Deux réformes pouvaient être considérées comme des réformes de structure. La réforme de la Banque de France, conformément au programme du Rassemblement populaire, remplaçait l'Assemblée générale des 200 plus gros actionnaires (origine des mythiques « 200 familles ») par l'Assemblée générale de tous les actionnaires. Le Conseil de régence de 15 membres, nommé par l'Assemblée générale, disparaissait au profit d'un Conseil général de 20 techniciens, nommé par le Conseil économique et par l'État. Certes, le contrôle du pouvoir sur la banque était plus étroit, mais la banque restait banque privée et le mur d'argent était loin d'être éliminé. Vincent Auriol aurait voulu nationaliser la Banque, mais il était impossible de faire accepter une telle mesure par le Sénat.

Malgré la résistance du Sénat et des agrariens, l'Office national interprofessionnel du blé (ONIB) permettait un contrôle du marché par l'État. Il était administré par un Conseil composé de producteurs de blé, de consommateurs et de représentants de l'industrie. Le commerce était confié aux coopératives. Le Crédit agricole était l'intermédiaire obligatoire des transactions. L'Office disposait du monopole des importations et des exportations, fixait le niveau des cours. Les prix qui s'étaient effondrés à 80 francs le quintal en 1935 étaient fixés à 140 francs en 1936, 180 francs l'année suivante. Ainsi, contrairement à l'image que ses adversaires voulaient imposer de lui, le gouvernement n'oubliait pas les paysans. La réussite de l'Office du blé, présenté par la droite comme la bolchevisation des campagnes, la ration de vin portée à deux quarts, puis le « vin gratuit de l'intendance » distribué, d'ailleurs scandaleusement, par seaux entiers aux soldats, dans les camps de manœuvre (Blum était député de Narbonne), ont fortement amélioré le revenu paysan. L'indemnité de plus-value et le droit de préemption sur une terre dont le prix baissait étaient de sérieux progrès pour l'exploitant. Mais le Sénat repoussa le statut du fermage et du métayage.

L'embellie de l'été 1936 et l'invention d'une nouvelle culture.

Les images sont indélébiles. Devant ses juges du procès de Riom, Léon Blum, au début de 1942, revendiquait avec fierté une part de l'œuvre du Front populaire : « Je ne suis pas souvent sorti de mon cabinet ministériel, disait-il,... mais chaque fois que j'en suis sorti j'ai traversé la grande banlieue parisienne et j'ai vu les routes couvertes de ces théories de 'tacots', de 'motos', de tandems avec des couples d'ouvriers vêtus de 'pull-over' assortis et qui montraient que l'idée de loisir réveillait même chez eux une sorte de coquetterie naturelle et simple, tout cela me donne le sentiment que, par l'organisation du travail et du loisir, j'avais malgré tout apporté une espèce d'embellie, d'éclaircie dans des vies difficiles, obscures, qu'on ne les avait pas seulement arrachés au cabaret, qu'on ne leur avait pas seulement donné plus de facilité pour la vie de famille, mais qu'on leur avait ouvert la perspective d'avenir, qu'on avait créé chez eux un espoir [1]. »

Le problème des loisirs ouvriers avait été débattu parmi les Jeunesses socialistes dès avant 1930, et leur revendication était propre à la SFIO, non au Front populaire. La France était en retard sur l'étranger et aucun projet n'avait abouti. Les réalisations de Léo Lagrange ont fait plus que n'importe quelle autre mesure pour créer la mystique comme la caricature du Front populaire. « Ministre de la fainéantise » pour la droite, qui admirait la « Kraft durch Freude » de Hitler, il créa le 3 août le billet de congé populaire annuel à 40 % de réduction, dont bénéficièrent dès l'été 1936 près de 600 000 travailleurs. Cependant, les vacances restaient inaccessibles au plus grand nombre des familles ouvrières ; en profitèrent surtout les jeunes ménages et les célibataires. Le mouvement des Auberges de jeunesse fut spécialement encouragé dans ses diverses composantes : la Ligue française, fondée par Marc Sangnier, le Centre laïque des Auberges de la jeunesse (90 auberges en 1935 et 229 en 1936), le Monde nouveau qui groupait autour de l'écrivain Jean Giono divers centres dans les Basses-Alpes. La bicyclette, le tandem sillonnaient les routes ; « Allons au-devant de la vie... » chantait la jeunesse de l'époque. Léo Lagrange développait aussi la pratique sportive. Constatant que jusqu'en 1936 « la conception dominante du sport en France a été celle du sport-spectacle », le Front populaire mettait en chantier, dès 1936, 235 stades. La création du brevet sportif populaire devait encourager la jeunesse à la pratique sportive. Léo Lagrange souhaitait aussi que ces loisirs soient culturels, et des tarifs spéciaux étaient consentis dans les théâtres et les musées pour les organisations ouvrières et les mouvements de jeunesse.

De manière plus générale, un énorme effort fut fait pour développer l'éducation, par le théâtre, la musique, le cinéma. Les musiciens de l'École d'Arcueil, Roger Désormière, Louis Durey, les cinéastes, Renoir, les frères Prévert et bien d'autres se consacrent alors à la culture populaire. Au théâtre, avec le groupe Octobre, c'est l'âge d'or du chœur parlé.

En somme, et pour reprendre ici encore un mot célèbre de Léon Blum, on a tenté d'intégrer à la cité « ceux qui campaient à ses

1. L. Blum, *L'Œuvre...*, t. VII, voir (18).

portes ». Que cette intégration ait été ressentie, par certains à droite, comme une intrusion, on en a de nombreux témoignages depuis les caricatures de Sennep, raillant l'invasion des plages par les prolétaires en maillot de corps jusqu'à la dénonciation des « salopards en casquette », profitant indûment de cette « semaine des deux dimanches » que la loi des 40 heures leur offrait.

En fait, cette embellie d'un été n'était pas seulement un accident de l'histoire. Elle rencontrait deux courants forts et porteurs d'avenir. D'une part, une culture militante et patriotique à la fois, déjà à l'œuvre dans les cortèges des années 1934 à 1936, propagée par les intellectuels compagnons de route de la classe ouvrière, et donc souvent du Parti communiste qui savait mieux que d'autres saisir ses ressorts et utiliser ses manifestations. Cette culture, dont c'était le premier épanouissement, renaîtrait dans la Résistance. Elle insérait le prolétariat dans une histoire, elle lui disait que cette histoire il pouvait l'accomplir. Mais, parallèlement, l'embellie d'un été rencontrait aussi les premiers balbutiements de la culture de masse : le cinéma du samedi soir, la chanson, les vedettes de l'écran et du sport. Ainsi la légende du *Front popu,* avec ses images d'Épinal, Gabin et sa *Belle Équipe,* Édith Piaf et son « Légionnaire », l'*Hôtel du Nord,* avec son ouvriérisme, qu'à distance les esprits délicats peuvent juger naïf, s'insère dans l'histoire culturelle de la France.

Les difficultés du Front populaire
septembre 1936 - mars 1937

Embellie d'un été ? Il est vrai que dès l'automne les difficultés se multiplièrent. La reprise économique se faisait attendre, dès septembre il fallait dévaluer. L'environnement extérieur devenait chaque jour plus inquiétant. La guerre civile en Espagne éclatait en juillet et devenait le champ clos de l'affrontement entre les dictatures et les démocraties. Les difficultés ne favorisaient guère la cohésion de la majorité élue au printemps, les classes moyennes se détournaient et avec elles les radicaux, alors même que les extrémismes s'exaspéraient.

L'échec économique.

On peut certes faire le procès de l'action économique du Front populaire si on l'isole des contraintes sociales et politiques qui peuvent l'expliquer. Ce procès a été maintes fois instruit. Alfred Sauvy a été le plus constant des procureurs, démontrant inlassablement la profonde méconnaissance des réalités économiques du gouvernement Blum, insistant sur la dévaluation trop tardive et sur l'erreur majeure des 40 heures qui loin de relancer la production avait cassé une possible reprise [1].

Le premier acte, infléchissant le programme, fut la dévaluation de septembre 1936. En juin, c'est unanimement qu'elle avait été repoussée, même si Vincent Auriol la jugeait dès cette date nécessaire. Mais le PCF s'y opposait et Blum n'aurait eu alors aucune majorité pour la ratifier. Elle devenait indispensable en septembre. Les conséquences des décisions de juin avaient provoqué la hausse des prix, le déficit extérieur s'aggravait, les prix français étaient de moins en moins compétitifs. Le gouvernement fut donc contraint de renoncer à la politique de « défense du

1. Voir (160).

franc ». Il s'était fait ouvrir le 18 juin, par une convention avec la Banque de France, un crédit de 10 milliards. Ce crédit, qui permettait les dépenses de la reflation, était encore peu entamé en septembre. C'est la spéculation contre le franc qui contraignit le gouvernement à une mesure rejetée par tous les partis. Le placement des bons du Trésor se faisait très mal. La fuite des capitaux avait provoqué une forte hémorragie de l'or. L'encaisse de la Banque de France dépassait 80 milliards de francs au début de 1935. Déjà réduite, avant l'arrivée au pouvoir de Blum, elle atteignait environ 54 milliards au début de septembre 1936, et la couverture de la monnaie restait assurée à 58 %. 1,5 % milliard s'évada encore entre le 4 et le 16 septembre.

Après une entente secrète avec Roosevelt et Baldwin, préparée à Londres dès juin par des conversations menées par l'attaché financier Monick, qui montrent que le gouvernement dépendait des Anglo-Saxons autant pour sa politique monétaire que pour sa diplomatie, la libre convertibilité des monnaies fut suspendue le 26 septembre ; le 28, fut signé l'accord tripartite avec les Anglo-Saxons, le projet de loi voté le 1er octobre. Répugnant à utiliser le mot dévaluation, Vincent Auriol présenta sa réforme comme un ajustement monétaire, réalisé en plein accord avec les États-Unis et l'Angleterre. Le franc Auriol — « franc élastique » —, à la différence du franc Poincaré, ne se définissait pas par une parité, mais par deux limites de poids d'or, 43 et 49 milligrammes, entre lesquelles il pouvait varier. La dévaluation se situait donc entre 35 et 25 %. La livre sterling valait entre 100 et 115 francs. L'encaisse-or put donc être réévaluée. Un fonds d'égalisation des changes, inspiré des techniques anglo-saxonnes, géré par le gouverneur de la Banque de France, devait permettre à celui-ci d'intervenir sur le marché pour « la défense du franc ». En outre, les importations et les exportations de l'or étaient prohibées, le cours forcé établi.

La dévaluation a permis à la spéculation de réaliser des bénéfices. Elle a été accueillie avec tristesse par la gauche, avec fureur par les communistes qui dénoncèrent le reniement des promesses, la complaisance envers les capitalistes ennemis du peuple, la misère accrue pour les travailleurs. Il était en effet simplement prévu dans le texte de la loi que le gouvernement pourrait, par décrets, prendre « les mesures nécessaires pour la sauvegarde du pouvoir d'achat, tant par la répression de tentatives injustifiées de hausse des prix que par tous autres moyens ». La droite condamnait naturellement aussi la dévaluation ; *Le Temps* y voyait la sanction logique d'une politique démentielle et le fruit du socialisme, mais il la préférait de toute manière au contrôle des changes. Ainsi les ennemis du Front populaire en tiraient parfois un bénéfice matériel, et surtout un grand avantage moral, puisqu'ils pouvaient désormais incorporer les mythes monétaires à leur arsenal. C'est à cause de ces mythes que la dévaluation, venue bien trop tard, accomplie par le gouvernement avec une sorte de honte, a été de plus très insuffisante ; c'est aussi parce que les Anglo-Saxons souhaitaient la limiter pour protéger leurs exportations. Elle eut pourtant des résultats positifs. Le coup de fouet amorça une reprise économique d'octobre 1936 à mars 1937, surtout dans l'industrie, entraînant une régression du chômage. La Bourse de Paris stagnait depuis août 1930 ; il y eut une relance de la spéculation sur les valeurs à terme, à partir d'octobre 1936. Mais, en raison de la timidité de la dévaluation, la balance commerciale ne fut pas améliorée. La France n'exporta pas, la disparité des prix, niée à l'époque par les économistes libéraux, était réduite, non supprimée, puisque les dévaluations antérieures de la livre et du dollar étaient de 40 %. Les coûts de production français étaient gonflés par les mesures sociales et l'archaïsme des entreprises. C'est pourquoi, de même que la hausse des prix intérieurs avait réduit les effets de la hausse des salaires, elle ne tarda pas à annuler les effets heureux de la dévaluation.

Les décrets d'application de la loi des 40 heures étaient publiés à partir d'octobre. Allaient-ils empêcher la reprise de la production ? C'est ce qu'Alfred Sauvy affirme : l'application de la loi n'a pas provoqué, comme le gouvernement l'espérait, une embauche massive par les entreprises pour compenser la baisse de la durée du travail. Ainsi, faute de main-d'œuvre, la capacité même de production s'est affaiblie et l'industrie fut incapable de répondre et à la croissance de la consommation née des mesures sociales de juin et aux effets bénéfiques de la dévaluation. Jean-Marcel Jeanneney, lors du colloque de 1965 [1], puis la même année dans un débat avec Pierre Mendès France à l'École normale de la rue d'Ulm, affirmait lui aussi : « La loi des quarante heures, en fixant

1. Voir (12).

une stricte limite au travail hebdomadaire, s'opposait à ce que le produit national français puisse rejoindre rapidement et dépasser celui de 1929 et rendait ainsi utopique l'amélioration du niveau de vie. Elle freinait même dans l'immédiat tout début de redressement économique. » Depuis cette date les travaux approfondis de Robert Frank [1], Nicolas Baverez [2], Jean-Charles Asselain [3] permettent de nuancer ces affirmations. Si la loi des 40 heures n'a pas fait disparaître le chômage comme l'espéraient les syndicats, elle en a tout au moins limité l'importance. Le nombre des chômeurs secourus (moyenne annuelle) passe de 428 000 en 1935 à 350 000 en 1937. Le nombre d'emplois créés, loin d'être insignifiant, a été supérieur à la réduction du nombre des chômeurs et a atteint 160 000 entre octobre 1936 et octobre 1937. Certes, la loi des 40 heures a provoqué la hausse des prix de revient. Dans certains secteurs, les mines, la métallurgie, elle a pu limiter la reprise de la production en 1937. Mais cette timidité de la reprise n'était-elle pas autant imputable au vieillissement structurel de l'appareil productif ? Pour l'industrie aéronautique, étudiée par Robert Frank, les 40 heures n'ont pas freiné l'essor productif, mais c'est cet essor qui a nécessité, dans un deuxième temps, l'assouplissement de la loi.

D'autre part, le débat, en se fixant prioritairement sur les 40 heures, ne risque-t-il pas d'occulter d'autres facteurs qui expliquent les difficultés économiques du Front populaire ? Les conditions politiques de l'arrivée au pouvoir de Léon Blum et l'espoir social qu'elle a fait naître plaçaient le gouvernement dans une contradiction indépassable : se déclarant le « gérant loyal » du capitalisme, se situant dans le système, il se plaçait lui-même dans l'impossibilité d'imposer aux chefs d'entreprise des mesures coercitives ou qui auraient semblé mettre en cause le libéralisme. Ainsi le contrôle des changes n'a-t-il pas été décidé et rien ne put empêcher les évasions de capitaux. Cependant, porté au pouvoir par les masses populaires, il ne pouvait que répondre à leurs revendications les plus anciennes, la diminution de la durée du travail faisait partie de ces revendications. « La réduction de la

1. Voir (113).
2. *Chômage et Marché du travail durant les années 1930,* thèse de 3e cycle, Paris-X, 1986.
3. J.-C. Asselain, « La loi des quarante heures de 1936 », in *La France en mouvement,* voir (64).

semaine légale de travail, disait Pierre Mendès France au colloque de 1965, répondait à un raisonnement si généralement
répandu que l'on ne voit pas comment le gouvernement de Front
populaire aurait pu y résister. » Léon Blum sur ce point était lié.
Comme il l'était pour la fâcheuse interdiction de dévaluer la monnaie ; point de départ essentiel du New Deal. A supposer que
le refus de la dévaluation et du contrôle des changes ait concouru
avec la loi des 40 heures à l'échec économique, c'étaient des mesures imposées par la politique. Le débat se situe entre l'abstraction économique et l'histoire concrète.

La bourgeoisie régissait la France par les assemblées locales,
le Sénat, l'administration, la presse et le contrôle des entreprises. L'économie libérale devait être respectée. Or le patronat a
souvent refusé d'embaucher, voire de produire, parce qu'il ne
voulait pas renforcer le Front populaire. En juin, l'essentiel était
l'évacuation des usines occupées, pour laquelle leurs propriétaires firent appel aux socialistes ; ensuite ils se sont repris. « Le
Capital, écrit Jean Bouvier, n'a pas regardé, les bras croisés, en
spectateur impuissant, l'expérience de 36. Un peu ''sonné'' en
juin, le voilà déjà vigoureux en septembre. Et en pleine forme
en février 1937 [1]. »

Février 1937 : la Pause.

Annonçant une « Pause » sur la route des grandes réformes,
Léon Blum en donnait clairement les raisons : « La nécessité
d'arrêter la course des prix et des salaires », mais surtout sans
doute la lutte contre « le préjugé défavorable du capital ». En
bref, même si le terme qui appartenait au vocabulaire de la droite
n'était pas prononcé, c'était bien la confiance, ce mot magique,
qu'il fallait restaurer et, ce faisant, rassurer les détenteurs de capitaux. Ainsi Léon Blum proposait une trêve aux classes possé-
dantes.

Déjà la loi du 31 décembre 1936, complétée par le décret du
16 janvier 1937, instituait un arbitrage obligatoire dans les conflits
sociaux avant le recours à la grève. Avec la Pause c'était l'abandon des projets de retraite des vieux travailleurs, de fonds natio-

---

1. J. Bouvier, « Un débat toujours ouvert. La politique économique
du Front populaire », *Le Mouvement social,* n° 54, 1966.

nal du chômage et d'échelle mobile des salaires. Quelques jours plus tard, « trois experts » étaient chargés de conseiller le gouvernement au Comité de stabilisation des changes et, en réalité, de surveiller Labeyrie, gouverneur de la Banque de France, économiste de gauche. C'étaient Charles Rist, administrateur de la Compagnie de Suez et de la Banque de Paris et des Pays-Bas ; Jacques Rueff, ancien conseiller de Poincaré et de Laval, directeur du Mouvement général des fonds, et Paul Baudouin, directeur de la Banque de l'Indochine ; trois adversaires du Front populaire, appartenant, sauf Rueff, aux milieux d'affaires, adeptes de l'économie libérale. La libre circulation de l'or était rétablie. Comme l'écrivait avec une ironie cruelle *Le Temps* du 8 mars : « C'est plus qu'une pause, c'est une conversion. »

Une certaine confiance était peut-être rétablie, comme tend à le montrer le succès initial du grand emprunt de sécurité nationale lancé au même moment. Mais il n'y eut aucune relance économique. L'agitation sociale témoignait que les masses se sentaient trahies. Les communistes protestaient vigoureusement contre cette capitulation devant les « trusts », et la violence des attaques de la droite prouvait qu'il fallait beaucoup de naïveté aux dirigeants socialistes pour croire qu'il suffirait de plier devant les 200 familles pour obtenir une trêve.

Mais la contradiction fondamentale a été démontée par Robert Frank : au poids des charges héritées (dettes, pensions), aux charges de 1936 provoquées par les mesures sociales s'ajoutait en effet la nécessité du réarmement. « Maintenir la cohésion des alliances intérieures, ne pas décevoir les aspirations populaires, dépenser massivement pour les forces armées dans un contexte de délabrement profond des finances publiques, telle est la quadrature du cercle impossible à résoudre [1]. » Or les dépenses publiques du Front populaire ont été plus importantes pour la défense nationale que pour les réformes sociales. Entre les canons et le beurre, le Front populaire a dû choisir les canons, et l'effort massif de réarmement a hypothéqué la politique sociale et conduit à la Pause.

Ainsi analyser « l'échec économique » du Front populaire en dehors des contraintes politiques intérieures d'une part, des contraintes extérieures d'autre part, n'a guère de sens.

1. Voir (117).

La politique extérieure :
le chemin de croix espagnol.

Comme l'écrit, avec un sens acéré de la litote, Jean-Baptiste Duroselle, les débuts du gouvernement Léon Blum en politique étrangère furent « timides [1] ». Il est vrai que le nouveau ministre, le radical Yvon Delbos, ne brillait pas par son audace imaginative et que Léger continuait à régner sur le Quai d'Orsay. Le 6 juin 1936, dans sa déclaration ministérielle devant la Chambre, Léon Blum affirmait simplement la volonté unanime de paix de la France, qui « souhaite ardemment que l'organisation de la sécurité collective permette d'arrêter la course effrénée d'armements... ».

Le 4 juillet, la France suivait l'Angleterre pour accepter à Genève la levée des sanctions contre l'Italie et ne manifestait symboliquement sa mauvaise humeur vis-à-vis de Mussolini qu'en confiant à un simple chargé d'affaires le soin de la représenter à Rome. Léon Blum n'abandonnait pas l'idée d'une possible négociation avec l'Allemagne ; malgré les critiques communistes, les athlètes français participèrent aux jeux Olympiques de Berlin qui s'ouvrirent le 1er août 1936. Le 28 août, le président du Conseil recevait le Dr. Schacht, ministre de l'Économie de Hitler, et le sondait sur les possibilités d'un « règlement général ». Cet espoir s'évanouissait vite. En octobre se formait l'axe Rome-Berlin.

Cependant, le 17 juillet, Léon Blum ne gouvernait que depuis six semaines, une révolte militaire éclatait en Espagne contre le Front populaire espagnol et dégénérait rapidement en guerre civile. Naturellement, la France ne pouvait qu'être favorable au soutien à un gouvernement légitime et idéologiquement proche de la majorité au pouvoir. Dès le 20 juillet, des fournitures d'avions et d'armes étaient promises. La menace nazie, des réticences en France faisaient revenir le 26 juillet le Conseil des ministres sur sa décision, le matériel militaire ne passerait pas la frontière. Les livraisons reprenaient cependant quand on apprenait à Paris, le 1er août, l'aide italienne aux militaires insurgés. Mais, en même temps, Yvon Delbos proposait une politique commune de non-

---

1. Voir (112).

intervention. Après l'accord des principales puissances concernées, les livraisons cessaient effectivement le 9 août. Le 8 septembre, le Comité international de contrôle se réunissait à Londres. Certes, en octobre, il devenait patent que l'Allemagne comme l'Italie aidaient les franquistes, alors que le gouvernement français fermait les yeux, laissait passer des pièces détachées, utilisait l'intermédiaire mexicain, pratiquait une « non-intervention relâchée ».

Tous les témoignages convergent pour souligner l'épreuve personnelle subie alors par Léon Blum qui, contre son souhait intime, renonçait à aider un pays ami. Trois facteurs peuvent aider à comprendre une décision cruelle. D'abord, les risques d'éclatement de la majorité : au sein même du gouvernement, les radicaux, hormis Jean Zay et Pierre Cot, étaient hostiles à l'aide à l'Espagne. En deuxième lieu, la pression britannique : l'Angleterre, malgré l'importance de ses intérêts en Méditerranée, exigeait l'abstention. Mais surtout, et c'est le leitmotiv de tous les discours de Blum, la crainte de provoquer une guerre européenne. Le 6 septembre 1936, lors de la grande manifestation socialiste de Luna Park, il justifiait ainsi son attitude : « Impossible d'agir autrement sans ouvrir en Europe une crise dont il serait difficile ou dont il serait malheureusement trop facile de prévoir les conséquences. » Un des thèmes récurrents des textes de Léon Blum était, en 1936, la lutte contre « la fatalité de la guerre », et spontanément il évoquait alors la grande ombre de Jaurès. La génération de Blum était indélébilement marquée par le souvenir des grands massacres de 1914 qu'elle n'avait pu empêcher.

Cependant, la guerre civile espagnole aggravait les affrontements, en France même, entre la droite et la gauche. Qu'elle coïncidât avec les troubles sociaux, qu'elle prît des aspects religieux, avivait les querelles franco-françaises, qu'elle colorait du sang versé. En effet, si la politique de non-intervention était combattue par une minorité de socialistes, la défense de la France et de l'Union soviétique passait pour les communistes par la défense de l'Espagne. Ils déclenchèrent une action incessante en faveur de celle-ci. Le slogan « Des canons, des avions pour l'Espagne », répété chaque jour dans la presse et crié dans les rues, n'était pas sans écho chez les socialistes où Jean Longuet, Jean Zyromski et Marceau Pivert menaient l'opposition, avec le Comité d'action socialiste pour l'Espagne, à la politique du président du Conseil. A la CGT même parmi les ex-confédérés, au Parti radical, on trouvait des partisans de l'aide aux républicains, et jusque dans le gouvernement, avec le ministre de l'Air, Pierre Cot. Léon Blum laissa cependant les volontaires des Brigades internationales passer en Espagne pour combattre aux côtés des républicains. Comme la situation de ceux-ci ne cessait de se dégrader, en France les polémiques devinrent de plus en plus vives entre les communistes d'un côté, Léon Blum et les pacifistes inconditionnels de la SFIO, tel Paul Faure, de l'autre. Le 4 décembre, les députés communistes s'abstinrent dans un scrutin sur la politique extérieure du gouvernement. Ce fut la première rupture du Front populaire à la Chambre. Quant à la droite « nationale » qui aurait pu craindre la victoire de Franco et donc le risque d'encerclement de la France par les dictatures, elle préférait, presque unanimement, un Georges Mandel ou un Henri de Kérillis étaient très isolés, dénoncer le *Frente crapular*. Articles et pamphlets utilisaient l'exemple espagnol pour dénoncer le complot communiste international et agiter les horreurs d'une guerre civile qui menacerait la France. Les catholiques étaient heurtés par l'anticléricalisme des républicains et sensibles au ralliement de l'épiscopat espagnol à Franco, qui affirmait combattre l'athéisme. Quelques écrivains cependant, Mauriac, Bernanos, Maritain, Mounier, dénoncèrent cette sanglante croisade.

Hitler continuait sa diplomatie offensive. Après avoir porté à deux ans le service militaire, il réclamait les anciennes colonies allemandes, dénonçait les clauses du traité de Versailles relatives au contrôle de la navigation sur les fleuves allemands et signait avec le Japon le pacte anti-Komintern. Ces actions ne pouvaient que renforcer la volonté de réarmer qui animait le gouvernement français. En effet, si Léon Blum était hanté par l'idée de repousser la fatalité de la guerre, les événements espagnols l'avaient convaincu des dangers qui menaçaient la France et des insuffisances de la « sécurité collective » et de « l'esprit de Genève » pour garantir la paix. Certes, la vision de Blum restait purement défensive, le réarmement devait avoir une fonction dissuasive et préserver la paix. L'effort consenti était cependant considérable : le 7 septembre 1936, le gouvernement adoptait un programme de 4 ans pour l'armement terrestre ; l'état-major avait demandé 9 milliards, Daladier porta le chiffre à 14 milliards. D'autre part, Pierre Cot faisait adopter son programme de lancement d'avions de combat et, quelques semaines plus tard, un programme naval de trois ans était décidé. On a déjà souligné les conséquences de ces décisions sur l'évolution économique du Front populaire, il faut y ajouter une dépendance plus grande vis-à-vis de l'Angleterre, dont l'aide devient indispensable pour le financement du réarmement. Paradoxalement, à quelques années de distance, cet effort alimenta deux campagnes totalement opposées de la droite. En 1936, pour les « nationaux », réarmer, c'est faire le jeu de la Russie soviétique, car « le communisme c'est la guerre » ; quelques années plus tard, en 1940, le Front populaire était au contraire accusé d'avoir « désarmé la France » et d'être donc directement responsable de sa défaite.

Enfin, si l'on met à part des liens plus étroits avec l'Angleterre, la diplomatie européenne du Front populaire se révélait décevante. La France ne parvenait pas à renforcer l'efficacité de la Petite Entente, en mars 1937 la Yougoslavie signait un accord avec l'Italie, les relations avec la Pologne étaient incertaines. Une convention militaire aurait dû compléter le pacte de 1935 conclu par Laval avec l'URSS, mais l'état-major, qui doutait de la valeur de l'armée soviétique, était rétif. Et surtout Blum subissait en permanence l'accusation de faire le jeu de Moscou… La négociation avec les Soviétiques était plus facile pour Laval en 1935 que pour Blum en 1936, d'autant plus que la guerre d'Espagne aggravait les affrontements idéologiques. Le Parti radical dénonçait « l'ingérence russe » dans la politique française. Sans doute Blum ne voulait-il pas donner des armes à tous ceux qui murmuraient, par peur du bolchevisme : « Plutôt Hitler que Blum. » En 1937, les purges massives accomplies dans l'armée renforçaient l'isolement de l'Union soviétique.

La politique extérieure du Front populaire souffrit certainement de la prégnance des problèmes intérieurs. Mais elle contribua, en retour, à aggraver ces problèmes en approfondissant les divisions de l'opinion.

La politique coloniale :
de bonnes intentions sans résultats.

Les choix que fit Léon Blum des responsables de sa politique coloniale montraient qu'il entendait répondre au « grand espoir » qui s'attachait à son gouvernement « sur le sol des territoires ombragés par le drapeau français, sur les territoires de l'Afrique du Nord et de nos colonies », comme il le disait à la Chambre dès le 6 juin 1936. Marius Moutet aux Colonies, Maurice Viollette pour l'Algérie, au Quai d'Orsay, Pierre Viénot chargé des protectorats et des mandats du Levant, Charles-André Julien coordonnant, pour Matignon, les différents services, étaient des libéraux humanistes soucieux de faire disparaître les abus et les injustices de la domination coloniale.

Le temps manqua pourtant et sans doute aussi la volonté de contraindre les groupes de pression et les tenants de l'immobilisme. En Algérie, le 7 juin 1936, le « premier Congrès musulman » rassemblait la Fédération des élus de Bendjelloul, les cheikhs réformistes de Ben Bâdîs et les communistes. « Quand la liberté française s'endormait, s'écriait Ben Bâdîs, nous nous sommes tus. La liberté française a repris son élan, nous voulons la suivre. » La revendication essentielle du Congrès était assimilationniste : octroi aux musulmans de la citoyenneté française avec maintien de leur statut personnel. Le projet Blum-Viollette fut beaucoup plus timide, il proposait l'extension de la citoyenneté à 21 000 Français musulmans (diplômés, gradés de l'armée, fonctionnaires). L'élite algérienne approuva le projet qui ne fut combattu que par Messali Hadj, mais les élus européens d'Algérie firent obstruction. Blum ne voulut pas réformer par décrets, le projet Blum-Viollette ne fut même pas discuté au Parlement. Une des dernières occasions d'une politique progressive et modérée était perdue. Au Maroc comme en Tunisie, les « prépondérants » savaient aussi paralyser les bonnes intentions du gouvernement et, par exemple, remettre à sa place un Pierre Viénot qui avait osé, en mars 1937, à Radio-Tunis, affirmer que les intérêts des particuliers ne s'identifiaient pas nécessairement à ceux de la France et qui entamait le dialogue avec Habib Bourguiba. En Afrique du Nord, encore en 1936, comme l'écrit Jacques Berque, « le nationalisme s'identifie dans beaucoup de cas à l'option de modernité, qui, malgré les regards jetés vers l'Orient, reste francisante... mais la France a répondu par une fin de non-recevoir [1] ».

Au Levant, des négociations entre Pierre Viénot et les natio-

---

1. Voir (109).

nalistes syriens et libanais aboutissaient à la signature, à la fin de 1936, de deux traités qui prévoyaient l'indépendance des deux territoires sous mandat après une période probatoire de trois ans. Mais ces textes ne furent jamais ratifiés par le Parlement.

Le Front populaire traçait ainsi l'esquisse de ce qu'aurait pu être, dans l'Empire, une politique intelligente. Mais Léon Blum ne disposait pas de la majorité qui aurait pu lui permettre de contraindre les intérêts particuliers et les tenants de l'immobilisme.

L'évolution de la majorité.

L'équilibre des forces au sein de la majorité évoluait avec la transformation du PCF qui devenait un parti de masse et qui pouvait s'appuyer sur la CGT où ses militants réussissaient à faire la conquête de plusieurs fédérations aux dépens des ex-confédérés de Jouhaux. En effet, le nombre de militants du parti passait de 30 000 membres en 1933 à 338 000 en septembre 1937. Pour la seule année 1936, la progression atteignait 200 000. Leur journal, *L'Humanité*, doublait son tirage (de 200 000 exemplaires en 1934 à 424 000 en 1937). Quant à la CGT, ses effectifs dépassaient 4 millions.

Le Parti communiste entretenait des milliers de permanents, sa direction s'installait en 1937 au 44 de la rue Le Peletier (carrefour de Châteaudun) ; Maurice Thorez, entouré de deux secrétaires généraux adjoints, Duclos et Gitton, affermissait son autorité et, par la publication de son autobiographie, *Fils du peuple*, en 1937, laissait naître sa légende. Au sein de la gauche, les communistes développaient une double stratégie. D'une part, ils protestaient contre la timidité de Blum face aux « puissances d'argent », critiquaient violemment la non-intervention en Espagne, et s'assuraient le contrôle du mouvement des masses. D'autre part, ils restaient des fidèles soutiens du gouvernement par leurs votes. Plus que jamais ils manifestaient leur patriotisme : le 10 mai 1936, ils fêtaient Jeanne d'Arc, fille du peuple de France, trahie par le roi. Le 27 juin, Maurice Thorez célèbre, à Choisy-le-Roi, le centenaire de la mort de Rouget de Lisle par le discours dit « *La Marseillaise* ». Trois jours plus tard, le secrétariat du parti déclarait : « Le drapeau tricolore ne doit pas diviser les Français. » Le 14 juillet 1936, *L'Humanité* invitait les Pari-

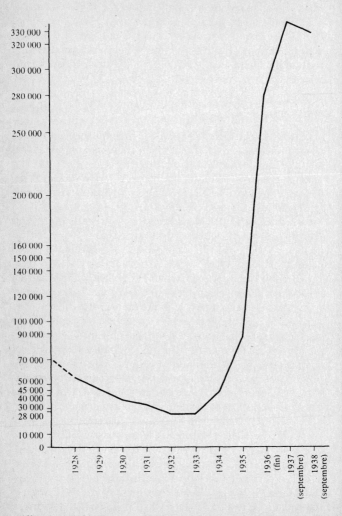

Évolution des effectifs du Parti communiste de 1931 à 1936

(d'après la *Revue française de science politique*, vol. XVI, février 1966)

siens à se rendre au défilé des Champs-Élysées pour acclamer et titrait : « L'Armée s'est réconciliée avec le Peuple. » En septembre, ils critiquaient sévèrement les Jeunesses socialistes pour un tract qui protestait contre le service militaire de deux ans.

En effet, à court terme, le danger majeur était le fascisme. Il fallait éviter à tout prix que les classes moyennes, effrayées, ne rejoignent les forces antidémocratiques. D'où le soin particulier mis à rassurer, voire à flatter, le Parti radical. En octobre 1936, une longue lettre du Comité central à Édouard Daladier, à l'occasion du congrès du Parti radical de Biarritz, mêlait les hommages appuyés « au grand parti » des classes moyennes, les affirmations de l'identité des positions des communistes et des radicaux sur l'ordre public et la propriété privée. Le PCF désirait seulement l'union de tout le peuple pour assurer la réalisation du programme du Rassemblement populaire. Ainsi répétant sans se lasser son slogan « Tout pour le Front populaire, tout par le Front populaire », le parti s'accrochait-il à l'union malgré les critiques répétées de ses partenaires.

Cette stratégie s'harmonisait parfaitement avec les orientations de la politique extérieure de l'Union soviétique. Elle n'hypothéquait pas, à plus long terme, une éventuelle prise de pouvoir que l'exercice du « ministère des masses » pouvait utilement préparer.

Cela peut expliquer les inquiétudes de la SFIO. Les socialistes, bien qu'ils aient bénéficié eux aussi d'un afflux militant (98 000 en février 1936, 200 000 en novembre), ne disposaient pas d'une influence comparable à celle du Parti communiste dans le monde ouvrier. Affaiblis par la dissidence des néos, qui d'ailleurs pour l'essentiel soutinrent le gouvernement Blum, le parti gardait cependant au pouvoir sa cohésion. Autour de Zyromski, *La Bataille socialiste* qui militait pour l'unité d'action avec le PCF ne conteste pas l'exercice du pouvoir. De même, la Gauche révolutionnaire de Marceau Pivert accepta l'expérience. Pivert, lui-même, attaché à la présidence du Conseil, ne démissionna qu'en février 1937 pour protester contre la Pause. Les divisions apparurent plus tard, après la chute du gouvernement Blum.

Les relations conflictuelles entre communistes et socialistes n'hypothéquaient donc pas l'existence du Front populaire. Le problème majeur était l'évolution des radicaux et des classes moyennes qu'ils représentaient. Certes, à la Chambre, les radi-

caux hostiles au Front populaire sont peu nombreux, mais au
Sénat, autour de Joseph Caillaux, de Marcel Régnier, les sénateurs radicaux (Gauche démocratique) étaient dans leur quasi-
totalité hostiles à une expérience qui menaçait à leurs yeux la
propriété privée et l'ordre social. Certaines fédérations et en particulier celle du Nord avec l'influent Émile Roche, les Jeunesses
radicales-socialistes, étaient décidées à hâter la fin du Front populaire. Face à ces pressions le président du parti, Daladier, et les
députés tentaient d'infléchir la politique gouvernementale. Leur
retour dans leur circonscription en août 1936 leur permettait de
mesurer l'inquiétude des classes moyennes : petits patrons épou-
vantés par les occupations d'entreprise et écrasés par les charges sociales, rentiers affectés par la dévaluation de septembre
1936, fonctionnaires dont les traitements ne suivaient pas la
hausse des prix. Au printemps 1937, le discours de Daladier, toujours vice-président du Conseil, se faisait plus critique.

« Chaque fois que la République a été menacée, elle a été sau-
vée par cette union de la bourgeoisie et du peuple républicain,
de la masse des travailleurs et des paysans », disait Léon Blum
à la Chambre, le 6 juin 1936. C'était bien définir la coalition
qui venait d'accéder au pouvoir. Mais Léon Blum a-t-il, dans
l'exercice de ce pouvoir, prêté une attention suffisante aux classes moyennes ? Blum, à l'école des congrès de la SFIO, avait
été formé par une dialectique marxiste, qui présentait les classes
moyennes comme des couches en voie d'extinction. Il partageait
en outre avec les intellectuels un instinctif recul devant une petite
bourgeoisie « mesquine » et préférait comme eux le compagnonnage avec la culture populaire. Rien ne le prédisposait donc à
prendre en compte les inquiétudes des classes moyennes dont le
soutien était pourtant indispensable à la durée de son expérience.
Ces classes moyennes supportaient difficilement la persistance
des conflits sociaux. Elles étaient jusqu'alors le cœur de la société
française et le centre des préoccupations d'un État qui les cajo-
lait. Un autre groupe, les ouvriers, dont la culture était totalement étrangère à leur culture, semblait prendre la place privilégiée
qui avait été la leur. Petits patrons, artisans, commerçants avaient
été nombreux à voter au printemps pour défendre la République. Mais cette république que Thorez exaltait, était-ce encore
leur République ?

Un enjeu : le pouvoir dans l'entreprise.

Après juin 1936, le climat social restait tendu. Les grèves, souvent accompagnées d'occupation d'usine, ne cessaient pas. Les dirigeants syndicaux ne contrôlaient pas toujours des mouvements qui dans les entreprises naissaient non seulement de la crainte de voir la hausse des prix annuler les augmentations de salaires mais aussi d'un réflexe défensif. Les ouvriers, victorieux en juin, sentaient menacés les acquis de l'Accord Matignon et des lois sociales, et en particulier les 40 heures.

Mais surtout, depuis juin, le patronat ne s'était pas résigné à sa capitulation. Dans les usines, les délégués élus, les militants syndicaux, jouaient désormais un rôle qui, estimaient les chefs d'entreprise, minait leur autorité. Or ce patronat se ressaisissait. Dans l'Isère, le monde patronal se réorganisait autour de la Chambre de commerce de Grenoble et de l'Association des producteurs des Alpes françaises, affiliée à la CGPF. A partir de 1937, circulaires et journaux patronaux donnaient pour consigne de ne plus appliquer, sinon partiellement, les conventions collectives. Dans certains cas, la provocation patronale permettait de mettre en route le cycle grève-lock-out-réembauchage après élimination des meneurs. Sur le plan national un nouveau syndicalisme patronal se mettait en place. Dans l'été 1936, la Confédération générale de la *production* française devenait, sans changer son sigle, la Confédération générale du *patronat* français. En octobre, Claude-Joseph Gignoux, juriste, économiste, journaliste, brièvement député entre 1928 et 1932, sous-secrétaire d'État à l'Économie en 1931 dans le gouvernement Laval, remplaçait Duchemin à la tête de la CGPF. Cette révolution de palais ne fut pas, comme on l'a dit longtemps, la prise de pouvoir des petites et moyennes entreprises et la mise à l'écart des « trusts », le Comité des forges avec Lambert-Ribot, le Comité des houillères avec Henri de Peyerimhoff, l'Union centrale des banques avec Roger Lehideux, restaient très présents au sein du Bureau. Le refus d'une nouvelle négociation avec la CGT en novembre 1936, qui contraignit Blum à légiférer sur l'arbitrage obligatoire en décembre, marquait la nouvelle orientation de la CGPF. Se développait ensuite un vaste mouvement de propagande vis-à-vis des petites et moyennes entreprises et

plus généralement des classes moyennes. Gignoux célébrait
« l'unité patronale », s'élevait contre le mythe des « 200 familles ». Du petit commerçant au grand industriel tous les patrons
devaient être solidaires. « Patrons, soyez des patrons », leur
disait-il en mai 1937. Cette transformation du patronat français
résultait ainsi du rapport de forces dans les entreprises et de la
volonté de reprendre un pouvoir entamé en juin ; elle résultait
aussi d'un calcul politique : rassembler l'ensemble des classes
moyennes contre le Front populaire, c'était lui enlever le soutien de tous ceux qui étaient sensibles au traditionnel langage
du Parti radical opposant les « petits » aux « gros ». Dans cette
perspective s'inscrivaient la reconnaissance par le patronat des
« cadres » et le soutien apporté à la naissance d'un syndicalisme
spécifique de l'encadrement [1]. Enfin, cette transformation du
patronat s'inscrivait, aussi, dans le temps long : le rôle nouveau
de l'État, arbitre entre des forces aptes à négocier, imposait aux
chefs d'entreprise de se donner une organisation capable de parler
au nom de tous. Violemment conflictuelle de 1936 à la guerre,
la double réorganisation des syndicats ouvriers et patronaux portait en elle à plus lointaine échéance les possibilités d'une gestion contractuelle des conflits.

Mais la lutte menée par les ouvriers dans les entreprises n'était
pas seulement une conséquence de juin 1936. Le rapport de force
leur étant, provisoirement, favorable, nombre d'entre eux tentaient d'effacer les transformations qui avaient affecté la nature
même de leur travail à la fin des années 1920 et pendant la crise.
Ainsi, à retardement, la conjoncture leur permettait de mettre
en cause la rationalisation, le travail à la chaîne, le chronométrage en même temps que l'autorité de tous ceux, des contremaîtres aux patrons, qui avaient imposé ces bouleversements de leur
activité professionnelle. Dans les mines du Nord, les ouvriers
avaient obtenu en juin, en défendant leurs traditions corporati-
ves, la suppression des contraintes qui pesaient sur eux depuis
la rationalisation taylorienne de l'extraction, en particulier la mise
en place de fronts de grande taille de plus de 50 mètres. « Le
résultat de la maîtrise conquise par les ouvriers pendant le Front

---

1. Inge Kolboom, « Patronat et cadres : la contribution patronale à
la formation du groupe des cadres, 1936-1938 », *Le Mouvement social*,
n° 121, 1982.

populaire a été une perte de moitié des gains de productivité obtenus par le système des grandes tailles pendant la période précédente [1]. » Les syndicats qui commençaient à donner Stakhanov en exemple et à démontrer l'opposition entre une productivité subie en régime capitaliste et « une productivité du travail plus haute que dans les pays capitalistes, les ouvriers volontaires, conscients, unis, utilisant la technique la plus avancée » (*La Vie ouvrière*), s'inquiétaient de cette baisse des rendements. Mais le contrôle ouvrier ne pouvait pas prendre en charge l'exploitation des grandes tailles, il s'appuyait, se calquant sur la tradition des mineurs, sur l'organisation de l'extraction en équipes de dimension réduite. Ces contradictions nouaient le destin du Front populaire : au cours des cinq premiers mois de 1937, la France dut importer plus de 30 millions de tonnes de charbon.

Le gouvernement de Léon Blum était sommé de restaurer l'ordre dans les usines, de rassurer les classes moyennes, de relancer la production freinée par d'insupportables lois sociales. Mais les grèves de juin et la victoire de Matignon lui avaient donné sa coloration ouvrière. Il était bien le gouvernement des masses. Mais, en France, à cette date, les masses ouvrières étaient loin d'être majoritaires.

L'opposition : la montée des extrémismes.

La droite parlementaire, inorganisée, sans grands relais dans l'opinion, comptait surtout par l'audience de quelques personnalités : un Louis Marin irréductible adversaire du Front populaire, un Paul Reynaud opposant constructif mais isolé au sein même de la droite par sa clairvoyance sur les problèmes monétaires et extérieurs. Au centre droit, une frange d'une vingtaine de députés (parmi eux les démocrates populaires) n'hésitent pas à voter pour certains projets gouvernementaux. Cependant, à partir de l'automne 1936, la cohésion de l'opposition se renforçait.

L'absence d'une droite organisée explique le succès du Parti social français que le colonel de La Rocque créa le 10 juillet au lendemain de la dissolution des ligues. A la grande surprise de

---

1. Aimée Moutet, « La rationalisation dans les mines à l'épreuve du Front populaire », *Le Mouvement social*, n° 135, 1986.

ses adhérents, La Rocque s'était incliné, refusant la guerre civile et acceptant le jeu parlementaire, il avait calqué intelligemment les statuts du PSF sur ceux de la SFIO, et cherchait à regrouper toutes les classes moyennes antimarxistes en faisant la conquête de l'électorat radical traditionnel. Ce légalisme lui profita. Le PSF devint rapidement la plus grande force politique organisée en France. Les Croix-de-Feu avaient 450 000 adhérents, le PSF en eut 600 000 dès septembre 1936 ; c'était beaucoup plus que le PCF ou la SFIO. Le PSF se voulait national, il entendait réconcilier le capital et le travail dans un régime à l'autorité restaurée. Les syndicats professionnels français, qui revendiquaient 500 000 adhérents dès 1936, nés en même temps que le PSF, lui étaient, au moins idéologiquement, liés.

Si le PSF reprit parfois certaines des actions paramilitaires des Croix-de-Feu et affronta violemment à plusieurs reprises les communistes, La Rocque semblait décidé à rester dans la légalité. Il contribua à diviser la droite et il avait enlevé aux fascistes l'essentiel de leurs troupes. La situation du PSF est en 1936-1937 comparable à celle du RPF de 1947. L'absence de perspectives électorales proches en fait une force certes considérable mais sans emploi. En 1938, Daladier saura utiliser l'aspiration à l'union autour d'un exécutif fort qu'exprimaient les troupes du colonel.

C'était à Jacques Doriot que la concurrence de La Rocque fut la plus nuisible. Il avait évolué nettement de 1934 à 1936. Au moment où il avait été exclu du Parti communiste, il apparaissait encore comme un homme d'extrême gauche. Il avait emmené avec lui tout le rayon de Saint-Denis et il avait gardé la fidélité de ses électeurs, en 1935 comme maire et en 1936 comme député. Mais il n'avait pu entamer le parti ailleurs que dans son propre fief.

Dans *La France ne sera pas un pays d'esclaves* (1936), il exprime la rancœur d'avoir été évincé du Front populaire par les dirigeants du PCF. Ceux-ci l'avaient également fait exclure en 1935 des pourparlers sur l'unité organique des partis ouvriers. Doriot discute encore avec le trotskiste Zeller ou le communiste Duclos comme s'il appartenait à une famille du marxisme. Il se proclame le fondateur véritable du Front populaire antifasciste. « De ce front populaire, nous sommes. » Mais, en même temps, il annonce la transformation en juin 1936 du rayon de Saint-Denis en Parti populaire français. Le PPF sera national et il sera social.

Il fait appel à la réconciliation des classes moyennes, mais sa doctrine reste extrêmement vague. Paradoxalement il fut longtemps le moins antisémite des groupes d'extrême droite, sinon en Algérie.

Le PPF fut-il « fasciste » ? Le cérémonial qui entourait les rassemblements du PPF, les serments, les remises du drapeau, le culte du chef et de sa virile puissance oratoire, l'appel aux morts, l'uniforme, rappelaient les pratiques des fascismes, de même l'exaltation des forces instinctives aux dépens de la réflexion. On retrouve aussi au PPF ce mélange confus d'aspirations révolutionnaires et d'appel à l'ordre, ces violentes attaques contre le libéralisme et la bourgeoisie qui sont caractéristiques des fascismes. Mais le nationalisme de Doriot, s'il englobe tout le passé français, Jeanne d'Arc et Mur des fédérés inclus, n'a jamais eu la dimension agressive du fascisme italien et du nazisme qui exaltent la guerre. Il reste un pacifisme.

Le parti regroupait d'anciens communistes ou syndicalistes unitaires, et des ligueurs ou des Croix-de-Feu déçus par la modération de La Rocque. Par l'intermédiaire de Pucheu, l'un d'entre eux, Doriot reçut beaucoup d'argent de la haute finance : les banques Vernes, Lazard, Rothschild, BNCI, et de la grande industrie : Japy, Comptoir sidérurgique... Mais il fut aussi financé par l'Italie de Mussolini. Il conserva les modèles d'organisation des communistes, avec un centre féminin, un centre corporatif pour les agriculteurs, une Union populaire de la jeunesse française, une Union des jeunesses sportives françaises dirigée par le champion de natation Cartonnet. Drieu La Rochelle et Ramon Fernandez, ralliés à Doriot, ont essayé de créer une association rivale de l'AEAR. Quoiqu'il ait écrit avoir dans son parti 65 % d'ouvriers anciens communistes, Doriot se résigna à ne pas fonder sa propre organisation syndicale. Il manquait de troupes, moins de 100 000 adhérents en 1936 dans les grandes villes et en Algérie, 180 000 peut-être en 1937. Au printemps 1937, Doriot tentait de grouper autour de lui les forces de l'extrême droite dans un « Front de la liberté » mais La Rocque déclinait la proposition du PPF.

L'argent étranger n'allait pas seulement au PPF. L'Allemagne de Weimar, puis Hitler, ont subventionné largement l'autonomisme alsacien. Mussolini fit de même pour des groupuscules corses ou niçois. L'autonomisme n'avait une large base populaire qu'en Alsace et en Moselle. Le Front populaire, qui unissait le PCF d'Alsace-Lorraine et la SFIO, a provoqué une violente agitation séparatiste antisémite et prohitlérienne de la part de ses adversaires unis dans le *Volksfront,* où l'on trouve les catholiques germanophiles et le Parti communiste ouvrier, c'est-à-dire les exclus (par Doriot en 1929) du Parti communiste, devenus pro-hitlériens.

L'antisémitisme pendant toute la période du Front populaire s'exprimait avec une violence accrue. Il a été propagé par des feuilles spécialisées, *Gringoire, Je suis partout, L'Action française,* mais aussi par la grande presse très complaisante envers Mussolini et Hitler. Il est présent dans la gauche pacifiste qui éprouve la même haine pour les juifs et les communistes également « bellicistes ». Dans *La Flèche,* Bergery affirmait d'abord qu'un juif était un Français comme les autres puis concluait qu'il était différent, parce que, dans le cabinet du président du Conseil, il n'y a que des juifs.

La presse de droite, y compris la presse d'information, a multiplié les calomnies les plus basses contre Léon Blum, Jean Zay, et contre les hommes du Front populaire, même quand ils n'étaient pas juifs. Comme l'écrit Claude Fohlen, c'est vraiment le « temps de la haine ». A l'automne 1936, cette haine a tué le ministre de l'Intérieur Roger Salengro. Député et maire de Lille, Salengro avait été le principal négociateur de l'Accord Matignon ; avec Jean Lebas, député-maire de Roubaix, il était à l'origine des principales réformes sociales. Il fut, à partir du 14 juillet 1936, accusé de désertion pendant la guerre de 1914 dans *L'Action française* et, par Henri Béraud, dans *Gringoire.* Ces feuilles ne cessèrent pas d'exploiter ce qu'elles appelaient l'affaire Salengro : un traître, condamné à mort par contumace par un conseil de guerre, siégeait comme ministre de l'Intérieur dans un ministère juif. Ces accusations étaient commentées avec complaisance par les autres journaux, surtout *L'Écho de Paris.* Elles étaient dénuées de tout fondement. Déprimé par la mort de sa femme, incapable de supporter plus longtemps ces attaques, épuisé aussi par le travail, Salengro se suicida le 17 novembre 1936. Une foule immense assista à ses obsèques, et le cardinal Liénart exprima sa réprobation pour la campagne calomnieuse avec une grande vigueur : « Une presse qui se spécialise dans la diffamation n'est pas chrétienne. » Marx Dormoy remplaça Salengro à l'Intérieur.

En décembre, une loi fut votée réprimant la diffamation par voie de presse.

La Pause avait brisé l'élan sans pour autant rassurer les classes moyennes. L'affrontement entre la droite et la gauche se poursuivait dans la violence, alors que les dangers extérieurs grandissaient. Blum n'avait pas réussi cette coalition des classes moyennes et des paysans qui auraient intégré la classe ouvrière dans la République.

13

L'agonie du Front populaire
mars 1937 - avril 1938

Le Front populaire et sa majorité parlementaire survivaient à l'abandon progressif du programme de 1936, mais l'axe de gravité se déplaçait vers les radicaux. En juin 1937, Blum passait la main à Chautemps, puis, après un deuxième ministère Blum qui ne durait que quelques jours en mars-avril 1938, Daladier formait un cabinet qui s'ouvrait à la droite et où les socialistes ne figuraient plus. Cependant, les élections cantonales d'octobre 1937, les élections complémentaires de 1937 et de 1938 dans l'Allier et le Haut-Rhin, et même l'élection au Sénat dans l'Allier à la fin de 1938 de Marx Dormoy, pourtant « belliciste » pour les radicaux, « fusilleur » pour les communistes, montraient que l'opinion publique n'avait pas, depuis 1936, profondément évolué. Mais dans la majorité les divisions s'approfondissaient, l'élan unitaire de l'été 1936 s'éloignait.

La fin de l'expérience Blum.

L'affaire Salengro n'était que l'exemple le plus voyant de l'atmosphère de haine déchaînée dans laquelle se trouvait la France quand Léon Blum faisait appel au sens moral de ses adversaires et tentait par « la Pause » de les séduire. Au printemps 1937, le gouvernement était usé, malgré le très grand succès de l'Exposition internationale de Paris, dont l'ouverture le 24 mai avait été retardée par les grèves de terrassiers. Mais au Trocadéro on ne pouvait pas oublier les angoisses de la période : à l'entrée de l'Exposition, le couple géant de travailleurs, haut de 24 mètres, qui brandissait la faucille et le marteau affrontait, au sommet du pavillon de l'Union soviétique, l'aigle gigantesque qui surmontait le pavillon de l'Allemagne nazie. Le *Guernica*, de Picasso, exposé au pavillon espagnol, rappelait la tragédie qui frappait l'Espagne.

L'agitation politique et sociale, provoquée par la capitulation devant les patrons et la mansuétude envers les fascistes, fut brusquement aggravée par la fusillade de Clichy le 16 mars 1937. Le gouvernement avait refusé d'interdire une manifestation du PSF dans un cinéma de Clichy, ville dont la municipalité était communiste et le député socialiste. Les élus appelèrent à une contre-manifestation qui se heurta violemment au service d'ordre. Il y eut 6 morts et 200 blessés parmi les contre-manifestants, c'est-à-dire les militants de gauche. Dormoy, accouru sur les lieux, ne put arrêter la répression, et le directeur de cabinet de Léon Blum, André Blumel, qui l'accompagnait, fut blessé.

La fusillade de Clichy était en somme la contrepartie de « la Pause ». Les socialistes furent désespérés. Les communistes, la gauche révolutionnaire, les Jeunesses socialistes de la Seine accusèrent Blum de connivence avec le fascisme et réclamèrent la démission de Dormoy. La CGT décida une grève générale pour le 18 mars. Au contraire, les radicaux estimaient que les choses étaient dans l'ordre, puisque le meeting de La Rocque était légal, tandis que la manifestation socialo-communiste ne l'était pas. Il est possible que le PCF ait dès lors pensé à faire tomber Blum pour redresser les politiques extérieure et sociale. Lui-même songea à démissionner. « Pour ma part, disait-il devant la Chambre le 23 mars, dans les heures qui ont suivi Clichy, je vous avoue que le pouvoir m'aurait inspiré plutôt une espèce d'aversion. »

En tout cas, Blum, « le fusilleur », fut vraiment abandonné par la classe ouvrière, qui l'acclamait un an plus tôt, et l'insuccès économique de la Pause ne pouvait rallier personne. Le recouvrement de l'emprunt a été stoppé par la fusillade ; les capitaux fuient, la production tombe, le chômage partiel s'étend. Vincent Auriol refusa en avril d'augmenter les impôts, c'est-à-dire de recourir à la déflation. Rist et Baudouin démissionnèrent alors du Comité de stabilisation des changes.

Comprenant qu'il n'était plus possible de lutter autrement contre le mur d'argent, Léon Blum et Vincent Auriol demandèrent, le 15 juin, les pleins pouvoirs financiers pour gouverner par décrets-lois jusqu'au 31 juillet. La Chambre les accorda par 346 voix contre 247 avec des limitations ; mais, à l'instigation de Caillaux, le Sénat les refusa le 21 juin. Considérant le danger extérieur, Léon Blum qui avait déjà trois fois songé à se retirer (devant l'opposition britannique à l'aide à l'Espagne, lors de l'abstention communiste à la Chambre en décembre 1936, et au lendemain de la fusillade de Clichy) ne tenta pas de résister au Sénat et remit la démission de son gouvernement au président de la République, Albert Lebrun, le 22 juin.

Dans son dernier discours au Sénat, il dressait déjà comme un bilan d'un an de gouvernement : « Nous avons, messieurs, empêché, sans que l'ordre républicain ait subi d'atteintes, la plus redoutable collision sociale que la France ait peut-être connue depuis près de soixante ans. Nous avons construit de toutes pièces une législation du travail qui a véritablement changé la condition humaine dans notre pays [...] et qui chez nous dès à présent est un élément de concorde civique et de cohésion nationale. Nous avons tiré l'économie française de l'ornière où la crise l'avait engagée *(protestations à droite et au centre, applaudissements à gauche et à l'extrême gauche)* et, par là même, nous avons ouvert la possibilité de restauration financière. Nous laisserons la République plus forte au-dedans et au-dehors *(murmures à droite et applaudissements à l'extrême gauche)*, parce que nous aurons resserré l'attachement des masses populaires au régime républicain. » Il n'est pas impossible que Blum ait alors pensé que, devant les périls intérieurs et extérieurs, une plus vaste coalition soit nécessaire pour assurer la paix civile, son gouvernement ayant mené à bien sa mission historique de réintégration des masses populaires dans la République.

Les ministères Chautemps, juin 1937-mars 1938.

Les ministères Chautemps et le deuxième ministère Blum continuaient, de juin 1937 à avril 1938, une politique apparente de Front populaire. Le Comité national de Rassemblement populaire subsistait. Le ministère qu'il formait dès le 22 juin était le troisième cabinet de cet homme de conciliation, abattu en janvier 1934 par les scandales financiers, qu'était le radical Chautemps. La plupart des ministres conservaient leur poste, Léon Blum était vice-président du Conseil. Mais l'atmosphère était autre : Georges Bonnet, passé de la gauche à la droite du Parti radical, que Blum avait éloigné en 1936 en lui confiant l'ambassade de France à Washington, était un ministre des Finances plus rassurant qu'Auriol qui devenait garde des Sceaux ; l'offre communiste de participer au ministère avait été rejetée ; Léon

L'ÉVOLUTION DU FRANC DE 1928 A 1940

Dates	Poids en or	Valeur de la livre	Valeur du dollar
1803	franc Germinal 322,18 mg	25,221 francs	12,181 francs
1928	franc Poincaré 65,5 mg (quatre sous)	124 francs	25 francs
1931		− 31 % sans dévaluation : valeur réelle : 75 francs	
1934			− 41 % = 15 francs
1er octobre 1936	franc Auriol (élastique) 43-49 mg	environ 105 francs	environ 18 francs
1er juillet 1937	franc Bonnet (flottant) 43 mg	environ 194 francs	environ 25 francs
5 mai 1938	franc Daladier	179 francs	environ 36 francs
12 novembre 1938	franc Reynaud 27,5 mg		
février 1940	franc Reynaud 21 mg	186 francs	43,80 francs

Blum, vice-président du Conseil, dut renoncer à lire la déclaration ministérielle au Sénat : accueilli par des insultes, il céda la place à Albert Sarraut. Ce gouvernement, dont chacun savait qu'il n'était que transitoire, ne pouvait que pratiquer une politique d'atermoiements qui se prolongea jusqu'en novembre 1938, date à laquelle Daladier mit fin clairement à la coalition de Front populaire. Chautemps obtenait facilement les pleins pouvoirs par la loi du 30 juin. Les effets de la dévaluation Auriol étaient annulés, et Georges Bonnet supprima la limite inférieure de la parité-or du franc. En réalité, le franc « flottant » qui succéda au franc « élastique » était détaché de l'or. Désormais, la dévaluation devenait un phénomène répété, quasi normal. Cependant, le franc restait trop élevé par rapport aux monnaies anglo-saxonnes, et la situation économique continua à se dégrader sans arrêt, jusqu'à novembre 1938. En francs constants, le déficit de la balance des comptes a été décuplé de 1935 à 1937. Ainsi fondait la valeur du franc en raison de la diminution de l'encaisse-or et de la spéculation.

Le réarmement était rendu de plus en plus nécessaire par l'isolement croissant de la France ; la Belgique s'était déclarée neutre en avril 1937, et, alors que la Grande-Bretagne menait vis-à-vis de Hitler et de Mussolini une politique d'apaisement, Yvon Delbos constatait, lors de sa tournée en Europe centrale, à la fin de 1937, que la « Petite Entente » n'existait plus. Ce réarmement écrasait le budget dont le déficit était considérable ; le marasme généralisé de l'économie et les troubles sociaux expliquent la faiblesse des rentrées fiscales. Timidement, par des mesures échelonnées du 30 juillet au 15 août, Georges Bonnet était revenu à la politique antérieure à 1936, de ponction sur le pouvoir d'achat : majoration des impôts, des droits de douane, hausse des tarifs des transports. Cela n'eut guère d'effet, et, en octobre 1937, la livre sterling valait 148 francs. La seule œuvre durable du cabinet Chautemps fut la création de la SNCF, nécessitée par le déficit croissant des chemins de fer en raison de la concurrence des transports routiers. Le libéralisme admet facilement que soient socialisées les pertes quand les profits individuels sont respectés. La SNCF est une entreprise d'économie mixte dont l'État possède 51 % du capital et désigne la direction. Le décret du 30 août 1937 procéda plus à une unification qu'à une étatisation. Pour les libéraux, la SNCF avait un double avantage :

l'État prenait en charge le déficit des chemins de fer, et on pouvait accuser sa gestion d'en être responsable, puisque dans le passé les compagnies privées faisaient des bénéfices. D'autre part, les nationalisations de 1936-1937 n'ont rien de commun avec « les spoliations » qui suivirent la Libération : les anciens propriétaires furent toujours très largement indemnisés.

Le marasme persistant, la mollesse gouvernementale favorisaient le désordre politique. La droite trouvait un encouragement dans la chute de Léon Blum. L'extrême droite visible se regroupait toujours plus autour de La Rocque. Le PSF connaissait une croissance continue, et, malgré la fidélité de l'électorat du Front populaire aux élections cantonales de 1937, qui furent un succès pour la gauche, on prévoyait l'entrée massive des partisans de La Rocque à la Chambre en 1940. Le PPF commençait au contraire son déclin au début de 1938. Les ressources allaient à son rival. L'Action française, dissoute comme ligue, mais conservant son influence par son journal, surmontait le choc de sa condamnation par le prétendant orléaniste.

Le fait nouveau est l'activité clandestine, souvent subventionnée par l'étranger, de groupements dont le plus connu est le Comité secret d'action révolutionnaire (CSAR), que ses adversaires appelèrent « la Cagoule ». Elle fut fondée en 1935 par Eugène Deloncle et regroupait des militants venus souvent de l'Action française et déçus par sa timidité. Leur but était de faire croire à un complot communiste par des actes de provocation imités de l'incendie du Reichstag. Certains ont imputé aux « cagoulards » l'initiative de la fusillade de Clichy. Ils assassinèrent plusieurs personnes, dont l'économiste russe Dimitri Navachine et les frères Rosselli, socialistes italiens, fédérateurs, en exil, de l'antifascisme, organisateurs des brigades qui battirent en Espagne, à Guadalajara, les troupes de Mussolini. Le CSAR disposait de quelques centaines de militants résolus et avait noué des liens avec des réseaux anticommunistes de l'armée comme les « réseaux Corvignolles » organisés par Loustanau-Lacau. Le 11 septembre 1937, les attentats cagoulards détruisirent à Paris le siège de la Confédération générale du patronat français et celui de l'Union patronale interprofessionnelle. Leurs auteurs espéraient que les réseaux formés parmi les officiers, persuadant l'Armée que le PCF avait commis ces attentats, l'entraîneraient contre la République. Mais en novembre la police démantelait

facilement cette organisation clandestine. Marx Dormoy, qui
avait dénoncé le complot, devait payer de sa vie, en juillet 1941,
cette élimination de la Cagoule.

La situation sociale se tendait. Au début de septembre
commença une vague de grèves avec occupations des entreprises. En octobre, le Conseil des ministres, qui siégeait à Rambouil-
let, fit une déclaration publique appelant à la discipline sociale
pour relancer la production. Mais, en décembre, les grèves repri-
rent. Le licenciement d'un ouvrier communiste, militant de la
CGT, provoquait la grève et l'occupation de l'usine Goodrich.
Dormoy ayant envoyé les gardes mobiles déloger les ouvriers,
les grèves s'étendirent, en réponse à cette initiative, à toute la
région parisienne, puis à toute la France, surtout dans le Nord
et la région lyonnaise. A la fin de l'année, dans la Seine, éclatait
la première grève générale des services publics depuis 1936. La
majorité de Front populaire perdait-elle sa base sociale ?

Chautemps, complètement débordé, avec une majorité divisée en deux camps séparés par une ligne qui, de plus en plus nettement, coupait en deux la SFIO, lança à la rentrée du Parlement,
le 14 janvier 1938, une attaque contre les communistes, implici-
tement accusés de fomenter les grèves pour infléchir la politique extérieure immobiliste. Au nom du PCF, Arthur Ramette
répondit que les coupables étaient les puissances d'argent et qu'il
suffirait, pour résoudre les difficultés sociales, d'appliquer le programme intégral du Front populaire. Les députés communistes
refuseraient la confiance. Le président du Conseil répondit qu'il
leur en donnait la liberté. Le groupe parlementaire SFIO, comprenant que Chautemps mettait ainsi fin à la coalition de Front
populaire, ordonna aux ministres socialistes de démissionner.

Camille Chautemps était obligé de se retirer (15 janvier). Alors
commençaient les grandes manœuvres parlementaires. Lebrun
fit appel à Bonnet, que les socialistes refusèrent de soutenir, puis
à Léon Blum qui proposa un grand ministère d'union nationale
« de Thorez à Reynaud » pour réaliser une sorte « d'accord Matignon politique ». Les hésitations de la droite, alors que le PCF
affirmait son accord, firent échouer la tentative. Alors le président de la République revint à Chautemps. Qu'allaient faire les
socialistes ? Au Conseil national, la motion Blum favorable à
la participation obtenait 4 035 voix, les motions de Zyromski
et de Pivert qui excluaient l'une et l'autre la participation comme

le soutien en obtenaient respectivement 2 659 et 1 496. Le parti décida finalement de soutenir sans participer, c'était revenir aux vieilles formules des cartels de 1924 et de 1932.

Chautemps était investi à une très large majorité, son cabinet était dominé par les radicaux et par les socialistes indépendants. Albert Sarraut retrouvait le ministère de l'Intérieur, le radical Marchandeau remplaçait aux Finances Bonnet dont la SFIO ne voulait plus. Mais ce replâtrage ne dura que trois mois, trois mois d'immobilisme alors que la situation s'aggravait dans tous les domaines. En mars 1938, la livre sterling valait 153 francs, la production baissait, les caisses de l'État étaient vides. Le 9 mars, le gouvernement demanda les pleins pouvoirs pour appliquer une politique d'austérité et de déflation. Le groupe parlementaire SFIO fit savoir qu'il refuserait ses voix. Sans affronter le vote, Chautemps porta la démission du gouvernement à Albert Lebrun. Le 11 mars, profitant comme toujours d'une vacance du pouvoir dans les États démocratiques, Hitler réalisait l'Anschluss. Cette annexion de l'Autriche était préparée depuis longtemps, elle laissa cependant la France comme l'Angleterre sans réaction.

Le deuxième ministère Blum, mars-avril 1938.

De nouveau appelé par le président de la République, Léon Blum tenta de convaincre la droite d'accepter une coalition comprenant à la fois les communistes et la droite. Les communistes, en effet, qui avaient offert d'entrer dans le cabinet Chautemps en juin 1937, ne pouvaient qu'approuver une formule qui, face au nazisme menaçant, reprenait la politique qu'ils avaient eux-mêmes préconisée sous la forme du Front français, politique il est vrai inadmissible pour l'extrême gauche pacifiste.

Le 18 mars, Léon Blum s'adressa aux groupes parlementaires de l'opposition, réunis en séance plénière, et sur un ton pathétique il les adjura de réaliser cette union de tous les républicains au nom de l'intérêt supérieur de la nation. Il était sans illusion sur l'approche de la guerre et était prêt à tout faire pour y faire face avec l'appui britannique à l'extérieur et l'union des partis à l'intérieur. Après son départ la minorité délibéra. Le sentiment patriotique ne l'emporta que chez Paul Reynaud, Champetier de Ribes et les députés démocrates populaires. La grande majorité suivit Pierre-Étienne Flandin, soutenu par le sénateur Joseph

Caillaux, et rejeta l'offre de Blum avec mépris. Pour la droite, la cohabitation dans un gouvernement avec les communistes apparaissait impossible, n'était-ce pas risquer de provoquer la guerre ? Pour la droite, l'Union sacrée ne pouvait se réaliser comme en 1914 que par la capitulation de la gauche devant la droite et non l'inverse. Elle n'entendait pas gouverner avec l'extrême gauche alors qu'une majorité de droite était possible, qui eût pu éviter la guerre par une entente avec l'Allemagne et l'Italie et bientôt l'Espagne.

Dans ces conditions, Léon Blum résolut de constituer un gouvernement de Front populaire, à peu près identique à celui de juin 1936, qu'il savait condamné par le Sénat. Daladier et Sarraut acceptaient de participer, Pierre Mendès France était sous-secrétaire d'État au Trésor. On notait l'apparition d'un ministère de la Propagande confié à Ludovic-Oscar Frossard. La présence de Paul-Boncour aux Affaires étrangères symbolisait la fermeté face à l'Allemagne. Le vote de la confiance n'empêcha pas les manifestations et les grèves, avec occupations d'usines, de s'étendre à partir du 25 mars jusqu'au début d'avril, le patronat refusant de reconduire les conventions collectives qui arrivaient à expiration en juin 1938. C'est alors que Léon Blum demanda le 1er avril les pleins pouvoirs financiers. Le texte du projet de loi fut rédigé par Pierre Mendès France et par Georges Boris, directeur du cabinet de Blum. Il permet de mesurer l'évolution de la pensée économique de Léon Blum depuis 1936 et l'inspiration clairement keynésienne des propositions. Georges Boris avait lu Keynes et connaissait bien les expériences américaines.

Le texte proposait d'abord un diagnostic sans complaisance : la fuite des capitaux, depuis 1935, était évaluée à 40 milliards de francs Poincaré, « 80 milliards de francs d'aujourd'hui ». Elle a provoqué « l'arrêt à peu près total des investissements en France » et donc la diminution de l'activité générale et des rentrées fiscales. « L'anémie de la production française est particulièrement grave : les indices sont passés de 144 en 1929 à 98 en janvier 1938 (base 100 en 1913). » Le déficit de la balance commerciale ne cesse de s'aggraver. Les charges du budget de l'État sont écrasantes. Au déficit du budget ordinaire de 4 milliards il faut ajouter 32 milliards de charges exceptionnelles, essentiellement des dépenses pour la défense nationale. Comment financer un tel déficit ? L'État ne peut plus trouver sur le marché le crédit dont il a besoin : les emprunts à long terme ne peuvent être répétés trop souvent, le crédit à court terme se contracte. La création monétaire, avances de la Banque à l'État, s'est traduite par un échange des billets contre de l'or ou des devises et des sorties d'or. Les autorités monétaires sont alors contraintes de raréfier les francs sur le marché, pour éviter la fuite de l'or, et donc de pratiquer une politique d'argent cher préjudiciable à la reprise de la production. Or la situation internationale exige non seulement le maintien mais encore l'accroissement des dépenses d'armement, qui, en 1938, atteignent 46 % du total des recettes de l'État.

La solution ? S'appuyer sur le secteur dont l'État a la charge : « Le développement de la production dont les industries de guerre sont le centre est susceptible de s'étendre de proche en proche à d'autres branches de l'économie nationale. » Autrement dit, le « réamorçage de la pompe » ne s'appuyait plus, comme en juin 1936, sur une croissance de la consommation, mais sur l'impulsion donnée par l'État à la production. Mais cette politique exige une double discipline, « discipline du travail » d'abord, dans les industries d'armement, puis dans les autres secteurs, à mesure de la reprise de l'activité, « une extension de la durée du travail deviendrait nécessaire » ; discipline du capital ensuite, « le devoir de défense nationale lui fait une obligation de s'investir dans le pays, d'y revenir lorsqu'il l'avait quitté ».

Le projet proposait donc des mesures fiscales et en particulier un prélèvement exceptionnel sur le capital, d'un montant progressif de 4 à 17 % sur tous les patrimoines supérieurs à 100 000 francs — cette contribution pouvait être acquittée sur dix ans —, le développement du crédit et l'abaissement du taux de l'intérêt. La Banque de France contrôlera cette politique et « centralisera les opérations sur devises », ce qui équivaut, sans le dire, à instituer le contrôle des changes. Les droits de douane seront élevés pour ralentir les importations. Quelques mesures sociales complétaient l'ensemble : retraite des vieux travailleurs, extension des allocations familiales.

La conclusion portait la marque de Léon Blum lui-même : « Certes, c'est une sorte d'ironie tragique qu'une nation éprise de paix et de généreux progrès humain soit contrainte de tendre et de concentrer toutes ses ressources pour un gigantesque effort militaire. Nous ne l'avons pas voulu ; notre pensée s'en détournait avec aversion et avec horreur. C'est une force étrangère à notre territoire, une puissance contraire à notre génie national qui nous y contraint. Mais nous prouverons que les peuples libres savent s'élever à la hauteur de tous les devoirs, que les démocraties sont capables, par une discipline volontairement consentie, de déployer une force qui n'est attendue ailleurs que d'une obéissance aveugle... »

Quelle évolution de 1936 à 1938 ! Léon Blum avait désormais pris la mesure et des réalités économiques et du péril extérieur. La contradiction entre une reprise souhaitée de la production et la diminution de la durée du travail était désormais clairement perçue, mais aussi la nécessité face aux puissances d'argent de mesures de contrainte. D'autre part, en 1936, le fascisme n'était encore qu'une menace interne contre la République, il était désormais péril identifié et mortel pour la nation. En juin 1936, le Front populaire avait été prisonnier de la conjoncture qui l'avait porté au pouvoir, pour une défense républicaine, élargie aux communistes certes, mais qui ne différait guère des vieilles formules introverties de la tradition française. L'élan populaire obligeait au réformisme social. Mais, honnête gérant de la République libérale, Blum en 1936 s'interdisait les mesures de coercition indispensables à la réussite économique. Utilisé en 1936 pour opposer un barrage aux risques, imaginaires certes pour l'historien mais bien réels pour les patrons, de la révolution, Blum en 1938 n'était plus nécessaire. L'opposition avait des solutions de rechange, les chefs d'entreprise retrouvaient leur vigueur. Certes, la Chambre vota les pleins pouvoirs, par 311 voix contre 250, les chiffres marquaient déjà un effritement de la majorité de Front populaire, qui pouvait compter en juin 1936 sur près de 380 députés. De plus, les députés radicaux de la Chambre savaient comme tout le monde que le Sénat s'était chargé de l'exécution du ministère. Sous la conduite de Caillaux, les sénateurs accomplirent leur tâche et, par 214 voix contre 47, le 8 avril 1938, refusaient à Léon Blum les pouvoirs spéciaux. Le gouvernement démissionnait. La livre était alors à 180 francs. La manifestation que Marceau Pivert et la Fédération parisienne de la SFIO organisèrent le soir même devant le Palais du Luxembourg fut un fiasco. Le temps était loin où une euphorie ouvrière pouvait mobiliser plusieurs centaines de milliers de personnes dans les rues de Paris.

Le ministère Daladier fut investi le 12 avril 1938. Les socialistes ne participaient pas à un gouvernement où dominaient les radicaux et qui s'ouvrait à des personnalités hostiles au Front populaire comme Paul Reynaud, Georges Mandel et Champetier de Ribes. Sur 593 votants, il obtenait 572 voix. La gauche, socialiste et communiste, conservait l'espoir de maintenir devant le péril extérieur le front de l'antifascisme. Ainsi Daladier avait le choix de sa majorité et pouvait toujours s'appuyer sur la coalition de 1936. Il faudrait quelques semaines encore pour que, à l'automne 1938, les ambiguïtés soient levées et que Daladier choisisse de « remettre la France au travail ». Alors, c'en était vraiment fini du Front populaire. Comme en 1926, comme en 1934, les radicaux avaient basculé à droite, mais en 1938, avec Daladier, c'étaient eux qui prenaient la tête de la formule d'union nationale. Le 12 avril le président du Conseil avait placé son action sous le signe de « la défense de la liberté, de la patrie et de la paix ». La formule datait de 1936, mais le pain promis aux ouvriers avait été remplacé par la patrie qu'on leur demandait désormais de défendre. La France était entrée malgré elle, à reculons, dans une avant-guerre.

4

Les Français

14

Les Français, comportements démographiques et familiaux

*La stagnation démographique :
le constat, les prises de conscience.*

Deux données chiffrées permettent de saisir l'ampleur de la stagnation démographique : de 1911 à 1936, la population de la France n'a augmenté que de 87 000 habitants ; dans la même période pourtant l'excédent d'immigration a atteint 2 000 000 de personnes. Dans les années 1930, la population reste inférieure à 42 millions : en données corrigées, le recensement de 1936 (41 502 000) enregistre même une légère diminution par rapport au recensement de 1931 (41 524 000).

L'étude du mouvement naturel confirme cette évolution. Le taux de natalité moyen annuel passe de 19,1 pour mille pour la période 1920-1929 à 15,9 pour mille pour la période 1930-1939. Certes, le taux de mortalité évolue lui aussi à la baisse : de 15,9 pour mille (1920-1929) à 15,5 pour mille (1930-1939), mais, à partir de 1935, et jusqu'à la guerre, le taux de mortalité est toujours supérieur au taux de natalité, et le solde du mouvement naturel est donc constamment négatif. En chiffres absolus, le nombre des naissances, qui atteignait 755 000 en 1930, tombait à 616 000 en 1938. Pour les mêmes dates, le nombre des mariages passait de 342 000 à 274 000.

Ces données traduisent bien entendu les effets différés des grands massacres de la guerre : dans les années 1930, ce sont les « classes creuses » décimées qui arrivent à l'âge de la procréation. Mais cette explication n'est pas suffisante : les couples constitués ont une fécondité déclinante. Le nombre des familles sans enfants ou se limitant au premier-né augmente.

Ainsi, seule l'immigration a permis d'éviter un effondrement de la population française. En effet la population étrangère double dans les années 1920 et atteint, au recensement de 1931,

2 890 000 personnes, soit près de 7 % de la population totale. Certes, en raison de la crise, le recensement de 1936 enregistre un tassement du nombre des étrangers avec un effectif de 2 453 000, mais les naturalisations intervenues entre 1931 et 1936 (plus de 500 000) compensent largement ce recul.

Ce constat provoque le cri d'alarme de Jean Giraudoux — « le Français devient rare » dans son livre *Pleins Pouvoirs* paru en 1939. Que pèsent, souligne l'écrivain, les 600 000 naissances françaises face aux 1 700 000 bébés allemands ? Le « politicien français » est responsable parce que son « idée motrice, quel que soit son parti, est, en effet, un culte aveugle rendu aux qualités morales et spirituelles de la France qui l'empêche d'attribuer la moindre valeur au corps français ». Bref, « l'homme nu est le diable antiradical », incapable de mettre en œuvre cette « politique de la race » que Giraudoux appelait de ses vœux. Cette politique impliquait une profonde transformation culturelle pour remplacer la civilisation du banquet de sous-préfecture et des gilets tendus par des ventres radicaux-socialistes, par le culte de l'hygiène, du sport et de la fécondité. Mais pour Giraudoux, qui participait de la xénophobie ambiante des années 1930, une politique de la race impliquait aussi que la France ne soit plus le refuge de tous les rebuts de l'Europe. L'immigration devait être sévèrement contrôlée.

Cependant, la voix de Giraudoux était loin d'être isolée. A plusieurs reprises, en 1929, 1932 et 1937, pionnier de la statistique et de la démographie, Alfred Sauvy, qui travaillait depuis 1922 à la Statistique générale de la France, réalisa les premiers travaux de projection démographique et démontra la catastrophe probable si les courbes du déclin se prolongeaient. L'*Alliance nationale pour l'accroissement de la population française*, fondée en 1896 par Bertillon et devenue après la guerre l'*Alliance nationale contre la dépopulation*, militait activement pour une reprise de la natalité. Adolphe Landry, ministre du Travail en 1931-1932 et auteur, en 1934, de *La Révolution démographique*, était un membre agissant de l'Alliance, de même que Paul Reynaud. Progressivement, l'État prenait en compte le problème. Si, dans les années 1920, l'accent était mis sur la répression des pratiques anticonceptionnelles (loi de 1920) et de l'avortement (peines aggravées en 1923), les années 1930 étaient marquées par une volonté d'incitation. Déjà la loi Loucheur favorisait les familles pour l'attribution de logements sociaux, les allocations familiales, dont bénéficiaient depuis 1919 les agents de l'État, devenaient en 1932 un droit pour les salariés de l'industrie et du commerce, puis étaient étendues aux salariés agricoles en 1936. Mais le montant des allocations restait faible jusqu'en novembre 1938, date à laquelle les barèmes étaient unifiés et les montants relevés. Un Haut Comité de la population était créé qui prépara le Code de la famille, décret-loi de juillet 1939, qui favorisa les familles d'au moins trois enfants. On sait comment de Vichy à la Libération cet effort familialiste fut poursuivi.

D'ailleurs, les mentalités se transformaient. Le Front populaire exalta la jeunesse sportive et saine. Le Parti communiste lui-même célébrait, contrairement à sa tradition antérieure, les vertus familiales. Dans ce domaine, comme dans beaucoup d'autres, les permanences coexistaient avec les mutations.

Naître et mourir.

La tendance générale est l'unification progressive des comportements, déjà sensible depuis la fin du XIXᵉ siècle. Cependant, on est encore loin d'un modèle familial unique. La faiblesse de la fécondité s'explique d'abord par le nombre important de couples sans enfants : parmi les couples formés entre 1925 et 1929, un sur 4 resta sans descendance après cinq ans d'union. D'autre part, les couples fondés dans les années 1920 ont eu plus souvent un enfant unique que 2 enfants. Mais les familles nombreuses n'avaient pas disparu. Ainsi une famille sur 13 comptait 6 enfants ou plus. D'autre part, les femmes nées entre 1890 et 1900 ont eu en raison de la guerre des difficultés pour se marier ; à cinquante ans, plus de 10 % d'entre elles étaient célibataires. Les autres, mariées plus tard, eurent moins d'enfants. En moyenne les femmes nées au début du siècle n'ont eu que 2 enfants.

Mais la fécondité était variable selon les milieux : les catégories socio-professionnelles les plus prolifiques restaient les paysans, 2,86 enfants en moyenne, puis les ouvriers, mineurs d'abord et manœuvres ; les ouvriers qualifiés, eux, ne dépassaient guère 2 enfants en moyenne. Les catégories les moins fécondes étaient les cadres moyens, 1,70 enfant en moyenne. Entre les deux extrêmes, autour de 1,90, les couches sociales supérieures. Ces moyennes ne peuvent d'ailleurs refléter les écarts au sein même des

catégories, ainsi les comportements démographiques de la bourgeoisie sont loin d'être unifiés : coexistaient des familles souvent
catholiques et traditionnellement prolifiques et des familles malthusiennes. De même, dans le monde paysan, les familles peu
fécondes du Sud-Ouest, où l'on calculait la promotion sociale
des enfants, s'opposaient aux familles bretonnes et même aux
familles de cultivateurs du Bassin parisien, où l'on enregistre une
certaine reprise de la natalité.

D'autre part, les différences régionales sont notables. La
coïncidence ancienne entre pratique religieuse et fécondité n'est
plus aussi nette. Au contraire s'affirme une opposition entre le
croissant fertile de l'Ouest au Nord et à l'Est et le Midi où la
fécondité est nettement plus faible.

Enfin, si l'on observe sur une chronologie fine le taux net de
reproduction, il atteint son minimum en 1935 avec 0,87, puis
augmente légèrement dans les années qui suivent et se situe à 0,91
en 1938. Faut-il voir dans ce frémissement des comportements
l'annonce de la vigoureuse reprise des années d'après-guerre ?
La coïncidence entre ce progressif renversement de tendance et
le Front populaire est-elle accidentelle ?

De même, l'évolution de la mortalité annonçait un autre âge
de l'histoire démographique de la France. Certes, la tuberculose
n'avait pas disparu, l'alcoolisme continuait d'être un fléau social,
frappant surtout la Bretagne et la Normandie, les maladies véné-
riennes faisaient encore des ravages. Cependant, l'action de l'État
se manifesta dorénavant de manière plus efficace. Un ministère
de la Santé existe, on construit des hôpitaux, des dispensaires, des
sanatoriums. Les épidémies, comme celle de rougeole en
1930-1931, sont mieux contrôlées. Le nombre des vaccinations
obligatoires s'accroît ; à la variole, déjà ancienne (1902), s'ajoutent la diphtérie en 1938, puis le tétanos en 1940. La médecine
multipliait les moyens de diagnostic avec les progrès de la radio-
logie et des analyses médicales. Le BCG est commercialisé depuis
1924, suivent les vaccins de la typhoïde, de la diphtérie et du tétanos. Les maladies infectieuses reculent progressivement, surtout
à partir de 1935 quand sont commercialisés les premiers sulfa-
mides. Les comportements eux-mêmes se transforment : le recours
au médecin devient plus habituel. D'ailleurs, depuis le début du
siècle, le nombre des médecins a pratiquement doublé, passant
de 18 000 à 35 000, alors que se multipliaient les spécialistes.

Ainsi on enregistre une très sensible diminution de la mortalité infantile, qui faisait disparaître encore, au début des années 1920, 100 enfants au cours de leur première année de vie sur 1 000 nouveau-nés. Le pourcentage n'est plus que de 70 sur 1 000 en 1938. L'espérance de vie continue à croître : elle atteignait, à la naissance, au début du siècle, 52 ans pour les femmes et 48 ans pour les hommes, elle est désormais respectivement de 62 et 57 ans ; dix ans de vie ont été gagnés ainsi en moins de quarante ans.

Progressivement les Français entrent dans l'ère de la médicalisation.

Équilibres et déséquilibres régionaux.

La population urbaine a dépassé la population rurale entre les recensements de 1926 et de 1931. A cette date, la France compte 21,1 millions d'habitants des villes (plus de 2 000 habitants agglomérés au chef-lieu de la commune) et 20,4 millions de ruraux. Le recensement de 1936 montre la continuité de cette lente évolution : 21,6 millions d'urbains, 19,9 millions de ruraux. Dorénavant, les départements dont plus de la moitié de la population active est employée dans l'agriculture se situent au Sud-Ouest d'une ligne Le Havre-Genève. Cependant, de 1921 à 1936, ce sont essentiellement ces départements à majorité agricole qui enregistrent les migrations les plus importantes. Au contraire, les zones d'attraction sont les départements où la population urbaine est importante : Paris et l'Ile-de-France d'abord, mais aussi la côte méditerranéenne, la région lyonnaise et les Alpes du Nord. Alors que l'immigration entretient les croissances de toute la France industrielle.

Les statistiques indiquent une dégénérescence progressive des bourgs : ainsi, de 1911 à 1936, 85 % des communes de 1 000 à 2 000 habitants et 74 % des communes de 2 000 à 5 000 ont vu leur population diminuer. Alors qu'augmente la population des deux tiers des communes de plus de 5 000 habitants. Les structures globales du réseau urbain ne changent donc pas. La croissance de l'agglomération parisienne est toujours démesurée par rapport à la croissance des autres villes, mais les évolutions touchent davantage le tissu local, favorisant petites villes et villes moyennes par rapport aux bourgs ruraux qui jouent,

dans les échanges, un rôle moindre. Avec toutes les conséquences que cela implique pour les artisanats ruraux.

Ainsi les déséquilibres pouvaient être considérables et produire
à leur tour des déséquilibres sociaux. Le Nord, l'Ouest et le Nord-
Est, régions vivantes, comme les parties les plus à l'écart de la
vie nationale du Massif central conservaient une situation démographique saine. Il n'en était pas de même du Midi et surtout
du Sud-Ouest dont la faiblesse était le résultat d'une longue évolution.

Il y avait en réalité une France vivante et une France assoupie. Les cartes de la natalité, des densités de population, des rendements agricoles ne sont pas superposables, mais se recouvrent
largement et opposent le Nord au Sud. Le Nord et le Nord-Est
unissent les fortes densités à une abondante natalité. Le Midi
et le Sud-Est sont dépeuplés et sous-développés, à l'exception
de la Côte d'Azur. La natalité est faible dans la région parisienne,
mais la densité y est forte par l'absorption du trop-plein des foyers
traditionnellement natalistes, dénués d'industries : Ouest armoricain et les régions du Massif central profond. Le retard pris
en France par l'exode rural explique ce faux équilibre, le poids
politique considérable des régions les plus sclérosées. Tout un
courant de pensée, tout l'enseignement glorifient la production
équilibrée et variée, l'égale contribution du revenu de l'agriculture et de l'industrie, le rôle de la tradition qui maintient l'industrie à domicile dans les Vosges, le Vimeu, le Cambrésis, et donne
aux productions françaises leur qualité de « fini ». Cette extase
patriotique devant le pays de la mesure est le fruit d'une illusion [1]. Il y a la France de la Flandre et des plaines du Bassin
parisien, des industries du Nord, de l'Est et des banlieues des
grandes métropoles, cette France est productive, mais elle a dû
faire appel largement aux immigrés pour faire tourner les usines pour provoquer l'essor de l'économie française. L'autre
France, c'est cette douce France aux paysages humanisés, cette
France de paysans, d'artisans, de bourgeoisie rentière. Le dualisme de l'économie française est aussi un dualisme régional. Dans
ces rythmes différents les contemporains voyaient le signe de
l'harmonie et s'accrochaient volontiers aux coteaux modérés de

---

1. A. Cholley, R. Clozier et J. Dresch, *La France, métropole et colonies*, classe de première, Paris, 1936.

la France éternelle, gages de la stabilité sociale. Il faut attendre les lendemains de la Seconde Guerre mondiale pour que les déséquilibres soient clairement perçus.

Les femmes, la famille.

Rassembler dans la même étude les femmes et la famille se justifie dans le contexte des mentalités de l'époque qui placent, comme un idéal, la femme comme gardienne de son foyer et de ses enfants. La période se caractérise — est-ce seulement le résultat de la crise ? — par une diminution de l'emploi féminin après la croissance due à la guerre. En effet, si l'on ne tient compte que des activités non agricoles, alors que, en 1913, pour 100 hommes actifs on comptait 58 femmes, le chiffre monte à 61 en 1921, mais n'est que de 54 dans les années 1930. Ainsi les femmes sont-elles moins nombreuses à travailler dans les années 1930 qu'au début du siècle. D'autre part, les secteurs d'activité féminine évoluent. Les femmes sont moins nombreuses dans l'industrie en 1936 — 44 % des actives — qu'en 1921 — 53 % des actives. Inversement la part des services a grossi de 47 à 56 %. Il faut sans doute mettre cette évolution en rapport avec les transformations de l'industrie elle-même et en particulier le déclin rapide des effectifs du textile, où l'emploi était féminin en majorité. Un cycle ici se termine. Cependant, on est frappé de constater que, contrairement aux années 1960, où la croissance économique a coïncidé avec une augmentation du travail féminin, les années 1920 ne se caractérisent pas par la même tendance. L'appel à la main-d'œuvre immigrée a été préféré à l'utilisation de l'activité féminine. Il est vrai que les emplois offerts, de la mine au bâtiment, ne correspondaient guère aux travaux considérés comme féminins.

Moins d'ouvrières donc, moins de paysannes aussi ; bien que dans ce dernier secteur l'évolution soit lente, elles sont de plus en plus nombreuses les jeunes filles qui partent vers la ville. De plus en plus de dactylos, d'employées des postes, d'institutrices, de vendeuses. Les employées de maison, les « petites bonnes » constituent la grande majorité des 760 000 domestiques recensés en 1936. Ce chiffre n'atteint pas les sommets de la Belle Époque — près d'un million —, mais il signale et l'importance du transfert des campagnes aux villes et le style de vie des femmes des catégories aisées. Mais ces femmes au travail étaient loin de représenter un idéal d'émancipation ; les minorités intellectuelles, telle Simone de Beauvoir, qui empruntaient la voie de l'activité salariée pour l'indépendance qu'elle pouvait procurer sont exceptionnelles. Pour la quasi-totalité des femmes le travail est subi et non choisi.

Ce travail féminin est mal protégé par les lois qui sont toutes antérieures à 1930. Sur ce point, le Front populaire ne fit rien. Au contraire, le sous-emploi dû à la crise frappa les femmes plus que les hommes, et le chômage intellectuel restreignait leur admission dans la fonction publique. Naturellement, la diplomatie, la magistrature, les grands corps de l'État leur étaient fermés. Mme Bertrand-Fontaine fut, en 1930, la première femme médecin des hôpitaux. C'est une date dans la conquête des grands titres.

En effet, si l'on ne prend en compte que l'emploi non agricole, on constate que la moitié seulement des femmes actives sont mariées. Au modèle traditionnel de l'emploi urbain féminin, encore très prégnant, qui assignait comme temps essentiel de travail la période qui va du départ de l'école au mariage, s'ajoutait sans doute le travail des célibataires et des veuves, plus nombreuses en raison des conséquences de la guerre. L'idéal restait le mariage et les soins à donner à la maison. Et les tâches ménagères étaient encore très lourdes, le lavage du linge qui doit tremper, bouillir, être rincé, est un travail de force. Les travaux de couture étaient indispensables pour vêtir les enfants. Les « arts ménagers » ne produisaient encore que de petits appareils, bouilloires électriques ou fer à friser. Les machines à laver le linge électriques — 2 600 francs —, comme les armoires frigorifiques — 3 200 francs —, étaient, en raison de leur coût, inaccessibles. Dans de nombreuses familles bourgeoises les rentes n'étaient plus suffisantes, les domestiques moins nombreux. Les modes de vie se rapprochaient progressivement.

Les femmes n'avaient aucun droit politique et si, entre les deux guerres, la Chambre des députés leur accorda par trois fois le droit de vote (la dernière, en juillet 1936), c'était une hypocrisie, car elle savait bien que le Sénat éluderait toute décision en ajournant l'inscription du projet à son ordre du jour. Les radicaux ne pouvaient pas oublier que la République n'eût peut-être pas survécu si les femmes avaient voté en 1898 ou en 1902. Quelques municipalités de gauche ont coopté des conseillères municipales adjointes, naturellement sans voix délibérative. D'autres nommèrent des femmes dans leurs commissions scolaires ou d'assistance.

Léon Blum, pour la première fois dans notre histoire, appela trois femmes au ministère, deux socialistes et une radicale.

Le féminisme français était alors très faible. Ce mouvement avait été surtout actif avant 1914, quand existait le modèle britannique. Depuis la guerre, il était anémique et divisé. Le groupe le plus important était l'*Union pour le suffrage des femmes*, dirigée par Mme Brunschwig. Quelques campagnes étaient faites pendant les périodes électorales. *L'Œuvre*, journal des intellectuels de gauche, ouvrait ses colonnes au féminisme, notamment à Séverine. Celles qui réclamaient une action plus énergique, plus sociale que politique, comme Louise Weiss, étaient sans troupes. Les féministes avaient des journaux comme *La Française* ou *Minerva*, lus probablement par des femmes ayant connu les années de *La Fronde* et de la grande activité de ce mouvement. Les jeunes adhéraient plutôt aux tendances qui promettaient l'émancipation féminine par la transformation sociale : Jeunesses communistes, Étudiants socialistes.

Il était normal que, exclue du « pays légal », la femme soit rarement militante ou même adhérente d'un parti politique. Même salariée, elle n'était guère plus souvent syndiquée.

Juridiquement, l'autorisation maritale était nécessaire à l'épouse pour tenir un commerce. Même dans sa vie professionnelle, la femme mariée restait dépendante. C'est seulement à la veille de la guerre qu'elle obtint la capacité civile. En 1937, la permission du mari avait cessé d'être exigée pour l'obtention d'un passeport. La tyrannie napoléonienne n'était pas abolie pour autant. L'adultère de la femme n'avait pas les mêmes conséquences que celui du mari. L'épouse n'avait jamais, dans le mariage, la puissance paternelle et, même devenue veuve, elle n'en disposait pas pleinement. La réglementation de la prostitution accusait encore l'archaïsme d'une législation qui scandalisait l'étranger [1].

Le poids des rites qui entouraient le mariage non seulement

---

1. S. Grinberg, in *La Condition de la femme dans la société contemporaine...*, publié par Marc Ancel, Paris, 1938.

subsistait dans les campagnes, mais avait gagné les villes. Depuis 1933, le magazine *Femmes d'aujourd'hui* consacrait chaque année un numéro spécial à tous les rites des noces : de la robe de la mariée aux menus du repas nuptial. L'exemple de Nanterre, étudié par Martine Segalen [1], est significatif. Cette commune de banlieue avait presque doublé de la guerre à 1936 par l'arrivée de migrants provinciaux ou étrangers. Les femmes travaillaient et à l'usine et à la maison, les hommes après l'usine militaient souvent dans les partis politiques et les syndicats. Les femmes géraient le budget et assumaient toutes les charges de la maison. Dans les milieux italiens, on vivait en communauté et les noces étaient des fêtes du groupe. Les cortèges de mariage se rendaient à pied à l'église, et, après la cérémonie religieuse, se retrouvaient dans un de ces restaurants spécialisés dans les « noces et banquets ». Les rites nuptiaux, épurés de leurs connotations les plus directement sexuelles ou grivoises, se maintenaient dans la bourgeoisie.

Là encore, les classes moyennes, de plus en plus nombreuses, modelaient leurs pratiques sur celles de la bourgeoisie. Cette unification des comportements se constatait aussi dans le costume et dans la mode.

La grande couture fut particulièrement brillante pendant les années 30. Si Doucet et Poiret, celui-ci complètement ruiné, ont cédé la place, d'autres ont pris la relève et jouent un rôle artistique, économique et social très important, malgré la crise. Paris habille alors les oligarques du monde entier avec Jean Patou, Molyneux, Chanel, Jeanne Lanvin, Madeleine Vionnet et, à la fin de la période, Schiaparelli. Si on le compare à celui de la précédente décennie, le goût paraît alors s'affiner, s'épurer, rejeter l'extravagance ; ce qui ne fut peut-être pas sans importance sociale, car cela mettait l'élégance à la portée de bourses plus modestes. En effet, la femme des classes populaires, sauf dans le monde rural, a cessé d'être forcément mal habillée. Seules les plus âgées peuvent encore être qualifiées de « femmes en cheveux » ou « en tablier ». Les robes de « quatre sous » vendues par les magasins à prix unique copient le « chic parisien ». La « permanente », l'« indéfrisable » qui ruine les industries de la

---

1. Martine Segalen, « L'esprit de famille à Nanterre », *Vingtième Siècle, Revue d'histoire*, avr.-juin 1987.

mode, unifie les coiffures. Désormais, et c'est une rupture avec les siècles précédents, il est devenu presque impossible de reconnaître d'emblée dans les rues des villes la condition des jeunes femmes, sinon à leur façon de parler.

Jeunes et vieux dans la société française.

Les structures familiales intégraient encore tous les âges de la vie. Le petit enfant n'était pas encore socialisé par l'école maternelle, mais était élevé dans sa famille et souvent par les grands-parents qui vivaient au foyer. Ceci était la règle à la campagne, mais n'était pas exceptionnel en ville. De très nombreuses veuves vivaient dans la famille d'un de leurs enfants installés.

Dans les familles populaires, la jeunesse était encore strictement définie par des rites et des conduites spécifiques qui en soulignaient les limites. A la campagne, le passage de l'enfance à la jeunesse était marqué à la fois par la fin de l'école obligatoire et la communion solennelle, c'est-à-dire la fin du catéchisme. Pour les garçons, le service militaire et le mariage-installation soulignaient l'entrée dans l'âge adulte. Entre ces deux dates, le groupe des jeunes se manifestait par des conduites spécifiques : le bal, parfois encore quelques charivaris. Cependant, le départ vers les villes de nombreux jeunes ruraux affaiblissait le groupe et son rôle essentiel dans la structuration de la société. En ville c'était le temps de l'apprentissage.

Les jeunesses bourgeoises vivaient un temps différent. La surveillance familiale et la séparation des sexes étaient beaucoup plus strictes que dans les milieux populaires, et parfois étouffantes. De nombreux jeunes bourgeois lisaient avec passion le Gide des *Nourritures terrestres* et rêvaient d'une vie libérée des foyers clos. Dans ce monde bourgeois, les rites de passage étaient moins marqués, les mariages de convenance encore les plus fréquents.

Cependant, la jeunesse commençait à être exaltée en tant que telle. Des formes de socialisation, en dehors de la famille, de l'école et du cadre strict de la paroisse apparaissaient : l'Église, qui ressentait l'épuisement d'un modèle d'encadrement local — des patronages aux Enfants de Marie —, tentait de regrouper les jeunes gens et les jeunes filles dans des organisations comme la Jeunesse ouvrière ou la Jeunesse agricole chrétienne

(JOC et JAC), qui leur donnaient un rôle social spécifique. De même dans le monde politique, où les organisations de jeunes constituaient souvent un aiguillon et un ferment. Peut-être le sentiment général de déclin incitait-il à exalter la jeunesse, à l'associer — songeons aux auberges de jeunesse, au scoutisme — à la vie saine du sport et du plein air, à la liberté.

Ainsi la jeunesse débordait de la famille et du groupe local rural ou urbain. L'État s'y intéressait. D'autres formes de socialisation, d'autres valeurs s'esquissaient qui s'épanouiraient après la Seconde Guerre mondiale.

En 1936, 15 % des Français avaient plus de 60 ans, 10 % plus de 65 ans. Le prolongement de la vie faisait apparaître un problème social ignoré avant 1919. Jusqu'à la crise, l'activité professionnelle des gens âgés a eu tendance, selon Sauvy, à se prolonger. Cela s'explique par la mort des fils ou la ruine des épargnes. Mais, quand vint la crise, les travailleurs âgés furent parmi les premiers chômeurs, avec les femmes et les étrangers. Le problème était de transformer ces chômeurs en retraités, puisque seuls les agents de l'État bénéficiaient de cette sécurité. La loi de 1930 établit une assurance-vieillesse obligatoire pour tous les salariés, mais elle ne s'appliquait pas à ceux qui avaient déjà plus de 60 ans à cette date, et, malgré les efforts du Front populaire, aucun progrès ne fut accompli pour les « vieux travailleurs » pendant la période.

En 1939, il y avait en France un million de retraités, deux fois plus sans doute qu'en 1914, ce qui était un progrès considérable, mais qui ne profitait, en somme, qu'à un vieillard sur quatre. D'autre part, la retraite des assurés sociaux était si faible qu'elle les contraignait souvent à rechercher un travail à n'importe quel prix. Leur demi-activité pesait ainsi sur les salaires autant que le travail clandestin des chômeurs secourus. En l'absence de statistiques précises, il est difficile de dire si les vieillards profitaient de l'accroissement général du niveau de vie. Là encore, les années 1930 sont entre deux temps historiques : la plupart des vieux vivaient et mouraient comme autrefois au milieu de leurs descendants. Mais déjà la multiplication des « retraités », l'intervention de l'État annonçaient une autre époque.

15

Les étrangers
dans la société française

Longtemps parents pauvres de l'historiographie, les étrangers suscitent depuis quelques années de multiples travaux à la mesure des débats qui parcourent la société contemporaine. En effet, les années 1930 se caractérisent à la fois par une importance considérable des étrangers — près de 7 % de la population totale —, alors même que les courants d'immigration, intenses dans les années 1920, sont stoppés. D'autre part, la xénophobie se manifeste avec une force beaucoup plus grande que dans les années précédentes qui étaient celles de l'entrée massive des étrangers. La comparaison avec la situation des années 1980 est ainsi inévitable.

La population étrangère : approche descriptive.

Hervé Le Bras propose, après corrections en hausse des nombres officiels, les données suivantes[1] :

Population étrangère en 1931	**2 891 000**
Entrées de 1931 à 1935	360 000
Sorties de 1931 à 1935	348 000
Sorties par naturalisation	257 000
Sorties non enregistrées	193 000
Population étrangère en 1936	**2 453 000**

---

1. H. Le Bras, « La population française entre les deux guerres », in Dupâquier, voir (130).

Or, de 1921 à 1931, le bilan migratoire — 2 327 000 entrées et 968 000 sorties de différents types — était largement positif. Les flux d'entrée des étrangers se sont taris. L'année 1931 permet donc d'enregistrer un sommet de la présence étrangère en France.

Six régions concentrent en 1931 près de 76 % des étrangers : dans l'ordre d'importance, ce sont l'Ile-de-France, la Provence-Côte d'Azur, le Nord-Pas-de-Calais, la Lorraine, le Languedoc-Roussillon, la région Rhône-Alpes. Toutes ces régions ont un pourcentage de population étrangère, par rapport à la population totale, compris entre 195 pour mille (Provence-Côte d'Azur) et 74 pour mille (Rhône-Alpes). Inversement, la présence étrangère est faible du Massif central à la Bretagne et à la Normandie en passant par les Charentes et les Pays de la Loire (entre 3 et 39 pour mille). La répartition que saisit le recensement de 1936 est à peu près identique. La description géographique met ainsi en évidence la coïncidence entre les fortes concentrations étrangères et les grandes zones industrielles.

L'étude des nationalités d'origine place au premier rang les Italiens (plus de 800 000), les Polonais (plus de 500 000), les Espagnols (plus de 350 000), les Belges (plus de 250 000). Suivent les Suisses, les Russes, les Allemands, les Portugais... Mais les recensements, qui figent une situation à une date donnée, ne peuvent rendre compte des mouvements réels de part et d'autre des frontières. Ainsi Pierre Milza estime à 3 500 000 le nombre d'Italiens entrés en France entre 1873 et 1940 ; sur ce nombre, 1 000 000 sans doute ont fait souche [1].

Si la répartition géographique en France et la distribution en nationalités n'évoluent guère de 1931 à 1936, il n'en est pas de même des structures de cette population. En 1931, caractéristique classique d'une population immigrée, les hommes sont beaucoup plus nombreux que les femmes : 156 hommes pour 100 femmes. Au contraire, en 1936, la proportion de femmes dans la population immigrée augmente et l'on peut compter 137 hommes pour 100 femmes. Corrélativement, le nombre des étrangers mariés augmente et de même le pourcentage des étrangers âgés. Entre 1931 et 1936, les structures de la population étran-

---

1. P. Milza (sous la direction de), *Les Italiens en France de 1914 à 1940*, École française de Rome, 1986.

gère se rapprochent donc des structures de la population française. Nous retrouverons cette donnée quand nous évoquerons les problèmes de l'intégration.

En 1931, la population étrangère active représente environ 1 292 000 travailleurs et 307 000 travailleuses, soit un total de près de 1 600 000 actifs. Sur ce nombre, les actifs agricoles (15,6 %) sont nombreux autour et au nord de Paris, sur la côte méditerranéenne et dans la vallée de la Garonne. Mais la majorité des étrangers, 59,3 %, travaillent dans le secteur industriel. Les autres secteurs — commerce, 9,75 % ; professions libérales et service public, 6,1 % ; manutention et transports, 4,1 % ; services domestiques, 4,3 % — n'occupent qu'une minorité des étrangers.

Dernière donnée chiffrée essentielle : le mouvement des naturalisations. Si le nombre des naturalisés est relativement limité avant 1927, les facilités que donne la loi votée à cette date multiplient les acquisitions de la nationalité française. De 1927 à 1939 près de 900 000 étrangers sont devenus français. Ce mouvement, comme le précédent, témoigne de l'installation en France d'une fraction importante de la population immigrée.

Quelques exemples de communautés immigrées.

Si les Belges représentent une immigration plus ancienne et qui ne s'accroît guère dans l'entre-deux-guerres, deux communautés par leur importance et leur originalité méritent une étude particulière.

Les Italiens ne sont pas des nouveaux venus, mais le courant migratoire est toujours important. Dans les années 1930, ils sont nombreux dans le Sud-Est, en Lorraine, dans la région parisienne et dans la vallée de la Garonne. A Marseille, les Italiens seraient, en 1936, 125 000 sur un nombre total de 199 000 étrangers pour 803 000 habitants ; même s'il faut considérer avec prudence les résultats des recensements dans la grande métropole méditerranéenne, ces chiffres donnent au moins un ordre de grandeur. Ils vivent selon leurs régions d'origine dans des quartiers spécifiques, majoritairement autour du Vieux-Port, comme ces pêcheurs napolitains du quartier Saint-Jean. Mais les Italiens de Marseille disposent déjà de leur espace urbain, et d'une insertion, non sans rejet, dans une société où ils ne sont pas les derniers arrivés.

Les immigrés italiens en Lorraine[1] ont des conditions d'existence bien différentes. La reconstruction de la région après la guerre a nécessité en effet l'appel à de très nombreux travailleurs immigrés, les ouvriers-paysans et les artisans lorrains refusant les disciplines des grandes usines ou de la mine et préférant émigrer vers Paris dans la fonction publique ou les chemins de fer. En 1927, 70 % des 45 000 mineurs du fer en Lorraine sont italiens. Mais la mine n'est pas pour l'Italien immigré le but final, elle n'offre au déraciné qu'un passage. Un passage dans ces cités ouvrières où une population instable est totalement contrôlée par les chefs d'entreprise, un passage dans ces mines où les accidents sont fréquents et le travail très difficile. Là, la crise provoque le renvoi prioritaire des célibataires, un début d'enracinement de ceux qui restent, et souvent la naturalisation.

Mais il est d'autres destins italiens. Relayant les maçons migrants français du Massif central, qui au XIXe siècle gagnaient les grandes villes, de nombreux Italiens travaillent dans le bâtiment, profitant ainsi du rythme lent de l'exode rural français. Et certains, comme les Creusois du XIXe siècle, parviennent à se mettre à leur compte et à entrer dans le petit patronat du bâtiment. D'autres, remplacés dans les travaux les plus pénibles par des immigrants plus récents, ouvrent boutique, parfois un salon de coiffure. Ainsi la communauté italienne fait coexister plusieurs générations d'immigrants, mais les modalités d'une période à l'autre sont comparables. Dans les quartiers italiens de Nanterre, les immigrés recréent une vie collective, où les solidarités sont très fortes, et ont reconstitué des modes de vie transalpins. Souvent les immigrants viennent d'un même village, le frère fait venir le frère, le neveu est envoyé à l'oncle. Les solidarités sont tout autant familiales que nationales.

L'exemple polonais est bien différent[2]. Les Polonais sont entrés massivement en France après 1919. Il s'agit d'une immigration organisée. Sélectionnés dans des centres de tri, vaccinés, ils arrivent en groupes, une pancarte sur la poitrine, munis d'un contrat d'un an le plus souvent. Ils sont destinés aux travaux

---

1. G. Noiriel, *Longwy, immigrés et prolétaires*, Paris, PUF, 1984.
2. Janine Ponty, « Une intégration difficile, les Polonais en France dans le premier XXe siècle », *Vingtième Siècle, Revue d'histoire*, juill.-septembre 1985.

agricoles des grandes exploitations du nord de Paris, mais surtout aux mines et aux usines du Nord, du Pas-de-Calais et de Lorraine. La Société générale d'immigration, qui organise ces transferts de population, a en effet été créée en 1924 à l'initiative des compagnies charbonnières, des maîtres de forges et des grands exploitants ruraux. Dans l'arrondissement de Béthune, les mineurs polonais sont majoritaires. La crise provoque le renvoi prioritaire de ces mineurs par trains entiers. Mais ce sont les célibataires qui partent. En 1936, les femmes représentent plus de 45 % du total des 423 000 Polonais vivant en France. Les Polonais reconstituent un espace familial traditionnel, mais aussi un espace national, dans les cités minières. Ils ont leur presse, leurs multiples associations (42 à Bruay), leurs clubs de football. Pour eux des cours de polonais sont officiellement organisés dans les écoles primaires le soir après la classe. Les cités minières possèdent leur chapelle polonaise, desservie par un prêtre polonais. Actifs dans les syndicats, ils y créent des sous-sections où ils restent entre eux. La volonté de maintenir une culture explique le très petit nombre des mariages mixtes. De même, comparativement aux autres communautés immigrées, les Polonais s'engagent peu dans la voie de la naturalisation. Le patronat favorisait le plus souvent cette expression vivace d'un nationalisme polonais, appuyé sur un catholicisme autoritaire. C'était le gage de la docilité ouvrière. Mais cette fermeture sur elle-même de la communauté polonaise choquait l'opinion publique qui y voyait un refus de toute assimilation.

Les étrangers, l'État et l'opinion dans les années 1930.

L'importance du travail immigré était donc primordiale pour l'économie française. En 1931, ils étaient 42 % des mineurs, 30 % des terrassiers. Ils constituaient une part importante des OS dans les grandes entreprises mécanisées, ainsi dans les fonderies lorraines. Ils suppléaient les ouvriers agricoles dans le Bassin parisien, voire dans le Sud-Ouest, réanimaient des régions rurales désertées. Les départs des années 1930 ne modifient guère le rôle fondamental de la main-d'œuvre étrangère.

Mais, alors que l'immigration de masse est stoppée, que les naturalisations se multiplient et que la crise entraîne l'enracine-

ment d'une partie des étrangers, le relais est pris par une immigration beaucoup moins importante quantitativement mais qui
s'explique par des raisons essentiellement politiques. Après les
Italiens quittant l'Italie fasciste, ce sont des Allemands qui, en
1933, fuient le nazisme ; en 1938, des Autrichiens après l'Anschluss, des Tchèques après Munich. Mais l'immigration la plus
importante est espagnole : Basques dès la fin de 1937, puis Ara-
gonais et Catalans en 1938 avant le grand afflux du début de
1939 (500 000 réfugiés).

C'est alors que, sous la pression de l'opinion, l'attitude des
pouvoirs publics change contre ceux qui volent le pain des
ouvriers français, mais surtout contre ces « doctrinaires crépus,
conspirateurs furtifs, régicides au teint verdâtre, polaks mités,
gratin de ghettos, contrebandiers d'armes... » qu'évoque dans
Gringoire, en août 1936, un Henri Béraud dont la vulgarité de
langage est loin d'être exceptionnelle. Jean Giraudoux lui-même,
dont pourtant la plume est naturellement élégante, évoque dans
Pleins Pouvoirs les immigrants « grouillants sur chacun de nos
arts ou de nos industries nouvelles et anciennes, dans une génération spontanée qui rappelle celle des puces sur le chien à peine
né », et il poursuit : « Entrent chez nous, sous le couvert de toutes
les révolutions, de tous les mouvements idéologiques, de toutes
les persécutions, non pas seulement ces beaux exilés de 1830 et
1848... mais tous les expulsés, les inadaptés, les avides, les infir-
mes. » Les « beaux exilés » sont toujours les exilés d'hier. Il est
vrai qu'Albert Einstein fut accusé alors d'installer « le communisme au Collège de France ». Plus quotidiennement, les des-
criptions « exotisent », selon le mot de Gérard Noiriel, les
misérables conditions de vie que la France fait aux immigrés,
ainsi pour Marseille : « Là le Blanc, et plus particulièrement
l'Espagnol misérable, rétrograde jusqu'au sauvage ; la bicoque
devient hutte ; la hutte tombe dans l'immondice ; l'immondice
prend vie et se manifeste en pullulations pédiculaires[1]. »

Les gouvernements successifs tentent alors, parfois malgré les
grands industriels, de « protéger le travail français ». Une série
de lois, à partir de 1932, contingente pour certaines professions
le nombre d'étrangers admissibles. Les professions libérales sont
à la pointe du combat xénophobe : les avocats font adopter en

1. L. Naudeau, *La France se regarde*, Paris, Hachette, 1931.

1934 une loi qui écarte de leur profession les naturalisés depuis moins de 10 ans. Dès 1933, seuls les Français peuvent exercer la médecine et, après des grèves d'étudiants, en 1935, les naturalisés eux-mêmes ne peuvent exercer que 5 ans après la date d'acquisition de la nationalité française et que s'ils ont effectué leur service militaire.

Le Front populaire, s'il assouplit l'application des lois, ne modifie pas cet ensemble législatif. C'est cependant le moment où beaucoup de travailleurs étrangers ressentent comme une libération les événements de 1936. Alors, de très nombreux Polonais, sans doute plus de 100 000, adhèrent à la CGT réunifiée. Le Parti communiste organise en son sein la Main-d'œuvre immigrée (MOI). Mais la guerre d'Espagne ranime peurs, frilosité et tensions. Elle est le prétexte de toutes les assimilations entre étrangers, juifs et communistes. En 1938, le contrôle des frontières est renforcé dès le mois de mai ; en novembre, une série de décrets limite les conditions de résidence, retire aux naturalisés de fraîche date le droit de vote et crée des camps pour les contrevenants. Les décisions de Vichy ne sont pas loin.

Ce climat reflète la peur d'une nation si incertaine d'elle-même qu'elle est prête à toutes les manifestations du repli. Le paradoxe des années 1930 est que l'explosion xénophobe coïncide avec les signes d'une intégration dans la société française de la population étrangère.

Les voies de l'intégration.

L'étude est d'autant plus complexe que coexistent plusieurs générations d'immigrés. Mais en même temps cette coexistence, l'exemple des Polonais des années 1920 le montre *a contrario*, apparaît indispensable pour permettre l'intégration. D'autre part, les vagues successives d'immigrants, les derniers venus remplaçant les plus anciens dans les travaux les plus pénibles, favorisent une ascension sociale. De même, les immigrants ont favorisé les ascensions sociales des migrants français des régions périphériques.

Les voies de l'intégration sont multiples. Il est vraisemblable que l'école primaire, assurée de son message patriotique, a tenté d'acculturer sans remords ; il est possible qu'elle y ait partiellement réussi. Le modèle français d'intégration, très différent du modèle américain, propose une société fondée sur des droits, mais ne consent à faire participer aux bénéfices de ces droits que les étrangers dont on estime qu'ils sont « assimilés ». Ce qui suppose de leur part une volonté de faire disparaître leur « étrangeté », de se conformer à ce modèle national qui refoule les particularismes et régionaux et nationaux. Cette exigence explique la fréquente francisation des noms des néo-Français. Être français, ce n'est pas appartenir à une ethnie mais à une culture et participer d'une manière d'être.

Ainsi les obstacles à l'intégration sont plus sociaux qu'ethniques. L'immigré commence par camper aux marges, mais il participe, en raison des travaux qu'il accomplit, d'un refoulement plus général, celui de l'usine, de la mine, du bagne industriel. Son identité étrangère se confond ainsi avec son identité de travailleur industriel. Sa chance est donc, on le voit bien au moment de l'embellie de l'été 1936, de sortir en même temps du double ghetto où il est enfermé. Comme l'a montré Gérard Noiriel pour Longwy, l'assimilation passe donc souvent par le syndicat et le parti, et de manière privilégiée par la CGT et le Parti communiste. La naissance d'une culture ouvrière spécifique dans les années 1930 a pu ainsi faciliter les parcours d'intégration sociale des étrangers.

Mais aussi, figure centrale du monde ouvrier, l'étranger dispose des mêmes possibilités d'entrée dans la société. Cela passe par les associations multiples, cela passe par le sport ou la musique, parfois par la boutique ou le bistrot. Les formes de la sociabilité restent d'abord inscrites dans le cadre du milieu originel, mais elle déborde souvent ce milieu, le plus fréquemment à la deuxième génération.

Les étrangers révèlent ainsi deux caractères de la France des années 1930. La xénophobie ambiante traduit le caractère introverti du patriotisme et les incertitudes nationales. Face à la crise d'identité nationale, les étrangers sont des boucs émissaires commodes, des responsables aisés à désigner comme cinquième colonne toujours potentielle. Mais aussi, ils dévoilent les structures d'une société qui n'en finit pas d'accepter ses usines et ceux qui y travaillent.

16

Le monde rural

La population rurale représente, en 1931, 48,8 % de la population totale : depuis 1921, elle a diminué de 600 000 personnes. Les travailleurs de la terre sont environ un tiers de la population active. L'agriculture tient dans l'économie une place plus grande que partout ailleurs dans l'Europe industrialisée. Les campagnes, dont le poids électoral est considérable, occupent dans l'imaginaire national une place indispensable depuis la fondation de la République, les sacrifices paysans de la Grande Guerre ont encore renforcé ce rôle : pour l'équilibre même de la nation et pour sa défense, le paysan-fantassin des tranchées est d'importance vitale. La crise, comme les événements de 1936, et la peur sociale qui saisit alors la bourgeoisie, le sentiment d'un déclin français, qu'après la guerre la crise accentue, multiplient ces visons d'un monde rural réservoir de sagesse et de tranquillité sociale. Ainsi l'État, et tout particulièrement le Sénat, protège les paysans plus qu'il ne cherche à les faire évoluer. Les rendements français progressent avec une lenteur telle qu'ils paraissent ridicules lorsqu'on les compare aux anglais, allemands, belges, scandinaves. La productivité en raison du grand nombre des exploitations familiales apparaît encore plus faible.

Les paysans dans leurs villages.

Le paysage fixé au XIXe siècle n'a pas changé. A l'espace religieux autour de cette église en néo-gothique, que les curés bâtisseurs ont multipliée, s'est juxtaposé à la fin du siècle précédent l'espace républicain autour de la mairie et de l'école laïque. Selon les régions un espace domine l'autre. Les campagnes de l'Ouest ont relégué l'espace républicain : la mairie n'est alors que l'annexe peu visible d'une maison ordinaire et l'école de la République a bien du mal à survivre face à sa concurrente cléricale. Dans les villages d'habitat groupé du Midi, la fontaine fait partie du mobilier communal, partout des lavoirs. Seule véritable nouveauté le monument aux morts qui complète, selon la sensibilité politique et religieuse de chaque région, soit l'espace religieux, et il est alors souvent construit dans le cimetière qui jouxte l'église, soit, face à la mairie-école, l'espace républicain. Les cérémonies du 11 Novembre étaient d'ailleurs à la fois religieuses et républicaines, et le culte du souvenir était devenu avec la fraternité rituelle des anciens combattants une structure forte des sociabilités rurales.

Ces villages abritaient encore une société complète. Certes, de nombreux châteaux n'étaient plus ouverts que l'été au temps des vacances, mais dans la France profonde une sorte de bourgeoisie rurale propriétaire survivait encore sans travailler, mais de plus en plus modestement, de ses fermages ou, dans le Sud-Ouest, du travail de ses métayers. Les « Messieurs » n'avaient pas disparu, ils possédaient encore, à l'église, des bancs à leur nom, tout en haut de la nef. Les gros villages avaient leur notaire et de plus en plus fréquemment un médecin. Le curé, l'instituteur étaient des personnages familiers. Les uns et les autres exerçaient une influence inégale selon les régions.

Cependant, les modifications les plus grandes atteignaient les artisans et les commerçants. L'enquête agricole de 1929 dénombre 570 000 artisans ruraux. Certes, Philippe Pinchemel l'a montré pour les campagnes picardes, les activités industrielles rurales disparurent à un rythme accéléré pendant l'entre-deux-guerres. Mais cette « ruralisation » n'atteignit pas également tout l'espace français, et l'artisanat de service était encore, dans les années 1930, très présent : les plus nombreux étaient les professionnels du bâtiment (maçons, charpentiers, menuisiers, couvreurs), puis venaient les forgerons, les charrons, les bourreliers, tous encore indispensables aux paysans : les chevaux doivent être ferrés, les faux aiguisées, les charrettes et les harnais réparés. Les tonneliers, dans les villages viticoles, étaient encore plus de 13 000. Les artisans de la forêt, bûcherons, scieurs de long, vivaient toujours en marge de la communauté villageoise. On comptait encore près de 3 000 taillandiers. Plus de 14 000 « entrepreneurs de distillation » cachaient derrière cette dénomination pompeuse les petits artisans qui promenaient de ferme en ferme l'alambic producteur des réserves annuelles de « goutte ». Les sabotiers étaient encore 23 000. On peut rêver autour de ce chiffre, et lui faire dire toutes les permanences d'un monde rural immobile ; cependant, installés récemment dans les campagnes, d'autres artisans annonçaient déjà les modernités de l'après-guerre. Symboliquement les électriciens-mécaniciens étaient en 1929 aussi nombreux que les sabotiers ; les entrepreneurs de battage étaient près de 40 000. Le courant électrique irriguait désormais les villages, alimentait les pompes et les moteurs des fermes ; les vieilles techniques de battage du grain, le fléau ou le dépiquage, reculaient.

Une évolution comparable s'observait dans le secteur du commerce rural. L'épicier et le boucher étaient apparus au XIXe siècle avec la hausse du niveau de vie paysan. Le boulanger avait peu à peu provoqué la désaffection des fours à pain. Puis, dans les bourgs de l'entre-deux-guerres, s'installaient désormais des coiffeurs, et ces droguistes-quincailliers qui diffusaient les premiers produits de grande consommation, en particulier ces récipients en métal galvanisé qui allégeaient le poids des transports d'eau ou de lait.

Mais les petits marchands ruraux, ces meuniers-négociants en grains, ces vignerons vendeurs de vin, ces chevillards locaux des foires à bestiaux, s'ils ne disparaissaient pas, s'affaiblissaient à la mesure de l'intégration du monde rural dans l'économie nationale et dans ses circuits commerciaux. Les représentants des fabricants d'engrais, les chauffeurs des premiers camions des laiteries industrielles et des grands négociants viticoles parcouraient désormais les campagnes. La densité du chevelu de voies ferrées d'intérêt local, et parfois électoral, facilitait les contacts avec la ville.

Les paysans dans leurs exploitations.

La statistique, qui hésitait à compter les paysannes dans la population active, rend mal compte de la population spécifiquement agricole. Dans les années 1930, on pouvait cependant estimer à 7 millions les travailleurs de la terre. Ils se répartissaient dans 4 millions d'exploitations. Les conséquences de la guerre, puis l'exode rural qui touchait surtout les jeunes, et la diminution générale de la fécondité paysanne provoquaient un vieillissement des exploitants. Un double mouvement renforçait le caractère familial de l'exploitation paysanne : entre 1892 et 1929, près de 2 millions d'exploitations inférieures à 5 hectares avaient disparu. Mais, dans le même temps, le démembrement des très grandes exploitations se poursuivait. Il est vrai que l'État encourageait l'acquisition de terres par les paysans exploitants : une loi de 1918 accordait aux paysans, par l'intermédiaire des caisses de crédit agricole, des prêts de longue durée et dont le taux d'intérêt était faible (1 à 2 %). Les épargnes paysannes servirent ainsi pendant l'entre-deux-guerres à consolider la propriété familiale. D'autre part la disparition des petites exploitations privait les exploitants moyens des journaliers qui complétaient, en travaillant chez autrui, des ressources insuffisantes. Ainsi les salariés agricoles étaient de moins en moins nombreux et ne représentaient guère que 10 % de la population active agricole, ce qui explique le recours aux travailleurs immigrés qui, en 1931 comme en 1936, étaient plus de 250 000 actifs dans les campagnes.

Désormais, de 75 à 80 % des exploitations étaient cultivées par des familles qui n'utilisaient qu'occasionnellement des travailleurs salariés. La surface cultivée se situait entre 7 et 50 hectares. Les trois quarts des exploitants étaient propriétaires. Ainsi les structures sociales des campagnes évoluaient conformément à l'idéologie républicaine.

Le modèle paysan français peut être ainsi dessiné : une exploitation de 10 à 20 hectares, qui était cultivée par une famille comprenant de 5 à 10 personnes, et le plus souvent 3 générations. La maison comportait 2 ou 3 pièces, une grande salle, où le carrelage avait le plus souvent remplacé la terre battue. La grande cheminée n'avait pas disparu, mais des cuisinières à bois facilitaient le travail féminin. Un cellier, l'étable, la grange, une ou deux chambres où l'hiver il faisait très froid. L'eau était tirée du puits ou de la citerne. On se nourrissait d'abord de ses propres produits, et, si l'on se fournissait en pain chez le boulanger, on lui donnait du blé en échange — des encoches sur une planchette de bois permettaient de tenir les comptes à jour. Chez l'épicier, on se contentait d'acheter l'huile, le sucre, le café, le riz. La viande fraîche du boucher était réservée aux jours de fête.

La répartition des travaux selon le sexe et l'âge restait immuable. Les gamins qui allaient à l'école rentraient les vaches en revenant du bourg, puis, dès 13 ou 14 ans, devenaient des travailleurs à part entière jusqu'au moment de leur installation autonome après le service militaire et le mariage. La mécanisation était encore rare. Certes, les charrues modernes étaient très répandues et aussi, de plus en plus, les faucheuses-lieuses. Mais la traction restait animale : un ou deux chevaux, ou un couple de bœufs. Dans les années 1930, le tracteur était encore exceptionnel (moins de 1 % des exploitations). Cependant comme le montra Daniel Faucher[1], contredisant Hubert Lagardelle, la motorisation était moins freinée par la structure des exploitations que par la multiplicité et l'éparpillement des cultures. La polyculture était la règle et les tentatives de remembrement exceptionnelles. La crise agricole figea d'ailleurs ces structures, en renforçant l'autoconsommation et en limitant les achats extérieurs.

Il ne faut pas cependant généraliser le poids des permanences. Dans les régions où elle pouvait être entraînée par la grande, la petite culture savait s'adapter et devenir enrichissante par le bouleversement des genres de vie. L'esprit commercial développait les monocultures du Bas-Languedoc, du Val de Loire, des plaines du Bas-Rhône. C'est entre 1930 et 1940 que celles-ci se spécialisaient exclusivement dans la production viticole ou fruitière. Aucune région rurale ne devait souffrir du rationnement alimentaire après 1940 autant que le vignoble languedocien. Le courant commercial qui transportait en Grande-Bretagne les primeurs de la « ceinture dorée » de l'Ouest breton prouve que la petite paysannerie n'était pas toujours incapable de s'informer des débouchés.

Les cultivateurs : le « modèle Grenadou ».

La grande exploitation, fermière ou, plus rarement, en fairevaloir direct, représentait 60 % des terres aux mains de 500 000 chefs d'entreprise. Les émeutes de Chartres, en janvier 1933, peuvent prouver qu'elle souffrit de la crise, mais sûrement moins qu'on ne l'a dit. Les souvenirs de Grenadou[2] (qui contiennent quelques petites erreurs) montrent que les cultivateurs ne comprenaient pas mieux que les autres Français les mécanismes de l'économie.

Le cultivateur, en réalité cossu, vivait bien. Son allant économique était au niveau d'un relatif dynamisme démographique. On a pu parler d'une mentalité capitaliste proche de celle de la

---

1. « Machines agricoles et systèmes de culture », *Mélanges Arbos*, 1953, p. 203.
2. Voir (35).

bourgeoisie d'affaires. Toutefois, l'image que le cultivateur
aimait à donner de lui-même, celle d'un joueur, restait conditionnée par le travail de la terre. Engranger ou non une récolte
un jour donné est un pari, de même que gagner ou perdre aux
cartes un troupeau de moutons pendant l'ennui d'un trajet de
chemin de fer. Entre 1930 et 1940, la mentalité de l'entrepreneur dans la grande culture était sans doute plus proche de son
homologue américain que dans aucun autre secteur de la société
française.

Le comportement économique et social du grand fermier était
donc à l'opposé de celui du paysan malthusien avec lequel la
mythologie agrarienne le confondait. Sa productivité et ses rendements faisaient de lui l'égal des meilleurs agriculteurs européens. Son niveau de vie était celui de la bourgeoisie urbaine.
En raison de l'isolement des fermes et du rang qu'il devait tenir,
il possédait toujours une automobile de bonne marque qu'il changeait fréquemment. Beauceron, il se rendait souvent à Chartres,
était client d'une banque, membre du Syndicat agricole d'Eure-
et-Loir. Sa génération n'avait pas fait d'études, mais ses fils et
ses filles allaient au lycée, jusqu'à la seconde le plus souvent,
et ne dépassaient jamais le baccalauréat ; ils complétaient alors
cet enseignement général par le « cours d'agriculture d'hiver »
organisé dans l'établissement. La génération suivante, elle, est
entrée après la guerre à l'Institut agronomique.

Le fermier beauceron, pris comme exemple, cultivait entre 100
et 200 hectares, dont une large partie ne lui appartenait pas, mais
le capital d'exploitation qu'il détenait représentait à cette époque environ la moitié de la valeur de la terre. Il employait encore
un nombreux personnel saisonnier, vrai prolétariat ou sous-
prolétariat, qui partageait la mentalité des ouvriers des villes,
était syndicalisé et avait obtenu par ses luttes l'amélioration de
son alimentation par la conquête de la viande et du café. La mécanisation de la culture, puis les 40 heures, restreignirent de plus
en plus la classe des « gars de la batterie ». Cependant, en 1936,
le Sénat, qui subissait la marée des grèves de juin, se réveilla subi-
tement, comme pour un combat désespéré, lorsque les salariés
agricoles du Bassin parisien entrèrent à leur tour en action. La
crainte des partageux avait survécu à l'absorption industrielle
du surpeuplement rural. A côté de ce salariat, un autre groupe
vivait dans des conditions de vie proches de celles des paysans

de petite culture : les ouvriers qualifiés (charretiers, bergers, vachers), assez liés au patron, du moins en Beauce, car, en Brie et dans le nord du Bassin parisien, où l'exploitation était plus grande, ils étaient séparés de lui par l'écran des régisseurs ou des contremaîtres.

Une idée reçue veut que l'ascension ne soit alors possible qu'à la ville. C'était certainement vrai dans les pays de petits propriétaires et de petite culture. Cela l'était beaucoup moins sur les plateaux à limon du Bassin parisien. Le père de Grenadou était un « haricotier », fermier de quelques hectares dans la vallée ; le fils parti de rien était devenu « quelqu'un », avec ses 100 hectares de plaine, au moins. La condition initiale de l'ascension était de ne pas être parmi les plus pauvres, d'avoir un petit bien ou de se situer au sommet de la hiérarchie du salariat. Grenadou était charretier et il était ambitieux et travailleur. Pendant toute la crise, la terre et le fermage furent à bas prix, l'investissement en engrais et en mécanique restait faible en Beauce. L'endettement, léger, fut remboursé en quelques années. A la faveur de cette crise des années 1930, l'ascension de Grenadou répétait sans qu'il le sache celle de la famille de son député Triballet, qu'il admirait. Le grand-père de celui-ci, buraliste à Pont-Tranche-Fêtu, avait bénéficié lui aussi pendant la « grande dépression » de l'effondrement du revenu de la terre pour la conquérir par son travail.

Pratiques culturelles rurales.

Ne soyons pas dupes des modèles. Les deux types de structures rurales que nous avons présentés ne résument pas les diversités françaises. Entre l'Aquitaine intérieure — dépeinte sur le moment même par Lagardelle —, où « la terre paie mal », où la propriété paysanne se maintient d'autant mieux qu'elle a, grâce à la contraception et à l'exode rural, moins de vies humaines à assurer et, d'autre part, les pays du Bassin parisien comme la Beauce, où le cultivateur ne redoute pas d'être chargé de famille qu'il enrichit grâce à sa forte productivité, il y a place pour d'autres modèles. Ainsi le Finistère, où la surcharge démographique restait très forte, où l'exploitation, de dimension moyenne plus faible que dans le reste de la France, n'est rentable qu'en utilisant un très grand nombre de bras non ou mal rémunérés.

Cependant, la structure familiale restait partout dense, cohérente et beaucoup plus étendue qu'en ville, où elle se réduisait
déjà au couple et à sa progéniture. On peut y constater parfois
des archaïsmes incroyables, comme le droit d'aînesse des filles
remarqué par Strabon aux environs de Barèges, et qui existait
encore en 1940. Le prolongement de la vie entraînait le vieillissement du chef d'exploitation et contribuait à l'exode rural des
jeunes las d'attendre. Ou bien, comme le constate Higonnet à
Pont-de-Montvert [1], la société rurale n'était plus qu'une société
de vieillards dont les fils étaient tombés à la Marne ou à Ver-
dun. Le prestige du chef de famille, chef de l'unité de production, restait fort. Ce n'est que pendant les guerres que la femme
terrienne prend la direction de l'exploitation. Cependant, en
région de petite exploitation, le chef de famille était vulnérable :
c'est la basse-cour contrôlée par la fermière qui fournissait
l'argent de poche. Il est vrai que l'homme bénéficie pour les plaisirs masculins de la modique retraite du combattant.

Le monde rural était dorénavant instruit, grâce à l'école primaire, prolongée en pays riches par les cours complémentaires
d'enseignement agricole, par l'école primaire supérieure, le collège, voire mais plus rarement par le lycée. La scolarité de base
jusqu'à 14 ans était la même dans les villes et les campagnes.
Dans le Finistère, alors qu'au début du siècle 30 % des hommes
de plus de 15 ans étaient illettrés, le pourcentage, dans les années
1930, était inférieur à 10 %. Dans de nombreuses communes,
seuls ne savaient pas lire les vieillards nés sous le Second Empire.
Beaucoup d'hommes s'étaient accoutumés à l'écriture quand,
dans les tranchées de la Grande Guerre, ils voulaient garder un
lien avec leur pays natal. D'autre part, les routes, les chemins
de fer, la bicyclette, l'automobile facilitaient la mobilité. Les
syndicats paysans pénétraient même dans les régions de fermes
dispersées. Les rites du souvenir pratiqués par les anciens combattants unifiaient, d'un village à l'autre, les comportements. Le
temps n'était plus où seule la messe dominicale rompait l'isolement des paysans.

La culture n'en était pas moins différente de celle de la ville.

---

1. L.-P. et R. Higonnet, *Pont-de-Montvert. Social Structure and
Politics in a French Village, 1700-1914*, Harvard University Press,
1971.

L'*Almanach Vermot, Le Chasseur français*, le *Catalogue de la Manufacture de Saint-Étienne* sont les lectures de base. La diversité régionale se marquait par les journaux locaux, les almanachs départementaux, la présence ou l'absence de l'influence religieuse : *Le Pèlerin* et autres publications de la Bonne Presse en milieu catholique, de petites feuilles évangéliques chez les protestants.

Toute une partie du folklore était vivante, pas encore dégradée par le tourisme et l'exploitation commerciale, même dans les pays les plus évolués. Certes, la culture paysanne était pénétrée par l'extérieur et par le monde du loisir : le cinéma ambulant, la radio apportaient l'air de la ville. L'habillement, l'alimentation se rapprochaient progressivement des habitudes urbaines. Mais la culture paysanne était encore fondamentalement celle de la fête, inextricablement mêlée à la vie familiale, à la vie religieuse et agricole de la communauté. En Dordogne, au moment de la fête de Pâques, les enfants chantaient encore de maison en maison, pour obtenir quelques sous, la Passion du Christ en patois. En Beauce, à moins de dix kilomètres de Chartres, existe encore, en 1940, « le mai », branche verte, remplie de symboles, que l'amoureux accroche dans la nuit du 30 avril au 1er mai à la fenêtre de la jeune fille aimée. L'entrepreneur de bals venait monter sa baraque et son parquet ciré le jour de la fête du pays. A Pâques, afin de l'aérer, on ouvrait, mais pendant moins de quarante-huit heures, pour ne pas payer la contribution des portes et fenêtres, la maison construite trente ans plus tôt pour le gars qui n'est pas revenu du front.

A tous ces traits, qui pouvaient varier, mais dont le sens est commun, s'oppose la diversité des attitudes religieuses. La population rurale pratiquante est majoritaire entre les deux guerres dans le Nord et le Pas-de-Calais, dans le Pays de Caux, dans tout le Massif armoricain, en Alsace et en Lorraine, dans les massifs montagneux de l'Est, dans la plus grande partie du Plateau central et dans l'Ouest pyrénéen. Certes, il y naissait moins d'enfants qu'auparavant, mais la natalité restée relativement forte et le surpeuplement ancien des régions les plus pauvres provoquaient un exode vers les banlieues rouges, et, paradoxalement, c'est par l'intérieur de la province que le communisme pénétrait en Bretagne.

Les paysans dans la nation.

La contestation paysanne que fit naître la crise révéla que les notables agrariens n'étaient plus les représentants exclusifs du monde paysan.

Ainsi, dans l'Eure-et-Loir, le syndicat agricole était tenu par des exploitants qui, comme Grenadou, sont antimilitaristes et détestent les curés. Les cultivateurs beaucerons n'ont élu dans l'entre-deux-guerres (sauf en 1919), à la Chambre et au Sénat, que des terriens beaucerons, à l'exception de Viollette, dont la carrière remontait à l'avant-guerre. Le technocrate agrarien Ricard, ancien ministre de l'Agriculture dans les cabinets Millerand et Leygues, fut écarté du Sénat par le cultivateur Bouvart dès 1922. Triballet joua un rôle d'abord modeste à la Chambre des députés où il fut élu en 1924. Après 1930, sa personnalité s'imposa dans les commissions et les débats. Il proposa et fit accepter le prix minimal du blé en 1933 et fut l'un des créateurs de l'Office en 1936. Cependant, on peut voir en lui les limites de l'intégration politique de la bourgeoisie fermière, sur qui pesait encore la macule paysanne ; le républicain-socialiste Triballet ne fut jamais ministre dans les cabinets radicaux ou socialistes, ce furent Queuille et Monnet, issus de professions libérales, maîtres des techniques du discours. Et ce fut l'avocat Viollette qui, en Eure-et-Loir, conduisait la gauche, et non l'un ou l'autre des cultivateurs parlementaires.

La situation était plus complexe dans le Finistère. Toute l'action des grands propriétaires, souvent issus de l'aristocratie et anciens officiers, consistait à préserver le monde rural de l'influence pernicieuse de la ville. Hervé Budes de Guébriant fut, en 1911, l'un des fondateurs de l'Office central de Landerneau qui, dans les années 1930, s'étendait sur les deux départements des Côtes-du-Nord et du Finistère et comptait plus de 550 syndicats locaux [1]. L'Office achetait les engrais, commercialisait une partie de la production paysanne. Son idéologie s'inspirait de Patrice de La Tour du Pin. Lors de la célébration du XXVe anniversaire de la fondation de l'Office, en 1937, l'évêque de Quimper disait aux 4 000 délégués rassemblés : « Organisez votre

---

1. Suzanne Berger, *Les Paysans contre la politique*, Paris, Éd. du Seuil, 1975.

profession, attachez-y vos ouvriers agricoles et, par une réconciliation sociale qui sera votre œuvre propre, arrivons à la corporation que nous prônons depuis soixante ans. » L'Office cherchait à maintenir les paysans sur leur terre et depuis les années 1920 lançait des programmes d'éducation des jeunes paysans. François-Marie Jacq crée en 1927 le cours d'agriculture par correspondance, qui comptait en 1939 plus de 2 000 inscrits. Mais l'action de l'Office auprès des jeunes concurrençait les activités de la Jeunesse agricole chrétienne, créée en 1929 et animée par des prêtres diocésains. La JAC progressait dans les années 1930, elle proposait des études sociales conduites selon les trois mots d'ordre « voir, juger, agir ». Là fut formée la génération de l'après-guerre qui contribua à transformer les campagnes françaises. Là furent canalisés les conflits de générations déjà sensibles dans les campagnes des années 1930.

Mais la gauche fut aussi active dans le Finistère. A Plodémet, pendant toute la IIIe République, l'enjeu entre les « blancs » et les « rouges » resta l'école. Le sommet du combat de Georges Le Bail fut la construction du CEG. « C'est pourquoi le parti blanc combattit non seulement la laïcité de l'école, mais la politique de l'école. Il opposa à la voie exogène la voie endogène qui aurait dû maintenir la paysannerie à la terre. Il opposa l'équipement communal (routes, eau, électricité) à l'équipement de la communale. Il opposa à Plodémet, qui transfère sa sève dans la société urbaine, Poulzic, qui occupe sa population sur le sol natal, et assure le développement économique de la commune [1]. » Le paysan, militant socialiste de l'est du département, Tanguy-Prigent tenta d'abord d'implanter coopératives et syndicats, mais, élu député de Morlaix en 1936, il choisit la voie politique.

Au plan national, l'idéologie corporative se développait à la faveur de la crise. Louis Salleron publiait en 1937 *Un régime corporatif pour l'agriculture*. La grande confédération de syndicats ruraux, le « boulevard Saint-Germain », adoptait le corporatisme. Face aux vieilles idéologies qui, protectrices, revenaient en force comme une conjuration du déclin, les radicaux, dans les régions qu'ils dominaient, maintenaient leurs réseaux d'élus locaux appuyés sur la presse régionale. Les socialistes fondaient

---

1. Edgard Morin, *Commune en France*, Paris, Fayard, 1967.

en 1933 la Confédération nationale paysanne qui regroupait des syndicats locaux. Mais les forces de gauche ne progressaient guère hors de leurs zones traditionnelles d'implantation. Les gains communistes dans le Lot-et-Garonne, en Corrèze et en Haute-Vienne étaient pris sur l'électorat radical traditionnel ; le communisme, là, représentait avant tout l'horreur des « petits » pour les « gros ».

Quant à Henri d'Halluin, dit Dorgères, s'il réussit, dans ses comités de défense paysanne à mobiliser dans l'Ouest, dans le Bassin parisien et dans le Nord, pour des actions ponctuelles, violentes, contre les impôts et les assurances sociales, de petits exploitants, il ne fut jamais à la tête d'un mouvement de masse. Ses « Chemises vertes » ne parvinrent à enrégimenter qu'une très petite minorité de paysans. D'ailleurs, après 1936, le mouvement disparaissait pratiquement, miné par des querelles de personnes.

Au total, malgré les tentatives pour retarder l'évolution, c'était bien l'intégration à la nation qui progressait. Les refus ne provenaient que des régions où une société rurale « complète », avec ses hiérarchies traditionnelles laïques et cléricales, s'était maintenue. Certes, la France rurale de l'entre-deux-guerres a l'unité et la diversité d'un archipel, avec des îles actives et riches, et d'autres assoupies ou mortellement meurtries par la saignée de 1914. D'une manière générale, malgré les jérémiades des agrariens, le sort des cultivateurs s'était amélioré. L'endettement était moins élevé qu'avant 1914 ; le niveau de vie s'élevait avec plus ou moins de retard sur celui des villes ; le statut des exploitants devint meilleur. L'État, qu'il fût représenté par Tardieu, par Queuille, ou par Monnet, malgré des maladresses et parfois de l'incompétence, était tout dévoué aux agriculteurs et les protégeait. Mais surtout une génération neuve prenait peu à peu en main le destin paysan. Après la parenthèse corporative de Vichy, où l'odeur éternelle de la terre sans mensonge fut respirée avec délice par les agrariens, cette génération était prête à accepter le progrès et à lancer le monde rural dans la modernisation.

17

Sociétés urbaines

Les villes.

Peut-on isoler dans la courte durée des années 1929-1938 une image et une évolution de la ville ? Des images, sûrement. Des banlieues de Céline à la zone de Cendrars, de l'hôtel du Nord et du canal Saint-Martin vus par les caméras de Carné, le réalisme poétique des années 1930 éclaire les pavés mouillés, les mauvais garçons, la chanson des rues, les bals populaires. Les romans de Simenon révèlent les permanences des vieilles bourgeoisies portuaires, les vies petites-bourgeoises du centre de Paris, les concierges, les zincs, les commerçants familiers.

Que disent les chiffres ? Après la croissance des années 1920, les villes semblent stagner au temps de la crise. La ville de Paris a cessé de croître depuis 1921 (maximum à cette date : 2,9 millions ; 2,8 millions en 1936), mais le département de la Seine atteint 5 millions d'habitants dans les années 1930. Cette pause conjoncturelle succède à une croissance certes rapide mais dont il faut caractériser la géographie : entre 1911 et 1931, l'agglomération parisienne (Seine et Seine-et-Oise) augmente de 1,80 % par an. Cette croissance met en place les banlieues pavillonnaires, les lotissements mal viabilisés et poussés au hasard au milieu des usines et des voies ferrées. Ce même phénomène s'observe dans certaines villes de province (Vénissieux, pour la banlieue de Lyon). Mais Paris accentue son avance : entre 1911 et 1936, les 10 premières villes françaises, après Paris, n'augmentent que de 0,65 % par an, la poussée urbaine délaisse les métropoles régionales et privilégie certaines régions industrielles, comme les cités minières de Lorraine, certaines villes comme Clermont-Ferrand ou Grenoble et le réseau urbain de la Côte d'Azur.

L'étude des luttes sociales, après les images et les chiffres, est la troisième approche des réalités urbaines : les années 1930 voient se multiplier les affrontements dont la ville est l'enjeu. Affrontements politiques, déjà évoqués pour la conquête de la rue,

affrontements entre communautés quand la xénophobie se
déchaîne, alors même que diminue, nous l'avons vu, le nombre
des étrangers. Affrontements sociaux enfin, les refoulés de la
ville, les ouvriers, ceux qui dans les romans de Simenon n'apparaissent qu'au fond du tableau, comme des silhouettes anonymes,
revendiquent leur place dans la cité.

La ville est au bout d'un cycle. D'un cycle économique
d'abord. Le temps de l'industrie fondée sur le charbon et le textile s'achève. Dans la banlieue de Paris, dans une ville comme
Grenoble, une nouvelle forme d'industrialisation s'esquisse, fondée sur la consommation. La ville est aussi au bout d'un cycle
monumental : du Second Empire à la Belle Époque, elle s'est
équipée de tous les palais de justice, bourses de commerce, gares,
théâtres qui lui étaient nécessaires, les places sont pourvues en
statues. Les villes haussmannisées ont pu accueillir la circulation automobile. Cependant, tout indique et l'épuisement historique d'un modèle et les commencements d'une autre période
de développement. La ville stagnante et conflictuelle des années
1930 est aussi la ville où se répand la TSF, où s'étale la publicité, où l'on construit des cinémas, où se multiplient les employés,
où apparaissent les « cadres », où s'enracinent des loisirs de masse
qui, du « Vel' d'Hiv' » à Luna Park, n'ont plus grand-chose à
voir avec les traditionnelles distractions des « barrières ». « Décadence du génie urbain français », écrivait Giraudoux, qui s'indi-
gnait du sort réservé à « la zone » où s'élevaient, à l'emplacement
des anciennes fortifications, les casernes de brique de la loi Loucheur dominant les baraques sordides des zoniers. Et Giraudoux
rêvait d'une ceinture verte autour de la grande ville, des ovales
parfaits de grands stades, d'un Marais restauré et d'un nouveau
génie monumental.

Le Paris de 1937, dont se souvient avec nostalgie Henri Lefebvre, est encore celui de la Commune et de Zola, des artisans,
de la sociabilité des quartiers, des « îlots insalubres », des hôtels
du vieux Faubourg ; pourtant, contrairement aux idées reçues,
une autre pensée de la ville s'affirme. Certes, on construit peu,
trop peu. Le blocage des loyers depuis 1919 n'incite guère les
investisseurs à placer leurs capitaux dans l'immobilier. Cependant, comme l'écrit Marcel Roncayolo : « Par rapport à l'image
simplifiée que l'on donne de l'entre-deux-guerres — stagnation
de la construction et anarchie de la croissance territoriale —, c'est

le retour de l'intervention publique qui [...] qualifie le plus justement ces années [1]. » La collectivité publique intervient désormais dans la construction de logements sociaux, abandonnée jusqu'alors aux philanthropies patronales. La loi Loucheur de 1928 permet la construction des immeubles de brique aux portes de Paris : 40 000 logements HBM ont été ainsi édifiés de 1928 à 1939 dans la Seine. Drancy élève la cité de la Muette en 1934, qui annonce — tours et barres, ciment armé — les « grands ensembles » des années 1950. Les municipalités commencent à vouloir la maîtrise de leur urbanisme. Dans la banlieue de Lyon, à Villeurbanne, la Société villeurbannaise d'urbanisme regroupe la Ville, des entrepreneurs et des banquiers afin de créer un centre ville monumental (le « Gratteciel »). Henri Sellier est maire de Suresnes en 1919, administrateur de l'Office public des HBM de la Seine, puis ministre de la Santé de Léon Blum en 1936 ; dans sa ville il est un pionnier des cités-jardins. La loi de 1938 qui donne un cadre réglementaire à la copropriété annonce un nouvel âge de la manière d'habiter. D'autre part, la distribution sociale des habitants dans la ville évolue : les vieux centres commencent à perdre leur population résidente au profit de bureaux. Les différents types de logements aidés installent à la périphérie de Paris les classes moyennes d'employés et de fonctionnaires, alors que les usines et leurs ouvriers émigrent vers les banlieues. Ce phénomène atteint les villes de province dans les années 1950.

Mais la réalité vécue des villes des années 1930, c'est l'entassement dans un parc immobilier vétuste et sans confort, et d'autre part le développement anarchique des banlieues.

Ainsi, alors que s'épuisent les formes anciennes d'une ville modelée par le Second Empire et la IIIe République, une autre croissance urbaine s'esquisse. Les sociétés urbaines, de la même manière, mêlent la tradition et l'annonce de l'avenir : permanences et renouvellement des bourgeoisies, plasticité des classes moyennes, installation urbaine d'un monde ouvrier qui s'enracine et trouve une identité.

1. In G. Duby, voir (166).

Les bourgeoisies.

Le titre utilise un pluriel destiné à nuancer une analyse qui risque sans cesse de glisser vers l'excès de schématisation. Les définitions que l'on propose de la bourgeoisie sont en effet multiples. On peut désigner ainsi, comme le fait Léon Blum dans *A l'échelle humaine,* la classe dirigeante qui détient exclusivement le pouvoir parce qu'elle dispose « des assemblées locales, des cadres de fonctionnaires, de la presse, de la finance, des milieux d'affaires et surtout du Sénat ». La bourgeoisie se définit alors par l'accaparement dans les mêmes mains du capital et du pouvoir social et politique. On peut en étudiant fortunes et successions tenter des approches quantitatives, mais cette démarche familière aux historiens de la société du XIXᵉ siècle n'est encore qu'esquissée pour le XXᵉ. On peut enfin approcher les réalités bourgeoises par les modes de vie, les cultures et les sociabilités, par les valeurs communes. Mais, s'il convient de restituer la spécificité bourgeoise sur le temps court des années 1930, on ne comprend sa situation que si l'on analyse le devenir de trois bourgeoisies, parfois concurrentes, souvent alliées : une bourgeoisie rentière, une bourgeoisie des professions libérales et du service de l'État, une bourgeoisie des affaires et du capital.

Les années 1930 représentent le moment où une fraction rentière de la bourgeoisie s'épuise. Ceux qui possédaient une propriété rurale ou des immeubles en ville sont atteints de plein fouet par la baisse relative des fermages et, en ville, par le blocage des loyers. « M. Vautour », caricature du propriétaire au XIXᵉ siècle, s'efface de la littérature. Dans les campagnes s'épuisent peu à peu les propriétaires terriens qui ne travaillent pas eux-mêmes. Les rentiers de l'État ont été malmenés par les années 1920. La crise sociale de l'entre-deux-guerres est en partie la crise de cette bourgeoisie. D'autant plus que, culturellement, ces groupes se durcissent sur leurs valeurs. La bourgeoisie bordelaise de Mauriac, avec ses hectares de pins dans les Landes, pourrait caractériser le climat mental de ce groupe qui reste important et influent dans les capitales provinciales et les villes moyennes.

La bourgeoisie du service de l'État et des professions libérales participe parfois des mentalités et du patrimoine des bourgeoisies rentières. De nombreux notaires ou avocats ont des terres ou des immeubles. Mais cette bourgeoisie est beaucoup moins fragile que la précédente. Elle peut adapter ses revenus aux aléas de l'époque. Les professions libérales sont le groupe dont les revenus résistent le mieux à la crise. Au XIXᵉ siècle, la médecine était, comme le droit, une carrière incertaine. Ne s'y destinaient, sauf le cas de vocations le plus souvent héréditaires, que les bacheliers les plus médiocres. Pendant près de 150 ans, les meneurs des révolutions avaient été les avocats sans cause et les médecins sans clientèle. Les assurances sociales, dans les années 1930, ont complètement revalorisé la carrière médicale.

Les professeurs sont au pouvoir ; Herriot en est comme le prototype, puis Daladier. La haute fonction publique reste un monde réservé à une étroite élite. La bourgeoisie d'État est culturellement fort diverse : le modèle « boursier méritant », souvent radical, dont la réussite valide les vertus républicaines, le modèle « bourgeois de province », dont les valeurs sont proches de celles des bourgeois de la rente, l'amateur éclairé enfin, ouvert aux arts et aux lettres, fréquentant les théâtres et lisant les revues de poésie (ce pourrait être, pour une partie de sa personnalité, Léon Blum).

Cette bourgeoisie intellectuelle, qui a parfois acquis son patrimoine culturel, est donc souvent la dernière venue dans le monde qu'elle a conquis. Elle possède, c'est une des particularités des structures sociales françaises, une autonomie relative mais certaine vis-à-vis des classes dirigeantes de l'économie ; elle exerce d'autant plus cette autonomie dans les années 1930 qu'elle est souvent issue des classes moyennes et qu'elle s'instaure en protectrice de cette petite bourgeoisie dont elle est le modèle. Est-ce à ses frères radicaux que pensait Blum quand il fustigeait l'absence de hardiesse de vues, de sens du risque de la bourgeoisie qui rabaissait « la politique industrielle à des calculs de boutique » ?

En effet, les recherches les plus récentes sur le patronat industriel français des années 1930 infirment les traditionnelles critiques, indéfiniment répétées, sur son « malthusianisme ». Pourquoi ce *topos* sur le patronat ? Les reconstructeurs de l'économie française du lendemain de la guerre, Jean Monnet, Alfred Sauvy, ont d'autant plus insisté sur le retard français de 1938 qu'ils souhaitaient un redressement rapide. D'autre part, on confond souvent le malthusianisme social, le paternalisme autoritaire du patronat, et son archaïsme économique supposé. Enfin, conservatisme politique ne signifie pas nécessairement conservatisme économique. En réalité, les entreprises en nombre de plus en plus grand adoptent les méthodes modernes d'organisation du travail. Renault, Saint-Gobain modernisent leurs structures de production. Le renouveau se manifeste aussi sur un autre plan dans la création de 1938 du Centre des jeunes patrons. Ce patronat soutient d'ailleurs le gouvernement d'autorité et d'union nationale de Daladier en 1938. Il reste qu'une oligarchie financière et industrielle domine l'économie française. Quelques centaines d'hommes cumulent les sièges dans les conseils d'administration des grandes sociétés anonymes. Les « grandes familles » restent très présentes : 7 membres de la famille Peugeot occupent 29 sièges, 4 de Wendel 28 sièges, 7 Rothschild 20 sièges, 9 Schlumberger 31 sièges, 9 Motte 20 sièges. La cohésion sociale et familiale du patronat du Nord est particulièrement grande. Des nouveaux venus ont pu cependant s'affirmer : Ernest Mercier, magnat de l'électricité, est présent dans 46 conseils d'administration. A la veille de la dissolution de l'Assemblée générale de la Banque de France, composée par les 200 plus gros actionnaires, les 15 régents (qui devaient posséder au moins 30 actions dont chacune valait 100 000 francs) sont 6 banquiers (baron Édouard de Rothschild, Ernest Mallet, baron Hottinguer, baron Jacques de Neuflize, Pierre Mirabaud, Pierre David-Weil) et 9 industriels (marquis de Voguë, François de Wendel, René-Paul Duchemin, Maurice Tinardon, Camille Poulenc, Louis Renault, Marcel Schlumberger, Robert Darblay, Omer Scrive).

Enfin, la période voit apparaître un type social promis à un avenir brillant : le cadre. C'est « M. l'ingénieur ». En 1937 naît la CGCE, Confédération générale des cadres de l'économie. Ainsi est reconnue l'autorité fondée sur la compétence et le plus souvent sur le diplôme. D'autres signes annoncent la mutation des bourgeoisies : l'enseignement secondaire devient progressivement gratuit et même si les « petites classes » des lycées, contrairement au primaire pour tous, sont encore payantes, réservées à la bourgeoisie, la démocratisation est en marche. La baccalauréat, cette « barrière », n'est plus l'apanage des héritiers et de quelques boursiers choisis, mais les effets ne se feront sentir qu'au lendemain de la guerre. Les modes de vie poursuivent leur progressive uniformisation : le vêtement se simplifie, les domestiques, signe essentiel de la maison bourgeoise, sont moins nombreux, après l'apogée du début du siècle. Les signes extérieurs d'appartenance demeurent cependant : dans une famille bourgeoise, les femmes ne travaillent pas et, sauf dans quelques milieux émancipés, vont à la messe même si leur mari est radical pratiquant. La bourgeoisie, d'ailleurs, est plus divisée par ses croyances que par son mode de vie. Le « salon » est une obligation de toute famille bourgeoise, qui se doit de pouvoir « recevoir », mais les bourgeois peuvent être ou bons catholiques ou anticléricaux.

Les classes moyennes.

Où placer les deux frontières qui séparent les classes moyennes de la bourgeoisie, d'une part, des classes populaires, d'autre part ? Il y a une petite bourgeoisie des classes moyennes : ces employés, ces fonctionnaires, ces commerçants dont l'épouse ne travaille pas et ne sort pas sans son chapeau et ses gants, dont les enfants sont élevés « comme il faut », études pour le fils et piano pour la fille. Il y a au contraire une partie des classes moyennes qui touche au peuple des villes par leur manière d'être : patrons de bistrots, petits commerçants et artisans des quartiers populaires. Les incertitudes des définitions s'expliquent d'autant plus que les statistiques, issues des recensements, sont imprécises. On ne s'étonnera donc pas que ce développement sur les classes moyennes reprenne, sous un autre angle, une partie des développements consacrés à la bourgeoisie.

Les classes moyennes, en effet, constituent dans la société française des années 1930 un enjeu fondamental : c'est le moment même où on tente de les constituer en classe, en tiers parti. Jusqu'alors, les radicaux évitaient le terme de classe, Gambetta avait préféré évoquer « les couches nouvelles » et rassembler tout un peuple de possesseurs de petits patrimoines. La distinction sociale fondamentale était la frontière entre le capital des « gros », de l'oligarchie, de la ploutocratie financière, les sociétés justement baptisées *anonymes,* et le patrimoine des « petits ». Les défavorisés, les salariés peuvent grâce à l'école atteindre ce monde béni de l'indépendance et de la liberté que donne le patrimoine justement gagné. Et il est vrai que les classes moyennes sont un lieu de passage et de mobilité. Les ascensions sociales, le plus souvent en deux générations, passent par elles. Leur plasticité permet les évolutions de l'ensemble social.

L'entre-deux-guerres, c'est à la fois le triomphe des classes moyennes traditionnelles, dont la valeur fondamentale est l'indépendance que permet la possession d'un petit patrimoine, mais aussi l'ascension de ces classes moyennes d'employés et de fonctionnaires qui vivent d'un salaire et dont le petit patrimoine est intellectuel. Les petits et moyens fonctionnaires sont regroupés dans la Fédération nationale des fonctionnaires, proche de la SFIO et dont le responsable essentiel est Robert Lacoste. Le journal de la Fédération *La Tribune des fonctionnaires* diffuse 300 000 exemplaires dans les années 1930. La SFIO, malgré les tentations néo-socialistes qui expriment, entre autres orientations, une volonté de penser les classes moyennes, ne parvient pas à dépasser la vision classique de classes moyennes en voie de disparition et se refuse au compromis social-démocrate.

La droite enfin tente, contre le Front populaire, de regrouper les classes moyennes, de les arracher au Parti radical. C'est bien le sens des tentatives des organisations du patronat pour ne pas se couper des petits patrons et pour lutter contre l'insidieuse idéologie qui oppose traditionnellement les « petits » et les « gros ». D'autre part, les organisations de cadres et d'ingénieurs qui se multiplient en 1937 innovent en marquant l'appartenance d'un groupe « à ces deux ensembles jusque-là disjoints, l'élite confondue avec la 'bourgeoisie' et, d'autre part, les 'salariés' vendeurs de leur force de travail [1] ».

Ainsi, c'est sans doute dans le champ social que se marque le mieux la crise de la République. Les classes moyennes, au moment même où elles sont perçues en tant que telles, se caractérisent d'abord par leur hétérogénéité. En 1936 on compte en France dans le commerce (la catégorie inclut les banques, les assurances et les sociétés de services) 765 000 chefs d'établissement et 605 000 isolés petits patrons. Dans l'industrie : 673 000 chefs d'établissement et 888 000 isolés petits patrons. Mais, alors qu'artisans, petits commerçants sont les premiers frappés par la crise, le monde des employés grossit. Les critiques souvent virulentes contre les fonctionnaires « budgétivores » émanent souvent des couches moyennes traditionnelles.

1. L. Boltanski, « Une réussite : la mobilisation des 'cadres' », *L'Univers politique des classes moyennes,* Paris, PFNSP, 1983.

La crise est d'autant plus grave que c'est la période, nous le verrons, pendant laquelle le monde ouvrier coupe une partie de ses racines avec les classes moyennes et se constitue en classe plus homogène. C'est le moment aussi où, dans les campagnes, une progressive ruralisation autonomise les paysans en les éloignant de la petite et moyenne bourgeoisie rurale d'artisans. Enfin, le Front populaire ne peut correspondre à l'idéal politique de la majorité des classes moyennes, puisqu'il place au cœur de ses préoccupations le monde ouvrier et semble ainsi rompre avec le compromis historique de la IIIe République qui rassemblait le monde rural, la bourgeoisie et les classes moyennes. C'est par peur de perdre le soutien des classes moyennes que les radicaux en 1938 préfèrent l'union nationale et provoquent la fin du Front populaire.

Les ouvriers.

Les ouvriers sont vers 1930 beaucoup plus nombreux qu'au début du siècle, leur nombre est passé de 4,3 à 6,3 millions. La croissance atteint surtout la sidérurgie, l'automobile, la chimie, les mines, la construction électrique. Au contraire, l'industrie textile emploie de moins en moins de travailleurs. La très grande usine, exceptionnelle encore dans la France de la Belle Époque, est désormais partout présente. Vers 1930, Citroën emploie plus de 30 000 personnes, Renault plus de 20 000. A l'intérieur de ces grandes entreprises, les ingénieurs, la maîtrise, les employés se sont multipliés. De nouvelles zones industrielles se développent très rapidement : la Lorraine sidérurgique, les vallées alpines, les banlieues de grandes villes comme Paris et Lyon. Face à la très grande pénurie de main-d'œuvre, le patronat a rationalisé les méthodes de production et il a fait appel, nous l'avons vu, à une importante main-d'œuvre immigrée. Ainsi les années 1920 ont profondément transformé le monde ouvrier : déqualification de nombreux ouvriers professionnels, mobilité considérable, à la mesure des bouleversements. C'est une nouvelle classe ouvrière qui progressivement se constituait.

Les conditions de travail de l'ouvrier de la grande industrie étaient ressenties comme épouvantables par des hommes qui avaient pu connaître dans le passé de l'avant-guerre des conditions antérieures au taylorisme. Leur indignation, qui perpétuait le vieux refus de l'usine et de ses disciplines, se reflétait dans des films comme *A nous la liberté* ou *Les Temps modernes,* devenait un élément de la sensibilité de l'époque et justifiait aussi bien une réaction corporatiste que la révolution sociale. D'autant plus que dans la plus grande partie des régions industrielles les ouvriers vivaient parqués, à l'écart du vieux tissu social. L'importance des travailleurs immigrés dans la population ouvrière accentuait encore l'étrangeté d'un monde d'exclus.

La durée du travail était théoriquement, depuis 1919 et jusqu'aux décisions de 1936, de 8 heures par jour sur 6 jours. La réalité était souvent beaucoup plus lourde : un travail journalier de 9 ou 10 heures n'était pas exceptionnel. Après 1936, la pratique des heures supplémentaires alourdit, avant même les aménagements de la loi en 1938, les 40 heures obtenues. L'insécurité était permanente. Mais surtout le chronométrage, l'organisation scientifique du travail déqualifiaient nombre d'ouvriers professionnels, accroissaient les rythmes de production et donc la fatigue ouvrière. A Boulogne, dans une fabrique de plumes, chaque ouvrière fendait de 14 000 à 17 000 plumes dans sa journée. Dans les mines les chevaux disparaissaient, mais les conditions de travail étaient aggravées par le bruit de l'abattage mécanique et une poussière accrue. Les rapports humains se détérioraient avec la rupture des traditionnelles équipes de travail. L'oppression du chronométreur comme de toute la maîtrise était sociale et morale autant qu'économique. Le patronat de la grande industrie entretenait la vanité des employés et des techniciens afin de les opposer aux manuels. Et parmi ceux-ci les hiérarchies étaient renforcées, allant du manœuvre ordinaire, dit « manœuvre-balai », à la gamme des ouvriers qualifiés, en passant par la catégorie intermédiaire des manœuvres spécialisés, appelés OS par la suite. Cette hiérarchie permettait tous les écarts de salaires, l'éventail pouvant aller de 1 à 5 dans une même entreprise. Les conventions collectives, obligatoires à partir de 1936, publiquement négociées, limitaient les habitudes patronales de division des ouvriers grâce aux différences de salaires.

Mais, ce qui parut sans doute le plus scandaleux aux patrons, ce fut, en 1936, la contestation d'une société usinière calquée sur la société militaire, avec les aspects positifs et négatifs du paternalisme, multipliés par ce qu'on appelait le fordisme. Cela entraînait une discipline stricte, un pointage rigoureux dans les horaires de présence, l'interdiction de fumer, l'absence de toute détente. Un espionnage très organisé faisait que dans la grande entreprise tout responsable syndical, tout militant socialiste ou communiste, tout lecteur d'un journal de la gauche même modérée, était renvoyé, dès qu'il était démasqué. Introduire *L'Œuvre* chez Citroën était aussi imprudent qu'à la caserne, même au temps des gouvernements radicaux dont ce journal était l'organe le plus représentatif. C'était cet ordre patronal que les dirigeants d'entreprise voulurent au lendemain de 1936 restaurer à tout prix ; ce fut pour lui qu'ils engagèrent une véritable « bataille de la Marne ». La répression de la grève de novembre 1938, sous Daladier, permit par l'élimination de nombreux meneurs syndicaux, un certain rétablissement de cet ordre patronal.

En revanche, les conditions de travail restaient dans l'artisanat ce qu'elles avaient toujours été, le plus souvent faciles et humaines, même dans les petits ateliers de création récente, nés dans la dépendance de la grande industrie, comme la métallurgie différenciée qui avait ranimé les villes. Le très petit patronat se confondait par son genre de vie avec la classe ouvrière et contribuait à renforcer son caractère hétérogène.

Cependant, la crise puis les événements sociopolitiques des années 1934-1938 provoquèrent, comme l'a lumineusement montré Gérard Noiriel [1], un enracinement de la classe ouvrière et lui donnèrent en l'unifiant une culture spécifique. La crise stabilisa d'abord un monde ouvrier que le chômage menaçait : l'industrie française perdait alors plus d'un million d'emplois. Ainsi, dans le département du Nord, les ouvriers, qui étaient passés de 530 000 en 1921 à 639 000 en 1931, n'étaient plus, en 1936, que 551 000. Le temps du *turn over* était révolu, d'autant plus que, pour bénéficier des allocations-chômage, il fallait justifier d'un certain temps de résidence dans la commune. D'autre part, la crise éliminait les fractions les plus marginales du monde ouvrier : départ d'une partie importante des travailleurs immigrés, réduction de l'emploi industriel féminin. Dans les mines de fer de Lorraine, le coefficient d'instabilité qui dépassait 90 % avant la crise ne représentait plus, en 1932, qu'un quart de l'effectif. D'autre part, le grand cycle de lotissement des banlieues était clos ; les

1. Voir (176).

villes ouvrières, comme Saint-Denis, enregistraient une stagnation, voire une diminution de leur population.

L'activité des militants communistes, leur radicalisme expliquent, dans les zones de forte concentration ouvrière, les succès du parti lors des élections municipales de 1935 : les communistes s'installaient alors dans de nombreuses communes de la banlieue de Paris et de Lyon (Vénissieux), à Saint-Étienne, dans des villes ouvrières du Nord. Ils y multiplièrent les associations. Puis les élections de 1936, les grèves, la « ruée syndicale » donnèrent aux ouvriers une expérience commune et des représentants. Tout se passe comme si, après les grands bouleversements des années 1920, le monde ouvrier trouvait une identité, une voix et un langage. Cette identité était affirmée au moment même où le Parti communiste chantait *La Marseillaise* et célébrait l'histoire de France. Il entraînait ainsi avec lui la classe ouvrière dans son insertion dans le paysage sociopolitique français. Un modèle était fixé qui dura jusqu'aux grands bouleversements que la croissance entraîna à la fin des années 1950.

Dans les paysages, les strates successives des occupations ouvrières se superposent ou coexistent : il y a encore des quartiers ouvriers dans les centres des villes. Les cités ouvrières du XIXᵉ siècle, corons du Nord ou villes-usines comme Le Creusot, n'ont pas disparu. Mais de nouveaux types de concentration ouvrière sont apparus, essentiellement dans les banlieues des villes : Ivry, Aubervilliers, Boulogne-Billancourt, Saint-Denis pour la couronne parisienne. A Saint-Denis [1], 60 % de la population active était, en 1936, ouvrière ; certes, depuis le début des années 1920, le nombre des employés augmentait, mais, cheminots ou employés des transports en commun, ils participaient au même mode de vie que les ouvriers. A Saint-Denis, la population immigrée (Italiens, Espagnols) représentait près de 10 % des habitants. Les provinciaux (Bretons, gens du Nord) étaient encore nombreux. Chaque groupe avait son quartier. Les arrivés les plus récents occupaient les emplois les moins qualifiés. Mais la population s'homogénéisait peu à peu, le nombre de résidents nés dans le département de la Seine augmentait régulièrement de recensement en recensement.

Le budget de l'ouvrier parisien prouve que le niveau de vie

1. J.-P. Brunet, voir (230).

était resté assez bas, mais que le genre de vie évoluait peu à peu. La part de l'alimentation a baissé, mais avec retard sur l'Europe industrialisée, parce que depuis peu l'on consomme moins de pain et plus de produits animaux ; cela est vrai pour toutes les classes. On constate l'augmentation générale de la consommation de la viande, du vin, des œufs. La consommation de viande rouge et de vin devenait alors, comme le montra plus tard Roland Barthes, l'apanage du travailleur manuel. Le sucre a cessé d'être un luxe ; il est entré dans l'alimentation ouvrière avec le café, le cacao, la pâtisserie, les confitures. Les agrumes et les bananes, dont la consommation double, ne sont plus ces fruits exceptionnels des années 1920.

Le loyer ne comptait guère, mais c'est vrai aussi pour les autres catégories de la population, et ceci explique les taudis et l'insalubrité ; l'habillement a vu lui aussi sa part diminuer. Mais les dépenses diverses ont considérablement grossi avec les soucis nouveaux de soins personnels, la « révolution » de l'indéfrisable, le recours au médecin, les transports, la bicyclette, la moto, parfois l'automobile. Les voyages, surtout grâce aux congés payés, provoquent des dépenses, même si une fraction seulement des ménages ouvriers — attention au pouvoir amplificateur du mythe — a pu, lors de l'été 1936, partir découvrir la mer en tandem. Le poste de TSF, la lecture des journaux, le cinéma, le music-hall mais aussi les jouets aux enfants représentaient des besoins nouveaux. A Saint-Denis on lit les quotidiens nationaux, de *Paris-Soir* au *Petit Parisien,* mais aussi *L'Humanité* et les hebdomadaires locaux, comme le *Journal de Saint-Denis* ou *L'Émancipation,* organe de la section du Parti communiste. Dans les années 1930, cette cité industrielle de banlieue, qui comptait environ 80 000 habitants, offrait tous les jours les séances de 8 cinémas. Un music-hall ouvrait ses portes le samedi et le dimanche. Mais les fêtes traditionnelles n'avaient pas disparu, on célébrait toujours les rosières le 2 février et le saint patron en octobre. De même, dans le Nord, la sociabilité trouvait ses centres dans les très nombreux cafés, sièges des sociétés de toutes sortes, de pêcheurs, de sportifs, de musiciens... Les vieilles fêtes, Saint-Jean, Carnaval, sont inégalement vivaces, parfois concurrencées par les courses cyclistes, les concours de cartes, les bals. Les mineurs, dans la quinzaine qui précédait la fête de Sainte-Barbe, leur patronne, travaillaient plus dur en prévision d'un surcroît de dépenses.

En somme, le monde ouvrier subissait progressivement une double acculturation. L'insertion sociale passait par des formes de sociabilité qui mêlaient le modèle bourgeois — ainsi pour les grands rites familiaux et au premier chef le mariage — et les premiers signes d'une culture de masse uniformisante, par la presse de grande diffusion, la TSF, le cinéma. Mais l'autre voie était politique et militante : l'identité ouvrière s'exprimait dorénavant par le syndicat, le parti, voire la lutte.

Cependant, la classe ouvrière qui se constituait ainsi était fort différente. La grande entreprise, le développement des banlieues spécifiquement ouvrières séparaient chaque jour davantage le prolétariat des autres classes sociales, alors même que les loisirs de masse, le vêtement même parfois, le rapprochaient des autres catégories de la société.

5

Croyances et cultures

18

La vie religieuse

En principe, la France est en majorité catholique avec de faibles minorités protestante et juive. Les Églises sont séparées de l'État, sauf en Alsace et en Moselle où le régime est celui des Articles organiques. En réalité, l'agnosticisme est dominant dans une grande partie de la France et il a probablement réduit de moitié, en un siècle, les communautés juive et réformée.

Les catholiques

La dernière décennie de la République fut pour les catholiques un temps de mise en question des comportements politiques et sociaux, de même qu'un temps de vive effervescence intellectuelle et spirituelle.

Depuis le pontificat de Pie IX, l'opposition doctrinale à la pensée moderne n'avait pas cessé et ne le pouvait pas. Bien au contraire, on peut considérer comme liquidée la crise moderniste dès avant 1930. Les exégètes et historiens imprégnés de positivisme sont presque tous morts, soumis, ou exclus. Les survivants ont quitté l'Église, parfois très tardivement comme Joseph Turmel. Ils publient, aux éditions Rieder, la collection « Christianisme ».

Le courant intellectuel dominant est le thomisme diffusé par les séminaires dont l'enseignement est de grande qualité et vulgarisé par Maritain et le père de Sertillanges. Une autre tendance, plus éclectique, procède de la pensée de Maurice Blondel. Si la réflexion théologique et philosophique reste largement le domaine du clergé, notamment des congrégations, dominicains et jésuites, la caractéristique de l'époque est le rôle que jouent désormais les laïcs universitaires dans ces débats. La fondation de la revue *Esprit* par Emmanuel Mounier en 1932 en est un témoignage, parmi d'autres. C'est en ces années que se font connaître Gabriel Marcel, Étienne Borne, Henri Marrou, Paul Vignaux et autres. L'œuvre qui témoigne le mieux de l'épanouissement de la pensée catholique est *Humanisme intégral* de Maritain, qui propose un retour partiel aux valeurs d'un Moyen Age (idéalisé) et dont l'audience dépassa largement sa famille spirituelle. Cette ouverture de la pensée a cependant des freins : tous les volumes de l'*Histoire de l'Église* de Fliche et Martin, publiés avant 1939, restent très conservateurs. L'essor intellectuel s'accompagne d'une spiritualité christologique qui inspire la vie intérieure, tandis que les grandes manifestations de la piété populaire, pèlerinage de Lourdes, de Lisieux et autres entraînent des foules considérables.

En raison des rapports de l'Église et de l'État depuis les débuts de la République, l'engagement politique des catholiques était massivement à droite. L'Église était liée aux notables. Toutefois, la condamnation de l'Action française, en 1926, entraînait le désaveu et la condamnation des intégristes, provoquait une révision douloureuse pour la plupart des catholiques qui se soumirent à ce nouveau « ralliement ». Ils continuèrent à voter en majorité pour la droite conservatrice. Ils reportèrent toutes leurs attaques sur le problème scolaire, contre l'école unique et l'extension de la gratuité qui nuisaient à leurs établissements. Les associations de parents d'élèves de l'école libre se sont créées à partir de 1930. Et pendant toute cette période la lutte des deux écoles est très vive dans l'Ouest. Elle est assoupie dans le reste de la France sauf lors de courtes et violentes crises en 1930 et en 1936. Pour régler cette question, Daladier et le cardinal Verdier négociaient secrètement à la veille de la guerre. Malgré la réserve, la prudence, les conseils des autorités de l'Église, le sentiment et le comportement catholiques restaient très hostiles à la gauche, dans un esprit né de l'affaire Dreyfus. Bien que le Front populaire n'ait eu aucune politique anticléricale, il fit horreur. L'antisémitisme théoriquement condamné était pratiquement excusé et toléré. A partir de 1936, il explosait en Alsace. On ne condamne bien souvent dans le nazisme que ses excès. Le miroir politique des catholiques restait *L'Écho de Paris* ou *La France catholique*, leur porte-parole était le général de Castelnau.

A contre-courant, la Jeune République issue du Sillon, adhérente au Front populaire, qui eut parfois un ou deux députés, et le Parti démocrate populaire, qui enlevait aux royalistes quelques sièges dans l'Ouest, étaient seulement des forces pour l'avenir.

Cependant, la condamnation de l'Action française ne fut pas sans effets sur les intellectuels, parfois anciens maurrassiens, qui conçurent la nécessité d'un désengagement politique au profit d'un engagement social, lequel les amènera parfois à s'engager de nouveau, mais à gauche, avec l'idée que le pluralisme n'était pas damnable. Maritain aura subi cette conversion. Bernanos lui-même, tout en restant royaliste, professe sur la Commune de Paris ou sur la guerre d'Espagne des jugements qui le rapprochent de la gauche. L'influence de Mounier dépasse les limites de l'Église catholique. *La Croix* changea ses vues politiques dès avant 1930 et y perdit des lecteurs. *L'Aube* et *Esprit* datent de 1932, puis vint *Sept* en 1934 qui dut se saborder en 1937 pour avoir publié une interview de Léon Blum, et fut remplacé par *Temps présent*, car l'Église ne souhaitait pas voir basculer entièrement à gauche ses intellectuels, hier à l'extrême droite. Et la suspicion pesant sur les démocrates-chrétiens demeurait forte.

Lors de la crise de l'Action française, Pie XI avait rencontré peu d'appui et même des résistances ouvertes de la part de l'épiscopat. Le renouvellement se fit avec de jeunes pasteurs acquis à une ouverture vers une classe ouvrière à reconquérir : Verdier, Liénart, Suhard, Saliège, Feltin et Gerlier sont, parmi beaucoup d'autres, les plus connus. Ces nouveaux évêques n'attaquaient plus la République, mais ils ne souhaitaient pas non plus que l'Église bascule à gauche, ils souhaitaient davantage une ouverture sociale qu'une ouverture politique. L'importance donnée à l'Action catholique en découle avec le développement ou la création de nombreux mouvements de jeunesse masculins et féminins. La JOC (Jeunesse ouvrière catholique) remontait à 1926, soutenue par l'épiscopat. Sur son modèle ont été créées, chez les paysans, la JAC en 1929, chez les étudiants, la JEC en 1932. En 1936, fut fondée la Paroisse universitaire qui unit depuis lors les membres catholiques des divers degrés d'enseignement.

Ce renouveau catholique devait avoir des effets à long terme et qui durent encore aujourd'hui.

Le syndicalisme chrétien naquit vraiment pendant la période suivant les conflits du textile du Nord en 1928, mais, le cardinal Liénart et quelques évêques mis à part, l'épiscopat restait très réticent et l'ensemble du clergé et les catholiques traditionnels très hostiles à un mouvement pourtant moins engagé que la JOC. Reconnue organisation représentative dans les conventions col-

lectives particulières dès le printemps 1936, la CFTC le fut sur
le plan national en août de la même année. Elle avait alors un
peu plus de 300 000 membres. C'est dire que son audience restait limitée, et l'idéologie corporatiste de certains de ses dirigeants
annonçait déjà celle de Vichy. Mais l'attitude de l'épiscopat des
régions ouvrières fut, devant les grèves de 1936, beaucoup plus
inquiète et embarrassée que vraiment hostile. En 1932, Mgr Verdier avait lancé un emprunt de 20 millions pour construire, dans
le cadre des grands travaux, 20 églises nouvelles dans la banlieue
ouvrière. Ces mouvements, ces apostolats témoignent d'un catholicisme en fait minoritaire mais autrement vécu, d'une religion
moins formelle qu'avant la guerre de 1914.

Les missions restaient une des œuvres essentielles de l'Église
de France, puisqu'un tiers des missionnaires catholiques dans
le monde étaient des Français.

La principale raison de l'ouverture « sociale » de l'Église catholique vient de la prise de conscience, par une partie de ses hautes autorités et par sa jeunesse, de la déchristianisation profonde,
ou de la non-christianisation d'une partie de la France. Entre
1930 et 1940, les travaux sociologiques de Gabriel Le Bras et du
chanoine Boulard ont provoqué une sorte de panique intellectuelle. Il y aurait alors de 2 à 3 millions de non-baptisés selon
Le Bras, de 7 à 8 millions, selon Boulard. On peut considérer
qu'un Français sur cinq est sans religion. Mais le catholicisme,
pour beaucoup, n'est qu'un conformisme social. Il s'ensuit que
50 % seulement d'observants réguliers font leurs Pâques, parmi
lesquels moins de la moitié vont régulièrement à la messe.

Ces estimations sont des moyennes. Le Bras opposait aux pays
catholiques (Nord-Ouest, Ouest, Alsace, Flandre et quelques
régions dispersées) les « pays de mission » (région de Paris,
Champagne, Limousin, Périgord, Mâconnais, quartiers populaires et banlieues des villes industrielles). Le reste, ce sont les
pays où l'observance est minoritaire et saisonnière avec une
énorme surpopulation féminine et enfantine parmi les prati-
quants. Que les femmes aient été moins déchristianisées peut
expliquer leur rôle important dans les œuvres sociales et le syndicalisme et, partant, un certain féminisme chrétien dans l'Église
et dans ses œuvres.

Socialement, le retour de la bourgeoisie à l'Église, accéléré par
la guerre de 1914, entraînait l'aggravation de la désaffection

ouvrière. Mais en Alsace, en Moselle et dans le Nord, les ouvriers catholiques ne manquent pas, tandis que les paysans de la Creuse et de l'Yonne sont athées. Cependant, l'effet déchristianisateur de la ville est reconnu. Il s'ensuit que l'exode rural s'étant poursuivi, il a augmenté pendant la période la déchristianisation des classes populaires gagnées à l'électorat d'extrême gauche, d'autant plus que, presque toujours, le prêtre prenait parti dans les campagnes électorales pour les candidats de la droite.

Le renouvellement des évêques fut plus rapide que celui des curés. Le recrutement sacerdotal connut un grand élan vers les ordres religieux, mais fut très inégal et faible en moyenne pour le clergé séculier. Il resta inférieur à ce qu'il était au début du siècle. Le clergé paroissial demeura insuffisant en nombre et en qualité, car le renouvellement des générations était très lent. Un tiers des prêtres avaient plus de 60 ans. Ils étaient peu touchés par le renouveau intellectuel, spirituel et social. L'enseignement brillant des facultés catholiques a relevé la culture du jeune clergé, issu désormais de la bourgeoisie urbaine et non plus du monde rural, ouvert à une littérature et à un art catholiques représentés par Claudel, Francis Jammes, Mauriac, Maurice Denis ou Rouault, informé des problèmes sociaux par *La Croix*, plus rarement lecteur d'*Esprit*. Mais qu'en est-il des deux tiers de prêtres âgés, acquis à l'Action française dès le séminaire, par l'influence du cardinal Billot et de La Sapinière ? Ils sont souvent incapables de rompre la symbiose entre le catholicisme et le nationalisme antirépublicain, renforcée par la Grande Guerre et en laquelle on les a formés.

L'abbé Bethléem représente fort bien cet esprit lorsqu'il prétend guider les lectures des catholiques [1]. Il proscrit, ou déconseille, tous les écrivains juifs, tous les protestants, tous les écrivains de gauche, « ceux que condamnent tous les bons Français ». Il rejette un certain nombre de catholiques suspects : Bernanos, Max Jacob, Louis Martin-Chauffier, Mauriac. Il condamne, non sans regret, car ils défendent les grandes causes nationales, les écrivains d'Action française ; il a même quelque indulgence pour les pornographes, comme Léon Daudet ou Binet-Valmer. Il recommande René Bazin, Henry Bordeaux, Jean

---

1. Abbé L. Bethléem, *Romans à lire et Romans à proscrire*, Paris, 1932 (11e éd.).

Drault (l'antisémite) et son confrère l'abbé Loutil qui écrivait
sous le pseudonyme de Pierre L'Ermite : « *Les Deux Mains* montre dans des scènes poignantes l'influence redoutable de la franc-
maçonnerie. *Restez chez vous* est un éloquent plaidoyer en faveur
de la vie rurale [...]. *La Grande Amie* [...] et *L'Empire* nous font
assister, au milieu de scènes poignantes, sentimentales, pittores-
ques et mélodramatiques, à la lutte de la terre contre l'usine, de
la noblesse terrienne contre la juiverie cosmopolite, du *home* rus-
tique et bienfaisant contre l'exode incessant qui porte le paysan
dans les grandes villes... »

On peut penser que cette idéologie fut dominante dans le clergé
et le conduisit à des prises de position désastreuses dans les luttes électorales. Dans une lettre pastorale, l'évêque de Dax écrivait en 1942 : « L'année maudite n'a pas été pour nous l'année
de notre défaite extérieure, mais celle de notre défaite intérieure,
cette année 1936 [1]. »

C'est pourquoi les efforts de Pie XI, de prélats comme Verdier, Liénart ou Saliège, de *La Croix* et de *L'Aube*, pour mettre
fin à la connivence de l'Église et de la droite, se heurtaient aux
pesanteurs sociologiques et provoquaient la méfiance de la gauche ; leur effet ne devait se sentir pleinement que plus tard.

Les protestants.

Ils constituaient une minorité peu mesurable, de peut-être
600 000 personnes, une peau de chagrin, sans doute, car l'exode
rural est bien plus déchristianisateur pour les minorités qui se
diluent. On les trouvait encore en nombre en Alsace, en Moselle
et dans le Doubs ; dans le Gard, la Drôme et l'Ardèche ; dans
le Sud-Ouest garonnais et saintongeais et dans la région parisienne. Quelques foyers dispersés s'observaient dans le Nord, la
Normandie et le nord de la Bretagne.

Il y a peu d'ouvriers protestants, mais une importante bourgeoisie. La paysannerie de Saintonge et des Cévennes a beaucoup souffert de la guerre, et certaines bourgades semblent alors
frappées à mort.

Disséminé, le protestantisme est de plus divisé confessionnel-

---

1. C. Langlois, « Le régime de Vichy et le clergé », *Revue de science politique*, août 1972.

lement en réformés et luthériens. De nombreuses sectes se sont
créées sur ses marges, pour se recruter ensuite plutôt parmi les
catholiques.

Malgré leur petit nombre et leur dispersion, le rôle des protestants dans la nation est important par la puissance économique de leurs entreprises bancaires et industrielles, par leur forte
représentation dans les cadres supérieurs de la fonction publique, dans la vie politique, dans l'enseignement, dans la vie intellectuelle. Éparpillés en petits groupes, souvent antagonistes en
raison des oppositions dogmatiques ou politiques, ils s'obsti-
naient à faire vivoter leurs œuvres et leur presse dans le Midi
et dans la région parisienne, avec plus de dévouement que
d'argent. La cassure provoquée par la Grande Guerre entre les
pacifistes réconciliateurs et les « nationaux » persistait et
s'aggrava même avec le Front populaire à partir de 1934. Chez
beaucoup de protestants de droite, l'anticommunisme avait remplacé la germanophobie. Cependant, le Christianisme social progressait et à sa gauche apparut une aile bolchevisante, le groupe
Terre humaine. Georges Lasserre et André Philip, étudiants en
droit, puis professeurs d'économie politique, ont joué un rôle
dans la réflexion sur l'objection de conscience et, le second surtout, dans les débats socialistes. André Philip commençait alors
sa carrière de chrétien socialiste par la vulgarisation des idées
de Henri De Man.

A l'opposé, une extrême droite nationaliste se développait
aussi, parfois monarchiste (association Sully), et maurrassienne.
L'idéologie d'Action française recruta des intellectuels de premier plan comme Auguste Lecerf et Charles Westphal. La
condamnation de Maurras par le Vatican facilita ces adhésions
provisoires. Cette politisation des protestants, effet de la Grande
Guerre, était inquiétante pour les Églises, déjà divisées par leurs
institutions.

En Alsace et en Moselle se trouve le tiers des protestants français, dont la majorité des luthériens. Ils sont groupés en deux
Églises régies par les Articles organiques de 1802 : l'Église de
la confession d'Augsbourg, l'Église réformée d'Alsace-Lorraine.
L'échec de la politique assimilatrice de Herriot a pérennisé cette
situation. Mais, dans l'ensemble, les protestants alsaciens et
mosellans furent hostiles à l'autonomisme. Le député Dahlet restait patriote et ne doit pas être confondu avec les agents du pan-

germanisme. Le problème, pendant toute la période, fut de trouver des pasteurs parlant allemand pour remplacer ceux que la germanisation systématique avait installés avant 1918. Ces divisions artificielles dans une situation de minorité faisaient sentir le besoin d'une coordination. La Fédération protestante unit les principales Églises de l'intérieur et des provinces désannexées. A partir de 1929 et pendant trente et un ans, elle fut présidée par Marc Boegner.

D'autres protestants français de sa génération ont atteint la célébrité nationale et même internationale, mais il est l'un des rares, sinon le seul, à l'avoir obtenue en tant que tel. Sous son impulsion, le protestantisme français joua un rôle important dans l'œcuménisme : « Pour le protestantisme français si petit, si divisé et si longtemps assez isolé (complexé par son terrible passé), la participation au mouvement œcuménique fut, croyons-nous, capitale. Elle contribue à lui rendre le sens de l'universel. » Par des conférences internationales qui conduisent au regroupement des protestants, des anglicans et des orthodoxes, les Français compensent le complexe minoritaire.

Plus important encore est le développement d'un œcuménisme inter-réformé. Si la politisation est une conséquence de la guerre, celle-ci a provoqué l'atténuation des polémiques entre « orthodoxes » et « libéraux » amenés à coopérer dans l'Union sacrée et bouleversés par les pertes en vies humaines. Des négociations menées de 1933 à 1938 permirent la réunification, dans l'Église réformée de France, de toutes les dénominations issues du calvinisme, sauf les « orthodoxes » les plus intransigeants qui restèrent volontairement à l'écart. Ainsi prit fin presque totalement un schisme qui remontait à 1872. Il est vrai que, en revanche, le *fondamentalisme*, favorable à l'éclosion des sectes, progressait.

Le mouvement de la pensée réformée a contribué à l'unité, au recul du rationalisme kantien et au retour aux sources de la Réforme enseigné par le *néo-calvinisme* d'Auguste Lecerf et de ses disciples. Le pasteur Tisseau traduisait les sermons de Kierkegaard, et surtout la vague barthienne atteignait la France à partir de 1930. Cette vague fut propagée par Pierre Maury, la revue *Foi et Vie*, les unions chrétiennes de jeunes gens, la Fédération des étudiants chrétiens. L'existentialisme déborda vite les frontières protestantes. Comme André Siegfried le remarqua, « on est lassé de ce Dieu immanent qui a fini par ne plus se distinguer ni de la nature, ni de l'homme et l'on revient [...] à des conceptions transcendantes qui répondent [...] non seulement à une conception de l'intelligence et de la doctrine, mais de l'homme et de la vie de l'homme[1]. »

Cependant, seuls les écrits de jeunesse du théologien suisse étaient alors bien connus. Le barthisme ne triompha qu'après 1940, mais il introduisait déjà dans le protestantisme réformé ce conflit de générations que connaissait le catholicisme pour d'autres raisons. Née entre 1890 et 1920 la génération barthienne fut celle des fils et des petits-fils des positivistes du Second Empire.

On notera, sur un tout autre plan, que l'éviction des missionnaires allemands étendit les champs de mission du protestantisme français au Cameroun et au Togo.

Par la création d'institutions unificatrices, l'apaisement des conflits antérieurs et le renouvellement de la théologie, les années 30 sont parmi les plus importantes de l'histoire du protestantisme français contemporain.

Les juifs.

La situation des juifs est comparable par le nombre et le rôle à celle des protestants. L'importance économique, sociale et intellectuelle des vieilles communautés, très minoritaires dans la nation et même dans le judaïsme, est disproportionnée. Mais tandis que le peuple protestant est rural et paysan, le peuple juif est formé d'un artisanat et d'un prolétariat entièrement urbains. Il est de plus très largement immigré.

Les Français israélites ont facilement assimilé les apports étrangers jusqu'en 1914. Leurs noyaux ont essaimé surtout vers la région parisienne. Mais, entre les deux guerres, ils furent noyés dans les masses venues d'Afrique du Nord, du Levant, d'Europe orientale et germanique. Cependant, les juifs allemands, après 1933, ne firent souvent que transiter vers l'Amérique. Michel Roblin estime à 350 000 la population israélite en France en 1939. La moitié se trouvait à Paris où les familles françaises avant 1900 ne représentaient même plus le tiers du total. Ces chiffres expliquent la montée de l'antisémitisme populaire et aristocratique

---

1. Cité par Mours et Robert (204), p. 391.

visant aussi bien l'artisan du IVe arrondissement que le banquier du XVIe, le médecin, l'avocat, l'artiste ou l'homme politique.

Les sources statistiques ont des critères sociologiques, les anti-sémites disent raciaux ; comme pour toutes les confessions, il est impossible d'en tirer parti pour connaître les réalités de la pratique religieuse.

Un des trois cultes reconnus et entretenus par l'État en Alsace et en Moselle, indépendant naturellement ailleurs, la confession israélite était séparée par les rites et les divisions théologiques. Les ashkénazes et les étrangers étaient de plus en plus nombreux, sauf évidemment en Afrique du Nord. Chez les Français, les libé-raux s'opposaient aux traditionalistes. Hostiles au sionisme, mal-gré la résonance du foyer palestinien, ils considéraient le judaïsme comme une simple confession religieuse. Ils faisaient vivre avec dévouement leurs œuvres et leur presse, leurs revues remontant au XIXe siècle. Comme chez les protestants, l'enseignement pri-maire était en voie de disparition, mais les collèges secondaires se développaient (l'École Maimonide fut fondée en 1930). Dans les classes élevées dominait une idéologie politique conservatrice de centre droit. L'extrême droite, elle-même, trouvait des parti-sans en 1934 avec l'Union patriotique des Français israélites et le groupe des Croix-de-Feu israélites.

Personne n'imaginait alors dans cette communauté ancienne les menaces qui allaient peser sur elle, mais on s'y inquiétait de l'invasion étrangère.

Même si le français était de plus en plus appris par les immi-grés, leurs cultures affrontaient la française. Le consistoire s'efforçait d'assimiler les arrivants par la multiplication des lieux de culte qui foisonnèrent entre 1930 et 1939. Il avait aussi de lourdes charges sociales. En fait, l'assimilation se faisait dès la seconde génération en dehors du milieu juif, notamment par l'école laïque.

Les sefardim, imperméables à la culture yiddish et le plus sou-vent francophones (toute leur presse, même la sioniste, est en français), se laissaient vite assimiler. Au contraire, l'artisanat et le prolétariat ashkénazes, très touchés par le chômage, étaient encadrés par de nombreuses sociétés de résistance à la francisa-tion. Celle-ci était faite quand même par l'école et les mariages mixtes civils. Un milieu politique d'extrême gauche s'opposait alors aux éléments sionistes. Et la presse yiddish, parfois quotidienne, était bundiste, communiste, trotskiste ou sioniste. Sans l'aide des milieux dits chrétiens mais surtout déchristianisés, le judaïsme français eût été trop faible pour assimiler les masses européennes orientales chassées par les persécutions.

D'une manière générale, les Églises et la Synagogue se sont trouvées affrontées à de nouveaux problèmes nés de l'urbanisation, de l'insécurité politique, de la crise économique. L'athéisme ou du moins l'indifférence religieuse semblent en avoir bénéficié. Cependant, les courants intellectuels dominants, antirationalistes, ont permis une reprise vigoureuse de la pensée théologique ainsi qu'une plus large ouverture aux questions sociales.

Les francs-maçons.

L'Église de la République a connu un déclin entre les deux guerres, dans la mesure même où l'Église romaine renonçait à être l'Anti-République. La franc-maçonnerie saignée par la guerre eut du mal à s'en remettre. Il y aurait eu 35 000 maçons actifs au Grand-Orient dans les années 30, et 20 000, en tout, dans les obédiences diverses. Les principaux dirigeants politiques de la gauche, Herriot, Daladier, Blum, n'étaient pas maçons, mais ceux-ci restaient nombreux dans le monde politique. Le blanquiste Groussier, parfois député de Paris, fut l'un des principaux dirigeants du Grand-Orient dans l'entre-deux-guerres ; la maçonnerie n'était pas socialiste pour autant ; les présidents de la République, tous de droite, Doumergue, Doumer et Lebrun étaient des francs-maçons, élus contre des hommes de gauche qui ne l'étaient pas. La maçonnerie fut donc très modérée, elle était toute-puissante au Sénat radical qui s'acharna contre Blum et le Front populaire. Elle ne conduisit aucune action anticléricale pendant la période. Cependant, elle continuait à recruter parmi les militants et notabilités socialistes et radicales et elle restait un groupe de pression, agissant par la Ligue de l'enseignement et celle des Droits de l'homme. Elle eut ainsi un rôle dans la création des assurances sociales et dans la démocratisation de l'enseignement.

Il est plus intéressant de remarquer sa puissance dans le syndicalisme des postiers et autres fonctionnaires où elle polarisa la lutte contre l'influence communiste. Baylot et Lacoste ont alors commencé un militantisme qui les conduisit plus tard à de brillantes carrières, respectivement administrative et politique. Le journal *Syndicats* fut sous l'influence directe des fonctionnaires maçons. Bien des officiers de gendarmerie appartenaient aussi à la maçonnerie. Groupe de pression parmi d'autres, elle restait très présente dans la mythologie politique de la droite. L'affaire Prince, liée à l'affaire Stavisky, provoqua des polémiques antimaçonnes extraordinaires et aberrantes. Comme nous l'avons vu, le conseiller Prince, franc-maçon, avait un peu trop négligé de poursuivre Stavisky. Sa mort, vraisemblablement suicide maquillé, fut pourtant utilisée pour accuser la franc-maçonnerie de l'avoir assassiné. Cette affaire rocambolesque porta à celle-ci un coup très dur.

Dans le domaine de la pensée, elle n'apporta pas grand-chose entre les deux guerres. Le recul du positivisme la mettait à contre-courant. Pourtant l'œuvre de René Guénon, sans grande influence sur le moment, était appelée à un avenir non négligeable. Des maçons revenaient au spiritualisme avec la résurrection du rite rectifié. Albert Lantoine nouait avec le jésuite Berteloot des relations qui ne cessèrent plus et qui renversaient la tradition française antichrétienne de la maçonnerie.

En fait, les forces occultes n'étaient plus là, mais à droite. Elles sapaient le Front populaire : 200 familles, Comité des forges et Cagoule.

19

Loisirs et cultures

La durée du travail salarié passe de 48 heures à 40 en 1936. La « semaine anglaise » était déjà largement en usage. Les congés payés dont il sera reparlé créaient les vacances ouvrières. Dans les classes moyennes, il n'y avait guère plus de loisirs. Sauf pour les femmes et les enfants et aussi les enseignants, les vacances, quand elles existent, sont le plus souvent très courtes. Pendant le week-end seulement, la plage familiale se peuple d'hommes. Les ruraux ne prennent de repos que l'hiver, alors ils chassent. Les loisirs, ce sont donc surtout quelques heures quotidiennes ou hebdomadaires consacrées à l'information, au sport, au spectacle, au café. La haute société et la bohème artistique et littéraire de Paris donnent plus de temps à la vie nocturne de Montmartre et de Montparnasse dans les « boîtes », à la chasse, aux séjours à la montagne, à Deauville et sur la Côte d'Azur, laquelle se démocratise pourtant pendant l'été. Une population très mélangée se retrouve aux courses et dans les casinos.

De la lecture solitaire d'un roman à la communion de 50 000 personnes au stade de Colombes, l'emploi du temps libre est si varié qu'on ne peut retenir que quelques exemples intéressant la masse des Français.

L'information [1].

La presse écrite restait le principal moyen d'information et tirait à plus de 10 000 000 d'exemplaires. Affichant sur les murs le budget quotidien nécessaire pour l'ouvrier, la CGT y incluait l'achat d'un journal le matin et d'un le soir. La presse parisienne dont le tirage dépassait de peu celui de la provinciale était diffusée partout, surtout *Paris-Soir*. Ses tirages ont augmenté conti-

---

1. L'essentiel de ces pages provient de l'*Histoire générale de la presse française*, t. III, voir (189).

nuellement de 1930 à 1938 ; alors intervient une hausse des prix
qui les fit baisser. Le grand nombre des titres témoignait de la
résistance à la concentration. D'ailleurs, techniquement, sauf
Paris-Soir, la presse française avait du retard. Mais elle était prospère puisque, en pleine crise, les grands journaux modernisèrent
souvent leurs ateliers.

Les journaux parisiens de droite l'emportaient de beaucoup,
car la grande presse, dite d'information, était, surtout depuis
février 1934, de plus en plus engagée contre la gauche. En province, radicaux et socialistes étaient beaucoup mieux représentés. Les tirages de la presse d'idées, d'information économique,
étaient extrêmement faibles, et en raison inverse de la qualité.
Mais alors il était possible qu'un journal vive avec peu de lecteurs et peu d'argent.

Les idéologies extrêmes étaient le mieux diffusées ; le maurrassisme, non par *L'Action française*, mais par *Candide*, le
communisme par une presse devenue très prospère après les
batailles difficiles menées par les CDH (comités de défense de
L'Humanité) entre 1929 et 1935.

En province, à côté des grands journaux régionaux existait une
presse départementale. *La Dépêche d'Eure-et-Loir* (droite) tire
à 30 000, *L'Indépendant d'Eure-et-Loir* (gauche) à 10 000. (Le
département vote quand même à gauche.) On trouve même des
journaux qui couvrent un arrondissement : *Le Nouvelliste de
Châteaudun*, ou un canton : *Le Messager de Bonneval* ou *Le
Journal de Brou*, lequel, survivant à la guerre, existait encore
trente ans plus tard.

La faiblesse économique apparente était malsaine. Bien des
journaux ne vivaient que de subventions occultes, venant des
fonds secrets du gouvernement, des banques, de l'Union des intérêts économiques et autres organisations patronales, des dictatures étrangères, des escrocs parfois. Même la grande presse était
dépendante par l'intermédiaire de l'agence Havas, régente de la
publicité.

Vénale, partiale, antiparlementaire et xénophobe dans sa majorité, la presse distribuait une information nocive. Les hebdomadaires de droite à grand tirage étaient marqués par une violence
de ton irresponsable allant jusqu'à la provocation à l'assassinat.
Mais Béraud ou Maurras n'étaient pas plus agressifs que jadis
Rochefort ou Cassagnac. Pour ces raisons, la loi de janvier 1936

correctionnalisa l'appel au meurtre. Le Front populaire échoua dans sa tentative de moraliser les journaux, en raison de la résistance de la grande presse et du Sénat.

En revanche, le niveau littéraire et le contenu intellectuel de la presse se sont souvent relevés entre les deux guerres et surtout après 1930, grâce à la qualité des grands reporters : Albert Londres, Louis Roubaud, Édouard Helsey, Andrée Viollis, Jacques Viot, et au passage dans le journalisme d'écrivains importants : André Salmon, Joseph Kessel, Pierre Mac Orlan, Saint-Exupéry, etc.

Une presse naquit pendant la période, nouvelle par les techniques ou les ambitions. *Vu* fondé en 1928 par Vogel est le premier grand illustré à reportages photographiques ; les numéros sur l'Union soviétique et sur les États-Unis furent des événements. *Lu* donnait depuis 1931 une revue mensuelle de la presse mondiale. La « presse du cœur » apparut vraiment avec *Marie-Claire* de Marcelle Auclair et Pierre Bost en 1937, dont le tirage frisait le million et qui suscita des imitations. A un niveau plus bas se situaient *Confessions* de Kessel et *Confidences*.

La presse enfantine évolua vite, celle qui était née aux alentours de la guerre de 1914 disparut avant celle de 1939 supplantée par *Le Journal de Mickey* et les publications Del Duca.

Les nouveaux moyens d'information ne concurrençaient pas encore vraiment les journaux. Alors que, de nos jours, la radiotélévision les devance, les actualités cinématographiques de l'époque les suivaient avec retard et n'étaient qu'une simple illustration. Il est vrai que la radiodiffusion s'est beaucoup développée. On passe de 500 000 récepteurs en 1930 à 5 500 000 en 1939. Aux mains de l'État, ou de postes privés appartenant aux grands journaux, la TSF fut utilisée par Tardieu en 1932, puis par Doumergue en 1934 ; c'est en 1936 qu'elle joua pour la première fois un grand rôle dans une campagne électorale, en donnant la parole à tous les partis. Comme de plus en plus dans la presse écrite, le reportage sportif (le Parleur inconnu) y tint une place très importante.

L'enseignement.

La famille est le premier facteur de la formation de l'individu, elle permet la pérennité des traditions spirituelles et idéologiques.

TIRACE DES JOURNAUX EN MARS 1939

I. Titres parisiens d'information

Paris-Soir (soir)	1 750 000
Le Petit Parisien	1 000 000
Le Journal	410 000 (promussolinien)
Le Matin	310 000 (prohitlérien)
L'Intransigeant (soir)	135 000 (droite)
Excelsior	130 000 (très illustré - mondain)
Paris-Midi	100 000
Le Temps (soir)	70 000 (Comité des forges)
L'Information (soir)	50 000
Le Journal des débats (soir)	35 000 (De Wendel - Cⁱᵉ de Suez)

II. Principaux titres provinciaux

L'Ouest-Éclair	350 000 (démocrate-chrétien)
La Petite Gironde	325 000 (radical)
L'Écho du Nord	300 000
La Dépêche de Toulouse	260 000 (radical)
Le Progrès de Lyon	220 000 (radical)
Le Réveil du Nord	200 000 (socialiste)
Le Petit Dauphinois	200 000 (gauche)
La France de Bordeaux	150 000
Le Petit Marseillais	150 000
Les Dernières Nouvelles de Strasbourg	150 000

III. Quelques titres politiques parisiens

L'Humanité	340 000 (PCF)
Ce soir (soir)	260 000 (communiste)
L'Œuvre	235 000 (radical et socialisant)
Le Jour-Écho de Paris	185 000 (droite catholique)
Le Petit Journal	180 000 (PSF - La Rocque)
Le Populaire	160 000 (SFIO)
La Croix	140 000 (catholique)
L'Époque (fondée en 1937)	70 000 (droite antihitlérienne - Kérillis)
L'Action française	45 000 (monarchiste)
Le Peuple	16 000 (CGT)
La Liberté (soir)	15 000 (Doriot)
L'Aube	14 000 (catholique démocrate)

IV. Grands hebdomadaires (estimations)

Gringoire (1928)	650 000 (maximum) profasciste-antisémite
Le Pèlerin (1873, mensuel)	550 000 (catholique)
Candide (1924)	500 000 (maximum) maurrassien
Ric et Rac (1929)	340 000 (évasion)
Détective (1928)	250 000 (évasion)
Regards (1932)	100 000 (communiste)
Je suis partout (1930)	100 000 (maximum) prohitlérien
Marianne (1932)	60 000 (gauche modérée)
Vendredi (1935)	100 000 (maximum) Front populaire
Le Canard enchaîné	275 000 (85 000 en 1929) gauche anticommuniste

L'éducation des enfants par leurs grands-parents reste une règle immuable dans le monde paysan. En ville, la famille tend de plus en plus à se restreindre au couple et aux enfants mineurs. Cependant, partout l'enseignement obligatoire a un effet unificateur. La scolarité fut prolongée de 13 à 14 ans en 1936 ; avec le certificat d'études, la majorité des enfants entraient en apprentissage. Les plus doués restaient parfois à l'école au cours complémentaire, au centre d'apprentissage, pour passer ensuite le brevet, un concours modeste de la fonction publique, ou entrer dans l'enseignement primaire supérieur ou technique. L'ascension sociale par ces voies les plus courantes était aléatoire et limitée : instituteurs, professeurs d'enseignement primaire supérieur, ingénieurs des écoles d'arts et métiers. L'accès aux études universitaires était exclu.

On assista cependant à une lente démocratisation à partir de 1930 par la gratuité de l'enseignement en sixième, étendue progressivement à tout l'enseignement secondaire. L'alignement des programmes de l'enseignement primaire supérieur et de l'enseignement secondaire féminin sur celui des lycées et collèges de garçons montre, tout comme la gratuité, une volonté d'égaliser les chances, affirmée par les gouvernements et prioritaire pour celui de Front populaire. Il ne faudrait pas cependant négliger les résistances, les pesanteurs sociologiques qui empêchaient ces mesures d'atteindre vraiment leurs buts. Par exemple, les réformes élitistes du Bloc national (Léon Bérard) avaient fortement relevé le niveau des programmes, les rendant inaccessibles aux masses qu'attirait la gratuité. On peut remarquer, en revanche, qu'on créa très consciemment de nouveaux barrages sociaux qui contredisaient le courant démocratique. L'afflux brutal, en sixième gratuite, des enfants nés au lendemain de la guerre justifia, dans une période de graves difficultés budgétaires, en 1933, la création de l'examen d'entrée en sixième. La création d'un cinquième certificat de licence en histoire et géographie et en philosophie (études littéraires classiques) eut pour effet de renforcer l'obstacle du latin à la promotion des instituteurs et des élèves issus de l'enseignement moderne, appartenant souvent aux classes modestes. Enfin, par ce biais, il fallait désormais trois ans au lieu de deux pour conquérir un diplôme, que les maîtres en exercice dans les universités avaient obtenu en un an.

Faut-il en conclure que l'enseignement secondaire restait un enseignement de classe avec ses propres hiérarchies ? Sans doute, encore faut-il nuancer. Dans le Nord, les enfants des notables, des cadres, des magistrats et des hauts fonctionnaires indépendants sont toujours dans l'enseignement confessionnel. Le lycée, le collège sont fréquentés par les élèves issus des classes moyennes, par les enfants du préfet, des officiers, des membres de l'enseignement. Mais dans le Bassin parisien, la bourgeoisie, même très haute, n'est pas forcément cléricale, et ses enfants se divisent également comme ceux des grands cultivateurs entre le lycée et l'institution, sans compter ceux qui, en raison de leur conduite ou de leur inaptitude, passent annuellement de l'un à l'autre.

Les boursiers, parmi lesquels les pupilles de la nation, très nombreux entre 1920 et 1930, étaient très honorés, n'ont pas été méprisés comme on l'a écrit, du moins entre les deux guerres. Sans doute y avait-il des affinités d'origine ou d'institution ; par exemple, les gens du pays, les fils de cultivateurs sont toujours internes et les enfants d'étrangers, de fonctionnaires souvent externes. Mais ce qui faisait d'un garçon, boursier ou non, un « leader affectif », c'était son aptitude à manier un ballon ou sa vélocité. D'autre part, les « héritiers » ont payé cruellement leurs privilèges à venir et pouvaient envier les enfants que l'obligation scolaire avait libérés à 13 ans. En dépit des réformes, le souvenir napoléonien ne se marquait pas seulement par la présence du tambour qui rythma la journée dans les lycées de garçons jusqu'en 1940. Pour ceux qui subissaient l'internat, parfois depuis la classe maternelle, depuis l'âge de 5 ou de 7 ans, le régime était totalement inadapté à l'évolution des mœurs, dans ses horaires et dans sa discipline. Le lever à 5 h 30 l'été, à 6 h l'hiver, les dortoirs glacés, la nourriture le plus souvent infecte, très inférieure en tout cas à celle donnée aux militaires, l'insondable ennui des promenades en rangs faisaient des lycées des prisons abominables, épisodiquement secouées par la révolte. *Zéro de conduite*, l'autobiographie filmée de Vigo, en a donné la parfaite image.

D'autre part, l'enseignement secondaire s'est quand même démocratisé entre 1930 et 1940. Les chiffres le disent. Il y avait dans les lycées et collèges 195 000 garçons et filles en 1938 contre 107 000 en 1930. Les écoles primaires supérieures et les cours complémentaires progressaient de façon comparable ; mais l'enseignement technique avait un retard considérable malgré l'intérêt que lui portèrent, de Fernand Dubief à Charles Spinasse, de nombreux hommes politiques entre 1900 et 1940.

Pour conclure sur ce point, la démocratisation n'était pas une simple apparence, mais elle avait ses limites. D'abord, seules les villes en ont bénéficié. Dans les classes populaires, le certificat d'études primaires conservait son prestige. Mais s'il n'y avait plus d'illettrés, les paysans dépassaient rarement le niveau élémentaire. Les cours complémentaires agricoles étaient rares. D'autre part, si l'explosion démographique et la gratuité de l'enseignement secondaire augmentaient largement l'étendue de la France instruite, la ségrégation sociale à l'intérieur de celle-ci était aussi sûrement garantie par l'opposition entre le baccalauréat et les brevets supérieur et élémentaire, qu'elle pouvait l'être en Grande-Bretagne par l'accent d'Oxford.

En outre, la rivalité violente parfois entre l'enseignement public et l'enseignement catholique entretenait la grande coupure idéologique de la nation.

Les spectacles.

Les spectacles peuvent ou non relever de l'art. Ils sont chers et distingués ou bon marché et populaires. Le ballet, l'opéra, la musique eurent moins d'importance qu'autrefois. L'évolution du goût a fait perdre au théâtre lyrique cette espèce de noblesse qu'il partageait au XIXᵉ siècle avec la peinture d'histoire. L'opéra est démodé, du moins à Paris ; ce qu'on admire encore, *Pelléas* ou les *Noces*, est d'ailleurs du répertoire de l'Opéra-Comique. La danse fut au contraire très estimée et attira un public connaisseur et mondain à Paris et à Monte-Carlo. Diaghilev étant mort en 1929, le prolongement des Ballets russes fut assuré par Lifar, Ida Rubinstein, Massine, etc. D'autres écoles apparurent avec Argentina, Teresina et Joséphine Baker.

Les orchestres étaient nombreux à Paris : OSP, la Société du Conservatoire, Pasdeloup, Colonne et, en 1934, l'Orchestre national créé par la radio. Mais l'Amérique pratique le drainage des baguettes : Monteux, Munch et Paray émigrèrent. Le mécénat entretenait des petits groupements, comme la Sérénade qui jouait les jeunes compositeurs. Pour la première fois à Paris, la musique de chambre eut un public, et les solistes, Casals ou Marguerite Long, remplissaient la salle Gaveau, Kreisler (avec

"LA SÉRÉNADE"

Société de Musique de Chambre

◆◆

COMITÉ : YVONNE de CASA-FUERTE, Georges AURIC, Roger DESORMIERE, Igor MARKEVITCH, Darius MILHAUD, Nicolas NABOKOFF, Francis POULENC, Vittorio RIETI, Henri SAUGUET.

◆

COMITÉ FONDATEUR

Princesse Ed. de POLIGNAC
Comtesse J. MURAT
Vicomtesse de NOAILLES
Comtesse A. J. de NOAILLES
Comtesse J. de POLIGNAC
Comtesse G. POTOCKA
Comtesse PECCI-BLUNT
Madame MANTE-ROSTAND
Madame René DUBOST

Mme G. IMANN-GIGANDET
Mlle O. de la PANOUSE
Mlle Gabrielle CHANEL
Comte E. de BEAUMONT
M. DAVID-WEILL
M. Pierre BOUVET
M. Paul GOLDSCHMIDT
M. Edward JAMES

◆

MEMBRES D'HONNEUR

Mlle Nadia BOULANGER, M. Edouard BOURDET,
M. MAINBOCHER, Vte de la PANOUSE

◆◆

Secrétariat : Mme Rose CELLI,
10, rue des Feuillantines, (V⋅)

un programme facile) l'Opéra, Wanda Landowska recevait chez elle à Saint-Leu-la-Forêt, remettant à la mode le clavecin et la musique ancienne. En fait, le spectacle musical était quand même en déclin ; le grand public s'éloignait d'un art devenu souvent ésotérique. Stravinski est encore sifflé en 1935 au concert Pasdeloup. Les amateurs étaient donc moins nombreux mais plus compétents. Le disque 78 tours faisait quand même reculer les barrières, mais le peuple n'avait guère accès à la musique.

Le music-hall, le cabaret, les chansonniers étaient plus démocratiques. On a pu dire que c'était, avec Rip, l'âge d'or des revues. La chanson est vivante : pour elle, les années 1930-1940 sont une grande époque qui tranche avec la nullité de la précédente décennie. Mireille d'abord, Trenet ensuite ont alors rénové la chanson française. La tradition réaliste, lyrique ou comique était maintenue par Damia, Fréhel, Piaf, Marie Dubas, Marianne Oswald, Lucienne Boyer, Jean Sablon, Chevalier et Georgius. D'autres, il est vrai, étaient beaucoup plus vulgaires. Le disque, de plus en plus répandu, n'a pas encore éliminé les musiciens et chanteurs de la rue qui vont de ville en ville.

C'est dans les années 30 que le jazz est découvert ; avant, il y avait une musique de danse syncopée qu'on prenait pour du jazz, transmise par les orchestres Jack Hilton et Paul Whiteman, par Wiener et Doucet au Bœuf sur le toit. Ray Ventura les prolonge à partir de 1931. Les dates parisiennes du vrai jazz sont : 1933 — Louis Armstrong à Pleyel —, 1934 — Duke Ellington à Pleyel et début du Quintette du Hot Club de France. En 1937, avec la venue du Cotton Club au Moulin Rouge, le jazz cessa d'être un divertissement pour initiés. L'action considérable de Hugues Panassié, son apôtre, y fut pour beaucoup.

La bourgeoisie de tous niveaux est restée beaucoup plus fidèle au théâtre qu'à la musique et aux arts qui lui sont apparentés ; mais quel théâtre ? celui du boulevard où triomphent alors Bernstein, Bourdet, Pagnol, Jacques Deval, Stève Passeur, Marcel Achard et Sacha Guitry. Les tournées Baret, en retard d'une génération, continuent à présenter dans les salles municipales de province les œuvres d'Henry Bataille et de De Flers et Caillavet. Le peuple, lui, s'est complètement détourné du théâtre. A Paris, dans les salles de quartier, à Belleville, la boxe a remplacé le mélo.

Comme pour la musique, le grand public se détournait de tout ce qui n'était pas facilité. Lugné-Poe au théâtre de l'Œuvre présentait Claudel ou Crommelynck, avec Madeleine Lambert, devant des banquettes vides. Dans le Cartel des quatre, Jouvet et Baty, qui jouaient Jules Romains ou Giraudoux, n'avaient pas de problèmes financiers. La vie était plus difficile à l'Atelier pour Dullin, qui formait les jeunes acteurs, Barrault, Marchat, et voulait imposer les jeunes auteurs, Salacrou, Anouilh, André de Richaud, à côté des élisabéthains. Quant aux Pitoëff, les moins portés aux concessions avec un répertoire Tchekhov, Bernard Shaw, il n'y a rien à ajouter aux pages admirables que Brasillach consacra à la détresse de Ludmilla. Si Georges monta *La Ronde* de Schnitzler avec sa femme et Louis Salou, c'est que trois acteurs étaient un luxe et que cette pièce peut se jouer à deux. Il y avait alors deux publics séparés par un abîme de mépris. Les fidèles de Dullin ou de Pitoëff ne seraient jamais entrés sur les grands boulevards dans un de ces théâtres où Ludmilla avait la honte d'être obligée de jouer pour gagner son pain.

Le cinéma.

Musique, théâtre sont spectacles de bourgeois séparés par les goûts, les générations. Toutes les classes vont au cinéma, sauf les paysans qui ne l'ont au village que rarement, quand passe le forain. Pour les exclusivités, aux Champs-Élysées ou boulevard de la Madeleine, les places sont très chères. La bonne société a cessé de mépriser un spectacle qui fut d'abord populaire parce que considéré comme étranger au grand art. Les juges viennent cependant encore de condamner Léon Moussinac qui a critiqué les films Paramount, pour infraction à la législation commerciale, comme s'il s'agissait d'une marque de pâtes alimentaires ou d'automobiles.

Dans les quartiers, les banlieues, la province, le cinéma est bon marché, et les masses s'y précipitent à la fin de chaque semaine. Le cinéma muet disparaît dès le début des années 30. Il fait place au sonore puis au parlant. Des centaines de musiciens devenus inutiles dans les salles obscures connaissent alors le chômage. Dans le domaine de la production, il faut désormais beaucoup plus d'argent pour faire un film. La sonorisation des salles est également coûteuse. Les sociétés françaises, contraintes de payer à l'étranger les licences de brevets, ont connu de graves difficultés que la crise vint aggraver. Aussi la France a-t-elle subi une véritable invasion cinématographique. Les films allemands ou soviétiques, toujours de qualité, passent dans les cinémas d'essai : Vieux-Colombier, Studio 28, Ursulines. Après l'éviction de Chiappe, les projections de films soviétiques cessèrent en effet d'être clandestines. Une partie du cinéma français et américain était elle aussi réservée à ces salles parisiennes qui jouaient un rôle analogue au Cartel des quatre dans le théâtre. Les ciné-clubs prolongeaient cette action en province. Grâce à eux, le muet ne tombait pas dans l'oubli.

Le parlant, qui choquait en effet violemment ceux pour lesquels l'art du film était autre chose qu'un divertissement inférieur et vulgaire, eut un résultat nocif sur la production française. L'avant-garde, qui disparaît à la fin des années 20 dans le journalisme (Germaine Dulac), l'exil (Cavalcanti) ou le silence (Jean Epstein), avait toujours nié toute parenté entre cinéma et théâtre. René Clair resta même fidèle dans le parlant à l'idée que c'est de la création musicale que l'art cinématographique, art du mouvement, est le plus proche. Or, le grand public aime le théâtre photographié des auteurs du Boulevard : Pagnol et Guitry. Les vrais créateurs en pâtirent.

Il y avait donc plusieurs publics ; celui qui allait au cinéma de son quartier, comme au café, sans se préoccuper du programme — c'était le plus nombreux et le plus populaire — ; celui qu'attirait un acteur favori — Raimu, Milton, Chevalier — ou un genre — théâtre de boulevard, comédie dansante américaine avec Fred Astaire et Ginger Rogers — ; celui, enfin, qui, réprouvant ce qu'il jugeait bourgeois, courait voir les films de Buñuel, de Flaherty, de Pabst, de Poudovkine ou de Vigo.

Mais la séparation fut beaucoup moins durable au cinéma qu'au théâtre, et, dès 1935-1936, les grands metteurs en scène français et étrangers ont imposé un art de qualité à tous les publics.

Ainsi le film, précisément dans les dernières années de la République, alors sans concurrence véritable dans le secteur audiovisuel, a tendu, comme l'enseignement obligatoire dans la période précédente ou la langue française dans des temps plus anciens, à unifier la civilisation et à éduquer le goût à partir des valeurs de Paris ; alors que les autres spectacles artistiques contribuaient au contraire à renforcer la diversité des cultures.

Le sport.

Le sport a beaucoup d'intérêt, comme le cinéma, pour l'histoire sociale et culturelle de la période, car c'est celle où il s'impose, lui aussi, malgré la résistance de mentalités traditionnelles. Il avait son quotidien jaune, *L'Auto*, parfois concurrencé par un autre moins puissant qui était rose, *L'Écho des sports*. Le cinéma n'en avait pas, mais tous deux eurent leurs hebdomadaires. Faut-il conclure à un universalisme plus grand du spectacle sportif ? Non, au cinéma on va en famille ; le sport, lui, est sexué et témoigne de la supériorité masculine. Sans doute des femmes pratiquaient-elles, par exemple, l'aviron, la natation, le tennis, l'athlétisme. Elles pouvaient même y briller. Dans les années 30, Suzanne Lenglen n'est plus, mais Mme Mathieu a un très beau palmarès. L'aviation féminine française est à son apogée. En revanche, la femme ne jouait aucun rôle dans les deux grandes passions populaires, le football et le cyclisme. Nourrissant un complexe de virilité, les sportifs l'excluaient de leur monde par la presse spécialisée qui insiste sur les formes massives et disgracieuses des grandes nageuses hollandaises et l'absence de poitrine des athlètes féminines allemandes. Ainsi conditionnée, la femme s'abstient du sport-spectacle, comme de la politique ou de la guerre, croit qu'il est de bon ton de le mépriser et garde les enfants quand l'homme est au stade. Vingt ans plus tôt, le féminisme avait fait naître à Paris des clubs sportifs — Linnettes, Fémina-Sport — : ils disparaissent. En raison de la contamination de Wimbledon, les femmes de la bonne société vont pourtant voir jouer au tennis à Roland-Garros, mais c'est un spectacle mondain autant que sportif et on ne les trouve pas aux places populaires.

Pour les hommes, au contraire, la guerre de 1914 a produit une véritable révolution psychologique. Si l'on se fie au témoignage de ceux qui naquirent vers 1880, ils se faisaient insulter dans les années 1900, traiter de fous, si on les voyait se rendre en bande sur un terrain vague avec un ballon ovale ou rond. Or, entre les deux guerres, les stades furent bondés d'un public de tout âge, dont on peut penser que les plus vieux n'avaient jamais pratiqué. Tandis que, dans les écoles et les collèges, les enfants couraient, tapaient dans un ballon ou, à défaut, dans une balle et jouaient de moins en moins aux barres ou à saute-mouton, jeux dont la survie est attestée par les romans de Marcel Aymé, mais qui allaient être bientôt simples objets d'études pour les folkloristes.

D'autre part, il y avait déjà un sport en France avant 1914, mais les ségrégations sociales y étaient extrêmes. Certains sports, pratiqués par le peuple et même la pègre, déclassaient : la savate, la natation, la lutte.

Malgré la disparition du duel, l'escrime restait le sport roi où les Français n'avaient que les Italiens pour rivaux. Entre les deux guerres, les différences sociales ont tendu à s'effacer. L'athlétisme, le rugby étaient surtout pratiqués par des universitaires, comme en Angleterre, très élitistes. Les frères Chautemps, Fernand Bouisson, hommes politiques importants de notre période, furent d'excellents joueurs de rugby. Que Jean Giraudoux ait été champion de France du 400 mètres est connu. Or, ces sports se démocratisèrent énormément entre les deux guerres. Tout le Midi populaire s'est emparé du rugby et en a fait une sorte de symbole de l'Occitanie. Au contraire, les activités autrefois mal jugées ont été reclassées. Nous étions donc à l'époque d'une rupture dans les mentalités. A part le polo, et le golf, pourtant si ouvrier en Écosse, il est difficile de relever après 1930 des sports dont les classes populaires soient exclues. Le tennis, sans doute, parce que la pratique sportive en est coûteuse. Paradoxalement la natation aurait dû le devenir, car, à une époque où l'entraînement n'était pas encore scientifique et astreignant dans les autres sports, elle était déjà incompatible avec la poursuite d'une vie professionnelle ou celle des études.

Cependant, le sport, grâce à sa promotion, apparaît à l'époque, pour la première fois, comme un grand moyen d'ascension sociale ; le football, le rugby, le cyclisme procurent des situations, permettent à de jeunes ouvriers d'échapper à la production. Sur les 13 Français champions du monde de boxe, 3 seulement le furent depuis 1945, tous les autres entre les deux guerres. La boxe professionnelle, métier terrible, qui offre pourtant la promotion sociale au prolétariat le plus misérable et au sous-prolétariat désespéré, montre que notre pays était encore loin d'échapper totalement aux affreuses conditions de vie de la première révolution industrielle. D'ailleurs, une partie de ces champions de boxe venaient d'Afrique du Nord ou d'Afrique noire.

Quant au football, l'hiver, au cyclisme, surtout l'été, ils étaient vraiment les grandes passions populaires avec le championnat et la Coupe de France, les Six jours et le Tour de France, lequel était déjà une énorme affaire d'argent et de publicité.

La démocratisation du sport, son rôle dans la promotion sociale de l'athlète mal né entraînèrent des problèmes moraux. L'« amateurisme marron », c'est-à-dire le professionnalisme clandestin, provoqua des scissions et des conflits internes. Les quatre nations britanniques rompirent pour cette raison leurs relations avec le rugby français, condamné désormais à jouer avec les novices allemands. Le jeu à XIII et le football professionnel tentèrent sans succès de faire cesser l'hypocrisie de l'amateurisme. Là encore, on est frappé par le fait que personne, vingt ans plus tôt, n'eût payé des études, une pharmacie ou une boucherie à un garçon, pour la seule raison qu'il avait l'intelligence et les aptitudes physiques propres à un jeu.

L'État ne suivait pas l'engouement national. Rien ne fut fait pour le sport. Les installations les plus modernes remontaient, à Paris, aux jeux Olympiques de 1924 : stade de Colombes, piscine des Tourelles. Aucune aide ne fut apportée aux sportifs. Le vainqueur du marathon aux jeux de 1928 mourut, dit-on, de misère. Le plus doué des coureurs français du 400 mètres devint chômeur et disparut. Pendant ce temps, tous les autres États commençaient à utiliser leurs succès sportifs comme une arme psychologique. Les résultats des athlètes français devinrent au contraire très médiocres.

De 1927 à 1932, le tennis français avait dominé le monde ; ensuite, il ne compta plus. En athlétisme, les Français n'ont remporté aucune médaille d'or aux jeux Olympiques entre celle d'El Ouafi en 1928 et les deux de Micheline Ostermeyer en 1948. Alors que, en 1932, ils figuraient encore dans des finales, en 1936 ils furent inexistants.

En 1932, les médailles d'or furent acquises en cyclisme (2), en escrime, en équitation, en yachting, en haltérophilie (3) ; en 1936, en cyclisme (3), en escrime, en haltérophilie, en boxe (2), en lutte. On remarque la permanence du succès français dans deux de ses sports traditionnels, dont l'un est un sport de masses. Les Allemands furent en 1936 stupéfaits par les résultats obtenus dans les exercices de force et de combat, qui heurtaient leur stéréotype du Français, virtuose du seul tennis, sport, à leur avis, efféminé.

Nous ne pensons pas qu'on puisse donner trop d'importance à l'histoire du sport en France entre 1924 et 1939. Les résultats pitoyables des athlètes français aux jeux Olympiques de Berlin en 1936 ont certainement contribué à renforcer le sentiment de la décadence, au moment où des écrivains comme Montherlant ou Giraudoux faisaient du sport une des plus hautes valeurs de la civilisation du XXe siècle.

Et même, pour ceux des vieilles générations, attachés aux morales anciennes, l'adulation dont les vedettes du spectacle et les champions étaient l'objet paraissait frustrer d'un légitime tribut les philanthropes, les savants et autres bienfaiteurs de l'humanité que la popularité négligeait. Celle de Maurice Chevalier ou des frères Pélissier paraissait alors prouver aux yeux des gérontes la décadence des mœurs.

20

Richesse intellectuelle
et artistique des années 30

Les pages qui précèdent ont montré l'importance mondiale de Paris, qu'il s'agisse de la haute couture et de la mode, des spectacles : ballet, théâtre, variétés, music-hall, le Casino de Paris surtout, qui comme les Folies-Bergère attire le provincial et l'étranger de passage. En résidence on trouve à Montmartre, et encore plus à Montparnasse, les artistes de toute nationalité et les jeunes écrivains anglo-saxons, parfois, il est vrai, dans une situation difficile — Henry Miller — ou franchement misérable — George Orwell.

Ce rôle de Paris n'était pas nouveau, et il y avait longtemps que cette ville était la capitale de la peinture, mais la présence d'une bohème littéraire cosmopolite était plus récente.

D'autre part, si les éditeurs allemands étaient spécialisés dans la publication des écrivains anglo-saxons à succès, c'est à Paris, rue Cardinale, à partir de 1931, que parurent les premières éditions continentales de Faulkner, de Hemingway et de Kay Boyle.

Cette attirance est certainement due au climat de liberté morale et intellectuelle que la France connaissait alors et qui permet de dire que, dans ces années difficiles, les sciences, les lettres et les arts ont connu un extraordinaire éclat. Enfin, preuve admise alors du rayonnement français et délicatesse qui évitait aux vanités de s'exprimer, il était d'usage d'accorder le premier rang aux étrangers de langue française, à Ramuz dans le roman, à Henri Pirenne en histoire.

Science et pensée.

L'entre-deux-guerres et, plus précisément, les années 30 sont marqués par la mise en application des hypothèses et des découvertes fondamentales qui remontaient aux dernières années du

XIXᵉ siècle et aux premières du XXᵉ. Les disciples de Freud et d'Einstein deviennent alors légion, et, devant eux, les certitudes scientistes achèvent de s'écrouler.

L'engouement intellectuel — et même mondain — pour la relativité devenue un mythe et une mode rappelle celui que le siècle des Lumières éprouva pour les sciences de la nature. Naturellement, les découvertes de Louis de Broglie ou des Joliot, à partir des hypothèses d'Einstein, des Curie et de Becquerel du début du siècle, renforçaient un courant de recherche auquel venaient aussi participer les savants étrangers chassés par les régimes totalitaires. La relativité réclamait un appareil mathématique nouveau. A la recherche de ces conventions s'appliquèrent des physiciens : Langevin, Perrin, et des mathématiciens : Picard, Borel. Cette révolution devait se poursuivre, et, en 1939, paraissait sous la « raison sociale » Nicolas Bourbaki un *Premier fascicule d'éléments de mathématiques*. Pour la société des années 30, ces découvertes scientifiques, que leur source ait été Évariste Galois ou Albert Einstein, sapaient les théories traditionnelles de la connaissance, contribuaient à ruiner la confiance dans la raison classique et dans l'expérience.

Quant à l'État, il ne s'intéressa aux savants que sous le Front populaire, se faisant mécène par la création en 1936 du CNRS et du musée de l'Homme un an plus tard.

A cette époque, on s'efforça aussi à l'occasion de l'Exposition universelle de 1937 de faire pénétrer la science dans la culture des masses en ouvrant le palais de la Découverte. Alors le cyclotron des Joliot-Curie devint, en effet, un spectacle.

La mise en cause du positivisme vint renforcer les courants philosophiques dominants, Einstein et Langevin font alors pendant à Bergson et à Valéry. Dans les années 30, ce sont les écrits de Bachelard *(Le Nouvel Esprit scientifique, La Dialectique de la durée)* qui font le pont entre la relativité scientifique et le relativisme philosophique tandis que, dans ses cours, leur auteur développait une réflexion sur l'inconscient qui inspira plus tard son œuvre écrite, surtout après 1940 : *L'Eau et les Rêves, Essai sur l'imagination de la matière*, par exemple, qui se trouvait déjà dans *La Formation de l'esprit scientifique : contribution à une psychanalyse de la connaissance objective* (1938).

Bachelard, poète et savant, ne se situe pas dans le prolongement de Bergson, mais dans celui de Freud et du surréalisme.

Le bergsonisme en effet avait acquis le prestige, consacré par un prix Nobel, d'une philosophie officielle. Il avait perdu, pour cette raison même, la valeur subversive de ses débuts ; nul n'aurait encore dit en 1930 qu'il était un boulangisme intellectuel ! Les jeunes philosophes communistes, Politzer (sous le pseudonyme d'Arouet) et Nizan (*Les Chiens de garde*, 1930) l'unissaient dans leurs attaques à l'ensemble de la pensée universitaire. Bergson ne publie plus d'ailleurs après 1930 qu'une seule œuvre importante : *Les Deux Sources de la morale et de la religion* (1932). Par ce livre il continuait d'influencer un vaste secteur de la pensée catholique, mais, pour le reste, cette influence reculait. Le vide ainsi créé fut comblé. L'intellectualisme extrême d'Alain était une survivance anachronique sans importance. L'œuvre philosophique pure d'Emmanuel Mounier est postérieure à 1940 ; mais, paradoxalement, ces deux hommes, très éloignés par la pensée, avaient une influence comparable par l'enseignement, dans une civilisation dégradée, d'une éthique exigeante et d'une rigueur intellectuelle qu'ils propageaient par l'exemple. La doctrine personnaliste de Mounier eut alors plus d'importance par son implication politique, l'engagement à gauche de jeunes intellectuels chrétiens, que par sa portée philosophique.

Ce qui, de ce point de vue, est le plus remarquable après 1930, c'est l'apparition de l'existentialisme. Kierkegaard est alors redécouvert en France à la fois par les philosophes et par les théologiens [1]. Plus d'une vingtaine de traductions, très inégales, de ses œuvres se concurrencent pendant cette période. Dans ses magistrales *Études kierkegaardiennes* (1938), Jean Wahl dénombre 17 titres traduits entre 1929 et octobre 1937, et sa liste est incomplète. C'est à travers Kierkegaard que la philosophie de l'existence, avant l'apparition de Sartre, a pu atteindre largement un public cultivé. Le Collège de sociologie de Georges Bataille, de Roger Caillois et de Jean Wahl peut se réclamer de lui comme de Nietzsche, dont paraissent au même moment les œuvres maîtresses traduites par Geneviève Bianquis. Jean Wahl dit qu'en revanche l'influence de Heidegger ne s'exerçait que dans un cercle restreint de jeunes philosophes [2].

---

1. Découvert, si on pense que l'article de Henri Delacroix, publié en 1900, était passé inaperçu.
2. J. Wahl, *Esquisse pour une histoire de « l'existentialisme »*, Paris, L'Arche, 1949, p. 54.

Il en était de même pour Jaspers et Husserl, qu'on commençait également à traduire. On peut dire que Georges Bataille et
Jean-Paul Sartre se sont tous deux, à ce moment, approprié la
philosophie allemande, pour édifier leurs propres systèmes. Mais,
pour de nombreuses raisons, l'œuvre du premier était alors confi-
dentielle, et c'est par *La Nausée* (1938), un roman, que le second
se fit alors connaître.

La défaite du rationalisme ne pouvait pas se limiter à la physi-
que et à la philosophie ; son dernier refuge, la science historique, où avait régné un positivisme convaincu des certitudes de
l'érudition, céda sous les attaques violentes et les mépris de Marc
Bloch et de Lucien Febvre, dont la revue *Annales d'histoire économique et sociale*, créée en 1929, ignora tout ménagement en
ses jeunes années.

« L'École des Annales » réussit à briser les cloisons qui séparaient l'histoire des autres activités de recherche, mais elle ne fit
rien au contraire pour combler un fossé qui s'élargissait depuis
la guerre et éloignait d'elle le public cultivé. Aucun historien,
depuis Ernest Lavisse et Camille Jullian, ne fut élu à l'Académie française. Seule science à en être bannie, ce furent les années
30 qui sanctionnèrent l'éviction de l'histoire avec les échecs répétés du byzantiniste Charles Diehl.

A la mise en cause de la certitude scientifique, à la critique
de la conception du monde, correspond « l'engagement » du
savant, de l'écrivain, de l'artiste. Même Julien Benda, qui venait
de condamner l'engagement politique des intellectuels dans *La
Trahison des clercs*, semble se désavouer et exprime alors le ralliement du rationalisme classique à l'activisme patriote dans
l'*Esquisse d'une histoire des Français dans leur volonté d'être
une nation*.

Écrivains et artistes.

Les lettres et les arts ne sont ni le reflet ni la source de l'existentialisme, mais traduisent les mêmes désarrois. De l'angoisse
au désespoir, du dégoût à la révolte, de la démission à l'engagement, l'activité créatrice de l'artiste est marquée par cet « esprit
des années 30 » qui caractérise la réflexion politique de la jeunesse intellectuelle.

Naturellement, l'éventail est très large. Il y a d'abord les maîtres, académiciens ou non, Claudel fort distant, isolé par le refus des conventions et l'insolence ; Gide qui est fortement désavoué par la jeune droite, mais dont le prestige reste très grand sur la gauche parce qu'il a été, dans la période précédente, le négateur des idées reçues, le naufrageur des valeurs de la famille bourgeoise et parce qu'il donne l'exemple courageux d'engagements civiques dangereux pour son hédonisme ; Colette, merveilleux écrivain n'ayant rien à dire ; Valéry enfin, le mieux entendu, parce qu'il est le plus universel, poète difficile, mais philosophe proche des bergsoniens ou des einsteiniens, et moraliste sensible à la décadence et à la mort des civilisations. Avec la consécration de Roger Martin du Gard et de Jules Romains se faisait la transition avec des générations plus jeunes qui ont, en partie, témoigné nettement du malheur de la conscience. Elles participaient à un courant universel, et il est important de noter les influences des traductions de romanciers de langue anglaise : James Joyce, Aldous Huxley, Dos Passos et Faulkner, ou d'Allemands : Hermann Ungar, Fritz von Unruh ou Ernst von Salomon ; ce que chacun d'eux exprime se retrouve chez Céline, Malraux, Marcel Aymé ou Sartre. Le fait que *Le Sentiment tragique de la vie* de Unamuno soit réédité suggère le climat.

La critique de la vie quotidienne apparaissait déjà chez Giraudoux ou Montherlant. Les romans de Drieu et de Malraux sont pour l'historien le témoignage d'hommes qui se cherchent et qui quêtent le sens de la condition humaine. L'engagement de l'un et de l'autre, celui de Nizan, de Saint-Exupéry, de Bernanos, d'Aragon, conduit à un nouvel humanisme, où le service d'une cause, le sens de l'énergie et du sacrifice portent un jugement sur la société décadente. L'expression saugrenue « penser avec les mains » (Denis de Rougemont) est une condamnation de la culture désintéressée.

Le seul qui ait eu le génie de créer sa propre langue, Louis-Ferdinand Céline, avec le *Voyage au bout de la nuit*, témoigne que « la maladie mortelle », le désespoir, peut être insurmontable, conduisant au nihilisme par impuissance et dégoût, finissant par exprimer dans le racisme dément de *Bagatelles pour un massacre* le subconscient de la petite bourgeoisie française.

A un niveau inférieur, les populistes, Dabit et Poulaille, par exemple, exprimaient un même misérabilisme entre la révolte et la démission.

L'INTELLIGENCE FRANÇAISE

L'Académie française en 1928	Le recrutement de l'Académie française de 1928 à la fin de la République	
Louis Barthou	Maurice Paléologue	1928
Cardinal Baudrillart	Maréchal Pétain	1929
Joseph Bédier	André Chaumeix	1930
Henri Bergson	Pierre Benoit	1931
Louis Bertrand	Général Weygand	1931
Albert Besnard	Abel Bonnard	1932
Paul Bourget	François Mauriac	1933
Henry Bordeaux	Duc de Broglie	1934
Abbé Brémond	Léon Bérard	1934
Eugène Brieux	Maréchal Franchet d'Esperey	1934
Jules Cambon	André Bellessort	1935
André Chevrillon	Claude Farrère	1935
Clemenceau ne siège pas	Jacques Bainville	1935
Maurice Donnay	Louis Gillet	1935
René Doumic	Georges Duhamel	1935
Édouard Estaunié	Amiral Lacaze	1936
Maréchal Foch	Mgr Grente	1936
Georges Goyau	Jacques de Lacretelle	1936
Gabriel Hanotaux	André Maurois	1938
Abel Hermant	Jérôme Tharaud	1938
Maréchal Joffre	Charles Maurras	1938
Célestin Jonnart		
Camille Jullian		
Duc de La Force		
Pierre de la Gorce		
Henri Lavedan	**Les prix Nobel français**	
Georges Lecomte	**entre les deux guerres**	
Charles Le Goffic	Léon Bourgeois	Paix	1920
Georges Lenôtre	Anatole France	Littérature	1921
Maréchal Lyautey	Jean Perrin	Physique	1926
Louis Madelin	Aristide Briand	Paix	1926
Émile Mâle	Henri Bergson	Littérature	1927
Pierre de Nolhac	Ferdinand Buisson	Paix	1927
Émile Picard	Charles Nicolle	Médecine	1928
Raymond Poincaré	Louis de Broglie	Physique	1929
Georges de Porto-Riche	F. et I. Joliot-Curie	Chimie	1935
Marcel Prévost	Roger Martin du Gard	Littérature	1937
Henri de Régnier		
Henri Robert		
Paul Valéry		

D'autre part, la société est sapée à travers sa culture par le premier courant révolutionnaire qui ait uni Freud, Marx et Rimbaud.

Certains auteurs, Jean Touchard, Emmanuel Mounier, ont enterré le surréalisme avec *Le Second Manifeste* et le texte de rupture des anciens membres du groupe, *Un cadavre* ; ou avec « l'affaire Aragon ». Les poètes ou artistes dissidents, Desnos, Prévert, Buñuel, rejettent l'autoritarisme de Breton et réprouvent ses palinodies, tout en restant fidèles aux solutions que le surréalisme donne aux problèmes de l'esthétique et de l'existence. Quant aux activités du groupe, elles réunissent alors Picasso, Dali, Ernst, Arp, Tanguy, Miró, Char, Eluard, Tzara, Crevel, Breton, Péret et bien d'autres plus jeunes. Il serait un peu ridicule de considérer que ces noms soient le témoignage d'un déclin. L'Exposition internationale du surréalisme au début de 1938 à la galerie des Beaux-Arts à Paris et la revue *Minotaure* sont au contraire la marque d'une grande vitalité à la veille de la guerre.

Tout autant que les romans surréalistes de Crevel, les romans catholiques dénoncent l'hypocrisie sociale, constatent les maladies de l'esprit. Bernanos, Julien Green ou Mauriac effraient les lecteurs habituels de René Bazin et autres peintres des bonnes résolutions.

D'autres, par réaction à la civilisation industrielle et urbaine, exaltent alors un retour à la santé rurale, non pas dans le sens réactionnaire des catholiques académiciens, amis de l'ordre, mais dans un esprit de révolte et d'objection de conscience : Ramuz, Jean Giono.

Enfin, il y a ceux qui cherchent l'évasion dans l'aventure imaginaire, l'exotisme vécu ou non, Mac Orlan, Carco, la postérité d'Alain-Fournier et de Louis Chadourne.

On aboutit alors à ceux qui n'ont guère le souci de témoigner sur leur temps et prolongent la tradition d'une littérature insignifiante, mais significative en son besoin d'oublier ou de refuser de reconnaître la crise de la civilisation. Pierre Benoit, Joseph Kessel, André Maurois, Paul Morand, par leurs gros tirages, montrent que les Français dans leur grande majorité ne souhaitaient pas s'interroger sur eux-mêmes ou sur la société, mais rêver à autre chose.

Dès la veille de la guerre, alors que Jean-Paul Sartre s'imposait, parmi la génération de ceux qu'on avait appelés, entre 1920 et 1930, « les moins de trente ans », un important déchet apparaissait. Il est immérité et l'on relira Pierre Bost et André de Richaud, promis au succès en 1930, comme Emmanuel Bove et Jean Prévost, qui sortent de nos jours d'un long purgatoire.

Ce qui vient d'être écrit peut se répéter presque mot pour mot pour le cinéma français qui s'inspire d'ailleurs souvent des romans contemporains : *La Bandera, Quai des brumes, Hôtel du Nord*. Dans cette naissance du parlant, qui est pour la France un âge d'or, malgré les difficultés économiques déjà vues, on trouve un cinéma d'évasion, celui de René Clair qui ignore complètement la société (à la différence de Labiche, dont il s'inspire) ou qui prétend désamorcer la rivalité des classes *(A nous la liberté !)* ; celui aussi de Pagnol dont la Provence reproduit indéfiniment les mythes des *Lettres de mon moulin* et de *Maurin des Maures*. Mais il y a un cinéma social et réaliste qui aurait pu être aussi vulgairement populiste, représenté par Duvivier, Feyder, Renoir, Vigo et Carné. Par l'image, ou par les dialogues de Prévert, certains surmontent le naturalisme du récit par l'envolée lyrique. C'est vrai pour toute la période. C'est à tort que Sadoul, pour exalter 1936, parlait de désert du cinéma français entre 1930 et 1935. Comme il le dit d'ailleurs, les années 1930-1945 sont la grande période du réalisme poétique français. On citera simplement : *L'Atalante* (1934), *Jenny* (1936), *La Kermesse héroïque* (1936), *La Belle Équipe* (1936), *La Règle du jeu* (1939).

La peinture est également engagée avec Picasso, Léger ou les surréalistes. Mais c'est peut-être l'art le moins intéressant d'une période dominée par des artistes âgés qui ont enfin fini par s'imposer ou par être imposés par la spéculation des marchands. Picasso, les anciens fauves, les anciens cubistes sont alors arrivés. Les artistes mineurs ont pu connaître la gêne en raison de la crise. Max Jacob qui vivait bien de sa peinture en 1929, bien mieux que de ses livres, n'est pas à l'aise dans les années 30. Il n'y a en fait personne pour remplacer Utrillo, Braque, Marquet ou Matisse. Miró, Masson, Picabia, Ernst, Gromaire ne sont pas reconnus ; Kandinsky, Mondrian et Klee, simplement ignorés. Ceux que poussent les revues spécialisées, *L'Art vivant, Le Crapouillot*, c'est-à-dire les marchands, sont André Favory et Terechkovitch, épigones de l'École de Paris. On ne peut pas dire que ce choix ait été ratifié par les générations qui suivirent.

La sculpture apparaît encore plus glacée par la prééminence des élèves de Rodin, plus ou moins en réaction contre leur maître, Maillol (né en 1861), Despiau, Drivier. On peut y ajouter l'animalier Pompon. L'architecture du temps a laissé à Paris le pont de la Tournelle et le palais de Chaillot. Grâce aux « chantiers du cardinal » Verdier, l'architecture religieuse a connu de belles réussites avec les églises de banlieue, mais dans l'ensemble le mécénat artistique public ou privé n'est pas, en raison de la crise, au niveau de la période précédente.

La musique nouvelle était de tous les arts celui qui s'était fait le mieux accepter avant 1914 ; mais les plus grands étaient disparus, sauf Ravel, et leurs successeurs arrivent difficilement à une honnête réputation : Paul Dukas, mort en 1935, Florent Schmitt et Albert Roussel. Les générations plus jeunes avaient fait scandale après 1921 avec le groupe des Six qui est, en 1930, dispersé. Honegger et Darius Milhaud se sont alors affirmés, Auric se tourne vers la musique de films, Poulenc compose beaucoup et Germaine Tailleferre peu. Le moins illustre, Louis Durey, est le seul musicien français à s'être politiquement « engagé » comme André Malraux ou Fernand Léger. Sans lui la musique eût été entièrement étrangère aux angoisses et aux énergies de son temps. L'École d'Arcueil des disciples d'Erik Satie, alors particulièrement réprouvé et méconnu, est également dispersée. Satie avait adhéré au Parti communiste. Des membres de l'École d'Arcueil le firent plus tard ; mais le seul qui continua la composition, Henri Sauguet, resta indifférent à la politique, comme la plupart des musiciens. Dans le cercle dépolitisant des amis de Max Jacob, formé de poètes, d'acteurs, de peintres et de musiciens, Sauguet retrouvait son cadet Igor Markévitch.

En 1936 naquit le groupe *Jeune France* qui se fit connaître d'un public restreint. On y trouve Messiaen, Jolivet, Lesur. Malgré de petites associations comme le Triton ou la Sérénade, les jeunes compositeurs, Sauguet lui-même, ne parvenaient pas à se faire entendre ; d'ailleurs Schönberg, Bartók, Berg et Varese étaient ou totalement inconnus ou parfaitement incompris.

Dans l'ombre de Stravinski la musique, dans celle de Picasso la peinture permettaient la survie ou l'épanouissement d'artistes dont la carrière avait commencé, dont le génie s'était affirmé parfois bien plus tôt ; mais dans les années 30 on peut dire que les Français ont manqué les découvertes, ont ignoré les recherches qui révolutionnaient ces deux arts. On y trouverait confirmation de la sclérose nationale si l'éclat, la richesse du cinéma et des lettres ne venait pas la démentir.

Une faible marge de la société.

L'époque fut celle de grands poètes, très grands parfois, Valéry, Claudel, Max Jacob, Pierre-Jean Jouve, Supervielle, Saint-John Perse, Reverdy, Eluard, Desnos, Michaux et tant d'autres. Jamais sans doute en ce pays, depuis le XVIe siècle, il n'y eut poésie aussi vivace et aussi riche, mais elle était sans lecteurs et, le plus souvent, provoquait la dérision.

Il nous faut donc ici nous interroger sur la diversité des cultures. Claude Fohlen, suivant dans ce domaine les écrits polémiques de Gravier, accuse Paris d'avoir asphyxié la vie intellectuelle en province, sauf à Strasbourg [1]. Il est certain que, vue de la capitale ou des départements, l'histoire est différente. Mais cela est de tous les temps et n'est pas, à l'époque, aussi affirmé qu'on le prétend. Ce n'est pas la faute de Paris si règne à Toulouse l'idée archaïque que la musique c'est Meyerbeer ou Puccini. Mais à Toulouse, justement, il y a une vie littéraire, animée autour des *Cahiers libres* par René Laporte, Philippe Lamour, André Cayatte. A Lyon, à Alger, on trouve aussi pareils cénacles. Il n'y a sans doute pas de lycée de province où, dans les grandes classes, n'existe la contestation intellectuelle de deux ou trois surréalistes. Joe Bousquet, Jean Giono, entourés de leurs amis, ignorent complètement Paris, et, à Marseille, paraissent *Les Cahiers du Sud*, la plus importante revue littéraire du temps, avec la *RNF* ; au moment où, au contraire, les vieilles revues parisiennes, *La Revue des deux mondes*, dirigée par René Doumic, le *Mercure de France*, par Georges Duhamel, sont décrépites. La musique et la danse sont pareillement décentralisées, et Jean Vigo a créé à Nice un des premiers ciné-clubs ; il y en eut très rapidement partout. On concédera que si les sociétés savantes départementales étaient si vivantes c'était peut-être une forme de conservatisme.

Mais partout parvenait le feuilleton de Paul Souday dans *Le Temps*, relativement ouvert aux novations modérées, et *Les Nou-*

1. Voir (7).

velles littéraires* ou *L'Art vivant*, les deux publications éditées par Larousse, dirigées par Maurice Martin du Gard et Jacques Guenne qui furent, dans l'entre-deux-guerres, les principaux instruments d'une culture ouverte, notamment pour les adolescents provinciaux.

Il est vrai que, après 1930, *Les Nouvelles littéraires* déclinèrent devant la concurrence des grands hebdomadaires politico-littéraires. Mais *Gringoire, Candide* et *Marianne* faisaient aussi bien connaître une production qui était moins parisienne qu'universelle.

En outre, l'opposition était dans Paris même, où il y avait une culture « Rive droite » : André Maurois, Sacha Guitry, Marcel Pagnol, *Le Roi des resquilleurs*, Ginger Rogers et Fred Astaire, et une culture « Rive gauche » : Jean Giraudoux, Luis Buñuel, *Drôle de drame*, Gaston Baty, William Powell et Myrna Loy.

Du lecteur de l'*Almanach Vermot* à celui de Saint-John Perse, il y avait une grande diversité de cultures qui n'opposaient pas Paris à la province ou les classes entre elles, mais une énorme masse à une frange très mince.

Beaucoup des noms cités dans le présent chapitre, qui représentent dans le monde actuel la gloire des années 30 en France, intéressaient alors, à la limite, entre 50 et 50 000 personnes ; plus souvent, entre 500 et 5 000. Neuf Français sur dix éclatent encore de rire devant un Braque ou un Picasso. Au cinéma des Ursulines, au cœur du quartier Latin, chaque représentation de *L'Étoile de mer* de Man Ray fut une bataille d'Hernani. Les deux plus grands cinéastes du temps, Vigo et Renoir, furent des créateurs maudits. Le second ne connut que des échecs jusqu'en 1935. C'est le Front populaire qui le consacra ; l'autre était déjà mort. Nous avons vu qu'au théâtre le public délaissait le Cartel des quatre et courait au Boulevard. Avec les jugements du *Canard enchaîné* sur Claudel, Picasso, les surréalistes, on pourrait faire un extraordinaire sottisier. Cet hebdomadaire des instituteurs ne le cédait qu'à *L'Œuvre*, le quotidien des professeurs, où André Billy tenait la page littéraire ; on y opposait les sonnets finement ciselés d'Edmond Haraucourt au galimatias absurde et incompréhensible de *Charmes*. La gauche intellectuelle, l'universitaire surtout, stérilisée par des programmes qui arrêtaient la poésie française à Leconte de Lisle et la prose à Alphonse Daudet, ne voulait absolument rien comprendre à la littérature de son temps.

On y rencontrait le dernier carré des lecteurs d'Anatole France. Sur l'autre rive politique, la bourgeoisie de droite, si elle suivait les conseils de l'intégrisme, s'en tenait à Henry Bordeaux, à René Bazin et à Jean de La Brète. C'est sans doute dans les milieux politiques extrêmes que le goût était le moins sclérosé. Seuls en effet Léon Daudet dans *L'Action française* et Paul Vaillant-Couturier dans *L'Humanité* saluaient les jeunes talents.

La bourgeoisie française sombrait alors dans une grande paresse intellectuelle ; dans la bibliothèque du notaire ou du médecin, le dernier livre acheté, un Paul Bourget ou un Zola, l'avait été par leur père. Il est normal de porter au crédit des générations de l'entre-deux-guerres ce qui en a survécu, l'extrême fertilité de la création artistique et littéraire. Mais, en réalité, la société était tout aussi pesante, passive et sclérosée en ce domaine que dans ceux de l'économie ou de la politique. L'art et la pensée avaient leurs secteurs de pointe comme l'industrie. Si l'arbre ne masque pas la forêt, on voit que le plus grand succès littéraire de l'époque fut *Clochemerle* de Gabriel Chevallier, que les peintres à la mode étaient Gabriel Domergue et Jacques-Émile Blanche, que l'État commandait ses édifices aux « pompiers » et non à Le Corbusier, et que la compréhension qu'une société valétudinaire a de son temps peut s'estimer par les cooptations académiques.

On peut se demander comment les poètes ont pu s'exprimer si facilement, et les jeunes peintres, vivre. En fait, les conditions économiques n'étaient pas défavorables. Avec 1 500 francs recueillis auprès des grands-parents, des tantes et des cousins, une pléiade d'adolescents pouvait faire paraître une revue qui avait un, deux ou trois numéros. Puis on recommençait sous un autre titre : *L'Ours en peluche, L'Œuf dur, La Courte Paille*. Avec la presse à bras, Jacques et Marguerite Maret firent vivre pendant longtemps la plus luxueuse des revues de poésie, *Feuillets inutiles*. Artisanalement, Guy Levis-Mano éditait, avec le plus grand soin, qui lui plaisait. Les décors de *La Charrette de pommes* de Bernard Shaw auraient coûté 5 francs à Georges Pitoëff.

Les peintres pouvaient vendre, car ils n'étaient pas chers. Seules les très grandes réputations étaient déjà inabordables : Matisse, Braque. Max Jacob vendit 10 000 francs un de ses portraits (dessin) par Picasso, ses propres gouaches valaient alors 1 500 francs et ses dessins 500 francs. Une huile de Kisling ou de Pascin était vendue à peu près 5 000 francs, traitement mensuel de l'agrégé, du cadre parisien, en fin de carrière.

C'est quand même pour le roman, plus que pour les arts et la poésie, que la société de 1930 montrait la compréhension la moins médiocre. Le palmarès des auteurs les plus lus : Marcel Aymé, René Bazin, Georges Bernanos, Louis-Ferdinand Céline, Gabriel Chevallier, Pierre L'Ermite, André Malraux, François Mauriac, Marcel Pagnol et Saint-Exupéry, est somme toute honorable.

Conclusion
La France en 1938

Le numéro d'*Esprit* de mars 1938 était consacré à un bilan du Front populaire. Ce bilan évitait mal le désabusement. « Est-il possible, écrivait Jacques Madaule, d'unir ce vieux peuple, non sur des négations, non sur des haines professées en commun, non sur l'appréhension peureuse de l'avenir, mais au contraire sur une acceptation résolue des risques inévitables ? Pour cela il faut d'abord que la bourgeoisie dans son ensemble accepte franchement la promotion de la classe ouvrière. » Georges Duveau, traitant de la politique extérieure évoquait lui aussi la peur : « Nous nous terrorisons avec nos propres angoisses. Une France libérée de ses peurs deviendrait rapidement une France unanime, une France unanime serait une France redoutée. » Emmanuel Mounier enfin dans un *Traité de la mythique de la gauche* dénonçait le courant qui, pour le directeur d'*Esprit,* portait la responsabilité de tous les enlisements : « La France redevient radicale... Certains croyaient apercevoir déjà près du pouvoir malade la tache rouge du drapeau de la Commune : ce n'était que l'andrinople miteux d'un comité jacobin, montant la garde sur ses propriétés. »

Trois peurs fondamentales sont désignées par ces textes : la peur sociale, la plus élémentaire des peurs, celle qui pousse à faire rentrer au plus vite dans l'usine les ouvriers qui, le temps d'un été, en étaient sortis. Cette peur que le patronat réussissait à faire partager à la plus grande partie de la bourgeoisie et des classes moyennes.

Mais cette peur se conjuguait avec une autre, plus fondamentale peut-être. La crainte d'une perte d'identité nationale poussait à se refermer sur soi, à se caparaçonner derrière la ligne

Maginot ou derrière les illusions d'une sécurité collective périmée par les fascismes. Cette peur, les fondements en étaient hono-
rables : la France se refusait à toute guerre de conquête ; ce grand
pays était depuis longtemps très patriote et très pacifiste, l'expérience sanglante de la guerre l'avait conforté dans ce refus de
l'agressivité qui devenait, face aux agressivités des dictatures,
suicidaire.

La troisième peur est plus quotidienne et plus générale à la
fois : la peur du lendemain, la peur des grandes transformations
baptisées révolution, cette peur qui fait courir à perdre haleine
vers le refuge réconfortant de l'inusable radicalisme, et sa morale
aussi modérée que les paysages de la France harmonieuse et
éternelle.

Il est vrai qu'une première lecture des années 1930 ne peut que
constater l'épuisement de ce radicalisme qui, commodément,
résume toutes les impuissances françaises, ne sachant défendre
qu'une République obsolète, passant, affolé, de l'union de la
gauche à l'union nationale, incapable de percevoir où était cette
République que, depuis Mac-Mahon, il avait la mission de
défendre.

Dans le temps court des années 1930, la France de 1938 est
épuisée, faible économiquement et moralement.

La situation économique en 1938.

La conjoncture du début de 1938 est mauvaise : la France subit
les conséquences de la nouvelle dépression de l'économie mondiale. La production industrielle rechute à son niveau de 1934,
le franc continue à perdre de la valeur sur le marché des changes,
alors que l'inflation se poursuit.

Tous les indices signalent la profondeur du marasme. La production industrielle a baissé de 20 % selon Sauvy, de 10 % selon
Carré, Dubois et Malinvaud, par rapport à son niveau de 1929.
Pour se limiter à deux données significatives, la production
d'acier est en 1938 inférieure de 12 % à son niveau de 1929, le
trafic des chemins de fer a baissé de 7 %. Le nombre des travailleurs a lui aussi diminué ; la population active représentait
environ 20 millions de personnes en 1929 ; elle n'atteint en 1938
que 18,8 millions. Cette évolution est due essentiellement à
l'industrie qui emploie, en 1938, un million de travailleurs de

moins qu'en 1929. La part de la France dans les échanges mondiaux, après l'ouverture extérieure des années 1920, diminue constamment.

D'autre part, la crise a considérablement amputé les revenus des Français. Les porteurs de bons d'État et, à un moindre degré, les porteurs d'actions ont vu leur capital largement amputé ; de même les propriétaires d'immeubles locatifs touchés par le blocage des loyers. Ainsi les années 30 commençaient à renverser au profit des salariés les équilibres sociaux.

Cependant, cette situation poussait les détenteurs du capital, parce que l'investissement n'était pas jugé suffisamment rémunérateur, parce qu'ils n'avaient pas « confiance », à jouer de la faiblesse du franc en achetant des devises étrangères et en attendant les inévitables dévaluations qui leur procuraient des bénéfices faciles. Dans le bilan économique du Front populaire, il faut tenir compte de cette attitude des détenteurs de capitaux.

Cependant, le bilan économique doit être nuancé. Les secteurs industriels qui souffrent le plus profondément de la crise sont les plus anciens ; ainsi, le grand groupe textile poursuit son déclin. Au contraire, la croissance de la production d'énergie électrique, d'aluminium, donne des années 1930 une autre image. La crise a accéléré la décadence des vieilles industries, mais n'a pas arrêté l'essor des activités d'avenir. C'est bien pendant les années 1930 que la TSF se répand, que le cinéma devient une industrie.

D'autre part, les structures des entreprises se transforment dans la continuité des années 1920. De 1932 à 1939, le nombre de constructeurs d'automobiles passe de 60 à 31. Une même concentration s'observe dans l'industrie chimique et l'industrie aéronautique. Enfin, si faute d'investissements en matériel il y a souvent un vieillissement de l'équipement des entreprises, la productivité augmente cependant dans la période. La rationalisation du travail progresse en effet. La production de masse s'organise avec ses rythmes et ses exigences. Ainsi, malgré la crise, les années 1930 accélèrent l'enracinement de l'usine dans le paysage français. Enfin, mais nous y reviendrons, l'État affirme, non sans hésitations et repentirs, un rôle économique nouveau.

Les institutions et les hommes :
une classe politique sans imagination ?

La République n'est pas en crise pour des raisons institution-
nelles. Les impuissances ne résultent pas de ces lois de 1875 qui
ne seraient plus adaptées aux conditions difficiles de l'heure. La
pratique des institutions peut évoluer, et elle évolua d'ailleurs
plus qu'on ne le dit parfois. Pendant les années 1930 s'organi-
sent de Doumergue à Daladier, en passant par Blum une véritable présidence du Conseil, installée avec des services spécifiques
à l'Hôtel Matignon. L'habitude des décrets-lois, si critiquée par
les républicains vétilleux, présidentialisait de fait le régime en
renforçant l'exécutif. On le voit bien avec Daladier en 1938. De
même, les chefs de gouvernement utilisèrent la radio, et s'adap-
tèrent aux moyens modernes de communication, tout en leur gar-
dant — peut-on le leur reprocher ? — un usage démocratique.

La France a su rester une démocratie, et l'instabilité ministérielle ne tient pas tant aux institutions qu'à la division des forces politiques, d'une part, ou à leur faiblesse, d'autre part. Ce
ne sont pas, dans un régime parlementaire, les institutions qui
peuvent, comme par miracle, faire naître les majorités, ou les
faire durer. L'absence d'un grand parti conservateur, la division
de la gauche, les hésitations radicales sont responsables plus que
les institutions de l'instabilité ministérielle. Quant au rôle du
Sénat, s'il grandit dans la période, puisqu'il fut à l'origine de
la chute de nombreux gouvernements, dont les deux gouvernements Blum, il ne fit pas d'obstruction systématique aux réformes du Front populaire. Les sénateurs se sentaient investis du
rôle de préserver la France traditionnelle et défendaient la République, une République qui gardait la délicieuse odeur des permanences.

Mais les hommes, ceux qui parlaient au nom de la France,
hommes d'État ou penseurs, semblaient se résigner à la décadence et aux abdications. Observateur lucide, Marc Bloch [1] a
tout dit de la léthargie intellectuelle de la gérontocratie. Les classes
dirigeantes qui prétendaient au monopole du pouvoir ne savaient
plus l'exercer. Alors même que les forces vives étaient écartées
des sommets de l'État.

1. Voir (17).

A droite personne n'a cherché à comprendre les possibilités de régénération que des réformes sociales pouvaient apporter à un pays affaibli, sauf peut-être Tardieu, mais il les voyait dans un régime autoritaire, voire fasciste, et la menace extérieure ne l'intéressait pas. Ces hommes mûrs ne pouvaient imaginer une autre forme de fermeté morale que celle de 14-18. Georges Mandel, qui dès 1933 dénonçait le péril hitlérien, Paul Reynaud, si lucide sur les raisons du marasme économique, étaient de grandes intelligences patriotes. Qu'ils aient voulu ignorer ce que peut apporter de rajeunissement une révolution, on les comprend. Mais, devant un très minime réajustement social qui donnait un peu de justice, ils furent aussi obtus que les autres. Ils partagèrent envers le Front populaire la haine de toute la droite. La droite enfin n'a pas su organiser ce grand parti conservateur qui aurait pu proposer un choix politique clair. Addition de personnalités souvent rivales, la droite parlementaire compte peu de militants ; elle a ainsi laissé le champ libre aux ligues.

La gauche, elle, est à la fois organisée et profondément divisée. La SFIO se trouvait au centre de la majorité de Front populaire, mais les hommes politiques socialistes, nourris d'idéologie, gardaient du pouvoir une répulsion instinctive. Ils gérèrent « loyalement » l'État, selon le mot de Blum, mais ils se refusèrent, par crainte d'un noyautage communiste, à s'appuyer franchement sur le mouvement populaire que la victoire électorale avait fait naître. Ils ne voulurent pas non plus, sinon trop tardivement, conduire une politique de compromis avec la bourgeoisie. Il est vrai que les classes dirigeantes rejetèrent toutes les mains tendues. En réalité, la coalition de gauche s'était construite dans un esprit défensif. Tout commence au 6 Février. Le « péril fasciste » est naturellement exagéré parce que la démonstration des ligues face à la Chambre des députés pouvait ressusciter les vieux réflexes de défense républicaine. Ce qui était sans doute réagir en hommes du XIXᵉ quand une émeute, à Paris, pouvait balayer les régimes. La gauche cherchait à reproduire les schémas du passé ; l'irruption du prolétariat était l'élément nouveau de la configuration politique, que seuls les communistes étaient en mesure d'intégrer à leur stratégie. Entre les radicaux et les communistes, les socialistes ne surent imaginer une action politique innovatrice.

Mais la gauche fut aussi aveuglée par les souvenirs de 1914.

La prise de conscience de la faillite de la sécurité collective fut très tardive. Certes, le Front populaire accéléra le rythme du réarmement, mais sans remettre en cause les stratégies définies dans les années 1920 et en sacrifiant aux nécessités de la défense de la France la poursuite du mieux-être social. Attachés à l'image d'une France pacifique, ces patriotes furent prisonniers d'une identité nationale périmée et ne voulurent renforcer que le bouclier. Mais ils furent aussi victimes des interférences entre l'attitude extérieure et les problèmes intérieurs. S'opposer nettement aux coups de force nazis, c'était s'aligner sur la politique soviétique et donc sur le Parti communiste ; c'était heurter de front toute la France du patrimoine exaspérée par les occupations d'usine.

Ainsi la classe politique était-elle prisonnière des recettes éprouvées du passé. L'absence d'imagination équivalait à l'impuissance, la pratique politique ne prenait pas en compte les enjeux majeurs de la période : l'État, l'usine, le déclin du patrimoine face à l'émergence du salaire.

Un enjeu majeur : l'État.

Après le repli relatif des années 1920, tous les indices convergent dans le sens d'une croissance de l'État et d'une transformation de son rôle : l'augmentation du nombre des fonctionnaires, la croissance des dépenses par rapport au revenu national, les structures même de l'appareil gouvernemental avec la création de nouveaux départements ministériels (Santé publique, loisirs, Économie nationale...). Certes, cette croissance repose encore sur la tradition ; les très puissants directeurs du Trésor au sein du ministère des Finances freinèrent assidûment les dépenses d'investissement. Le recours à l'emprunt est destiné surtout à financer les déficits budgétaires. Pierre Saly a montré la faiblesse des interventions civiles de l'État[1]. Dans le domaine économique, l'État joue sans doute un rôle plus protecteur qu'incitateur. Les mesures dites « malthusiennes » des années 1930 en témoignent. Cependant, le Front populaire, en lançant un réarmement de grande ampleur, favorise de nouvelles relations entre les entreprises et l'État, dont après sa chute

1. Voir (158).

la droite profita. « Le réarmement a constitué la meilleure propédeutique à l'interventionnisme contemporain qui se développera plus largement dans le domaine *civil* après la Deuxième Guerre mondiale [1]. » L'exemple de la nationalisation de l'industrie aéronautique qui permet la rationalisation d'un secteur, six sociétés au lieu de vingt, tout en maintenant aux postes de responsabilité les anciens patrons, en témoigne.

Ces figures encore contradictoires de l'État sont signe des mutations décisives qui annoncent les élans d'après 1945. La réflexion sociopolitique des années 1930 est orientée autour de ces thèmes, du *Souverain captif* de Tardieu aux premières études sur la planification. D'ailleurs, les moments de crise les plus intenses traduisent une impatience vis-à-vis des impuissances de l'État. En février 1934, les émeutiers de la place de la Concorde en appellent à un exécutif fort, représentatif des forces sociales, et semblent se satisfaire de la volonté de Doumergue de « réformer l'État ». En 1936, les grèves de juin affirment l'existence d'un groupe social qui jusque-là n'était pas pris en compte. Occupant les usines, les ouvriers demandent à l'État son intervention ; et la réponse est d'ailleurs plus claire en 1936 qu'en 1934. Doumergue n'avait pu dépasser les déclarations d'intention ; en 1936, le pouvoir intervient comme arbitre entre les forces sociales dont il s'autorise à régler les rapports contractuels, c'est le sens de l'Accord Matignon.

Ainsi l'État est-il un des enjeux majeurs de la période. Mais son rôle ne se renforce que parce que sa définition ancienne ne correspondait plus aux transformations profondes de la société. L'État traditionnel assurait l'ordre social, la cohésion patriotique et nationale ; il incarnait une identité rassurante et protégeait le patrimoine. Le politique se devait de traduire ces exigences. La crise de 1934 est une crise d'identité : le politique se révèle incapable d'assurer la continuité des missions protectrices de l'État ; d'une tout autre dimension, la crise de 1936 dessine les lignes d'une identité nouvelle. La crise sociale prend le politique au dépourvu, en défaut d'imagination. En effet, non seulement le pouvoir doit improviser de nouvelles missions pour l'État, mais il le fait sous la contrainte de forces sociales neuves qui n'étaient pas parties prenantes de la vieille synthèse républi-

1. Robert Frank, voir (113).

caine. Ainsi volent en éclat les vieilles recettes, même si l'impossibilité de trouver une forme politique correspondant à la nouvelle configuration sociale provoque, en avril 1938, avec Daladier, un retour à des traditions à peine retouchées.

Un enjeu majeur : l'usine.

Un des paradoxes des années 1930 est que le triomphe de l'usine, son installation dans le paysage économique, mais aussi sociopolitique, de la nation, a des significations contradictoires.

Le triomphe de l'usine, c'est une sorte de révolution dans un pays qui a toujours répugné à la production de masse et aux grandes concentrations ouvrières. L'usine s'impose malgré les politiques, elle s'impose malgré les mentalités radicales dominantes. Elle s'impose en réalité contre le consensus républicain qui s'était organisé pour protéger les petits et moyens patrimoines. Mais, ceux qui imposent l'usine à la faveur de la croissance des années 1920, puis de la crise des années 1930, la défendent encore comme s'il s'agissait d'une échoppe ou d'une boutique, inconsciemment parce qu'ils vivent l'usine sur le modèle social artisanal, ou consciemment pour s'assurer l'appui des classes moyennes indépendantes.

Défendre l'usine en faisant mine de protéger le patrimoine, telle est la stratégie des opposants du Front populaire. Mais, ce faisant, ils confortent le poids des salariés et minent les valeurs liées au patrimoine qu'ils font profession de défendre. Et l'ironie de la situation est que le prolétariat lui-même choisit l'usine, l'occupe, et l'installe au cœur d'une nouvelle culture. La classe ouvrière rompait ainsi avec les vieilles traditions de refus du bagne industriel. Elle disait adieu au « peuple » des villes, cette invention du XIXe siècle qui permettait tous les unanimismes républicains. Mais là encore les forces sociales s'avancent masquées : le prolétariat habite la condition ouvrière tout en la récusant radicalement.

L'État lui-même reconnaît le triomphe de l'usine. En mettant face à face en juin 1936, à Matignon, le patronat et la CGT, en acceptant de jouer le rôle d'arbitre, l'État légitime une nouvelle configuration sociale, installe dans la cité les nomades des faubourgs devenus citoyens des banlieues. Mais, c'est le nœud de la crise des années 1930, cette force sociale neuve est encadrée par le Parti communiste qui, fondamentalement, refuse l'installation sous la forme d'un compromis social, et organise le prolétariat comme force, mais comme force d'avenir, préfiguration d'une autre société et non comme partie prenante dans la société présente. Ainsi la crise des années 1930 ne peut pas trouver d'issue politique.

Les forces de l'avenir.

Les Français étaient enfermés dans la crainte du déclin et en même temps se réfugiaient dans les valeurs du passé. L'avenir appartenait à ceux qui ne dirigeaient pas le présent, mais en détenaient les forces vives. Ceux qui, mesurant la décadence, la croyaient irrémédiable, ignoraient que l'imagination créatrice de la jeunesse appartenait au syndicalisme ouvrier, au jeune syndicalisme paysan, au christianisme social renaissant, aux équipes de savants, d'artistes, de militants qui feraient la renaissance du pays, après que les élites auraient abandonné à l'ennemi la sauvegarde de leur pouvoir social et de leurs intérêts. C'est pourquoi, bien qu'il n'ait pas pu inverser le sens que l'histoire avait pris depuis 1930, le Front populaire a conservé quand même une immense importance dans la mémoire collective. Souvenir épouvantable pour les vieilles classes dirigeantes, il s'inscrit dans les mythes de l'âge d'or pour le peuple qui avait, dans la fête, pris conscience de sa force et ne devait plus l'oublier.

Chronologie sommaire

1929	26 juillet	Démission du ministère Poincaré.
	27 septembre	L'aviateur Costes bat le record du monde de distance.
	22 octobre	Chute du onzième ministère Briand.
	25 octobre	Effondrement de la Bourse de New York.
	29 décembre	La construction d'une ligne fortifiée (ligne Maginot) est votée.
1930	10 février	Révolte des tirailleurs annamites à Yen Bay.
	17 février	Chute du ministère Tardieu.
	12 mars	Gratuité de l'enseignement secondaire en sixième.
	29 mars	Ratification du plan Young.
	16 avril	Vote de la retraite du combattant.
	30 juin	Fin de l'évacuation de la Rhénanie par les troupes françaises.
	1er juillet	Application de la loi sur les assurances sociales.
	2 septembre	Costes et Bellonte réussissent la traversée de l'Atlantique nord sans escale d'est en ouest.
	4 novembre	Début de l'affaire Oustric.
	4 décembre	Chute du cabinet Tardieu.
1931	9 février	Weygand remplace Pétain comme vice-président du Conseil supérieur de la guerre.
	6 mai	Ouverture de l'Exposition coloniale au Bois de Vincennes.
	13 mai	Paul Doumer est élu président de la République.
	20 juin	Moratoire Hoover sur les réparations et les dettes.
	21 septembre	Dévaluation de la livre sterling.
1932	12 janvier	Démission du cabinet Laval.
	21 janvier	Loi sur les allocations familiales.
	10 février	Chute du cabinet Laval.
	24 février	Échec de la conférence de Genève sur le désarmement.
	6 mai	Paul Doumer est assassiné par un Russe blanc, atteint d'aliénation mentale.

8 mai	Victoire de la gauche au second tour des élections législatives.
10 mai	Albert Lebrun est élu président de la République.
9 juillet	Fin de la conférence des Réparations de Lausanne.
29 novembre	Pacte de non-agression franco-soviétique.
14 décembre	Chute du ministère Herriot.

1933
30 janvier	Hitler est nommé chancelier.
16 février	Signature du pacte de la Petite-Entente.
19 février	Création de la Loterie nationale.
14 juillet	Signature du pacte à Quatre à Rome.
24 octobre	Chute du ministère Daladier.
5 novembre	Déat, Marquet, Montagnon et Renaudel sont exclus de la SFIO.
29 décembre	Début de l'affaire Stavisky.

1934
8 janvier	Mort de Stavisky.
26 janvier	Pacte germano-polonais.
27 janvier	Démission du cabinet Chautemps.
6 février	Émeute antiparlementaire à Paris.
7 février	Démission du cabinet Daladier.
12 février	Grève générale dans toute la France.
22 février	Doumergue obtient de gouverner par décrets-lois.
3 mars	Création du Comité de vigilance des intellectuels antifascistes.
30 juin	« Nuit des longs couteaux » en Allemagne.
25 juillet	Assassinat du chancelier autrichien Dollfuss.
27 juillet	Les partis communiste et socialiste concluent un pacte d'unité d'action.
2 août	Mort de Hindenburg.
18 septembre	Entrée de l'Union soviétique à la SDN.
9 octobre	Assassinat du roi Alexandre de Yougoslavie et de Louis Barthou à Marseille par des terroristes croates, agents de Mussolini.
7 novembre	Démission du cabinet Doumergue.
24 décembre	Loi sur la distillation des excédents de vin et sur les primes à l'arrachage des vignes.

1935
7 janvier	Accord franco-italien signé à Rome.
13 janvier	La Sarre vote son rattachement à l'Allemagne.
18 janvier	Gamelin remplace Weygand comme vice-président du Conseil de la guerre.
16 mars	Service militaire obligatoire en Allemagne.
2 mai	Pacte d'assistance mutuelle franco-soviétique.
5 mai-12 mai	Élections municipales favorables à la gauche.
30 mai	Chute du ministère Flandin.
12 juin	Le *Normandie* conquiert le *ruban bleu*.

	14 juillet	Défilé et serment du Rassemblement populaire.
	16 juillet	Début de la déflation extrême de Laval.
	4 octobre	Agression de l'Éthiopie par l'Italie.
	16 novembre	Incidents sanglants de Limoges entre Croix-de-Feu et militants de gauche.
	6 décembre	Dissolution des organisations paramilitaires.
1936	12 janvier	Publication du programme de Rassemblement populaire.
	20 janvier	Daladier remplace Herriot à la présidence du Parti radical.
	24 janvier	Démission du cabinet Laval.
	13 février	Dissolution des ligues d'Action française.
	7 mars	Hitler dénonce le traité de Locarno et occupe militairement la Rhénanie.
	25 mars	Congrès de réunification syndicale.
	5 mai	Victoire du Front populaire au second tour des élections législatives.
	26 mai	Début des grèves « sur le tas ».
	5 juin	Début de l'« expérience Blum ».
	7 juin	Accords Matignon.
	11-12 juin	Lois sur les conventions collectives, les congés payés, la semaine de 40 heures.
	18 juin	Dissolution des ligues.
	19 juin-1er juill.	Fin des sanctions contre l'Italie.
	21 juin	Création du Parti social français.
	2 juillet	La scolarité est prolongée jusqu'à 14 ans.
	18 juillet	Soulèvement militaire contre la République espagnole.
	24 juillet	Réforme de la Banque de France.
	1er août	Blum propose la « non-intervention » dans la guerre d'Espagne.
	11 août	Loi sur les nationalisations des industries de guerre.
	15 août	Loi sur l'Office du blé.
	9 septembre	Accords Vienot entre la France et la Syrie.
	27 septembre	Dévaluation du franc.
	18 novembre	Suicide de Roger Salengro.
	4 décembre	Abstention communiste à la Chambre sur la politique extérieure.
	31 décembre	Loi sur l'arbitrage obligatoire.
1937	13 février	Blum annonce « la Pause ».
	12 mars	Lancement d'un emprunt de défense nationale.
	16 mars	Fusillade de Clichy.
	24 mai	Inauguration de l'Exposition internationale de Paris.
	21 juin	Chute du ministère Blum.
	30 juin	Nouvelle dévaluation du franc.
	31 août	Création de la SNCF.

	11 septembre	Attentats fascistes.
	15 décembre	Arrestation de « cagoulards ».
1938	15 janvier	Démission du cabinet Chautemps qui reforme un ministère.
	10 mars	Démission du cabinet Chautemps.
	12 mars	Hitler envahit l'Autriche et l'annexe à l'Allemagne.
	24 mars	Début d'une vague de grèves.
	8 avril	Chute du cabinet Blum.
	10 avril	Le ministère Daladier obtient la confiance de la Chambre à la quasi-unanimité.

Orientation bibliographique

1. Ouvrages généraux

1. M. Agulhon et A. Nouschi, *La France de 1914 à 1940*, Paris, Nathan, 1971.

2. *Atlas de la France contemporaine, 1800-1965*, Paris, Colin, « U », 1966.

3. J.-P. Azéma et M. Winock, *La Troisième République*, Paris, Pluriel, le Livre de poche, 1976, 2e éd.

4. G. et S. Berstein, *La Troisième République*, Paris, M.A. Éditions, 1987.

5. S. Berstein, *La France des années 30*, Paris, Colin, « Cursus », 1988.

6. E. Bonnefous, *Histoire politique de la IIIe République*. T. 5, *La République en danger, des ligues au Front populaire (1930-1936)*, Paris, PUF, 1962 ; t. 6, *Vers la guerre, du Front populaire à la conférence de Munich (1936-1938)*, Paris, PUF, 1965.

7. C. Fohlen, *La France de l'entre-deux-guerres, 1917-1939*, Paris, Castermann, 1972.

8. J.-M. Mayeur, F. Bédarida, A. Prost, J.-L. Monneron, *Cent ans d'esprit républicain*, Paris, Nouvelle Librairie de France, « Histoire du peuple français », 1964, t. V.

9. J.-M. Mayeur, *La Vie politique sous la Troisième République, 1870-1940*, Paris, Éd. du Seuil, 1984.

10. R. Rémond (avec la collaboration de J.-F. Sirinelli), *Notre siècle, 1918-1988*, Paris, Fayard, 1988, t. VI de l'*Histoire de France* sous la direction de Jean Favier.

11. J. Touchard, « L'Esprit des années 1930, une tentative de renouvellement de la pensée française », *Tendances politiques dans la vie française depuis 1789*, Paris, Hachette, 1960.

Soulignons l'importance des actes de deux colloques :

12. R. Rémond et P. Renouvin (sous la direction de), *Léon Blum chef de gouvernement 1936-1937*, Paris, PFNSP, 1967 et 1981.

13. R. Rémond et J. Bourdin (éd.), a) *Édouard Daladier chef de gouvernement, avril 1938-septembre 1939*, Paris, PFNSP, 1977. b) *La France et les Français en 1938-1939*, Paris, PFNSP, 1978.

Pour compléter

M. Agulhon, *La République de 1880 à nos jours*, Paris, Hachette, 1990.

S. Berstein, *La France des années 30*, Paris, A. Colin, 1988.

S. Berstein, P. Milza, *Histoire de la France au xxᵉ siècle 1930-1945*, Bruxelles, Éd. Complexe, 1991.

J.-P. Brunet, *Histoire du Front populaire*, Paris, PUF, collection « Que sais-je ? », 1991.

D. Tartakovsky, *Le Front populaire, la vie est à nous*, Paris, Gallimard, « Découvertes », 1996.

E. Weber, *La France des années 1930*, Paris, Fayard, 1994.

D. Zeraffa-Dray, *Histoire de la France, d'une République à l'autre, 1918-1958*, Paris, Hachette Supérieur, 1982.

2. Biographies, Mémoires, témoignages

14. P. Andreu, *Le Rouge et le Blanc, 1928-1944*, Paris, La Table ronde, 1977.

15. S. de Beauvoir, *Mémoires d'une jeune fille rangée*, Paris, Gallimard, 1958.

16. S. de Beauvoir, *La Force de l'âge*, Paris, Gallimard, 1960.

17. M. Bloch, *L'Étrange Défaite*, Paris, Franc-Tireur, 1946.

18. *L'Œuvre de Léon Blum*, t. III-2, *1928-1934*; t. IV-1, *1934-1937* ; t. IV-2, *1937-1940*, Paris, Albin Michel, 1972, 1964, 1965.

19. L. Blum, *A l'échelle humaine*, Paris, Gallimard, 1971.

20. C. Audry, *Léon Blum ou la Politique du juste*, Paris, Julliard, 1965.

21. J. Lacouture, *Léon Blum*, Paris, Éd. du Seuil, 1977.

22. G. Ziebura, *Léon Blum et le Parti socialiste, 1872-1934*, Paris, Colin, 1967.

23. R. Brasillach, *Notre avant-guerre*, Paris, Plon, 1941.

24. J. Caillaux, *Mes Mémoires*, Paris, Plon, 1947, t. III.

25. J.-C. Allain, *Caillaux*, t. 2, *L'Oracle, 1914-1944*, Paris, Imprimerie nationale, 1981.

26. P. Burrin, *La Dérive fasciste, Doriot, Déat, Bergery*, Paris, Éd. du Seuil, 1986.

27. J.-P. Brunet, *Doriot*, Paris, Balland, 1985.

28. D. Wolf, *Doriot, du communisme à la collaboration*, Paris, Fayard, 1969.

29. P. Andreu et F. Grover, *Drieu La Rochelle*, Paris, Hachette-Littérature, 1979.

30. J. Duclos, *Mémoires. Aux jours ensoleillés du Front populaire 1935-1939*, Paris, Fayard, 1967.

31. É. Fajon, *Ma vie s'appelle Liberté*, Paris, Laffont, 1976.

32. P.-É. Flandin, *Politique française*, Paris, Éditions nouvelles, 1947.

33. J. Lacouture, *De Gaulle*, t. 1, *Le Rebelle*, Paris, Éd. du Seuil, 1981.

34. J. Giraudoux, *Pleins pouvoirs*, Paris, Gallimard, 1939.

35. E. Grenadou et A. Prévost, *Grenadou, paysan français*, Paris, Éd. du Seuil, 1966 ; rééd. Paris, Éd. du Seuil, « Points Histoire », 1978.

36. D. Halévy, *Décadence de la liberté*, Paris, Grasset, 1931.

37. D. Halévy, *La République des comités : essai d'histoire contemporaine 1895-1934*, Paris, Grasset, 1934.

38. D. Halévy, *Visites aux paysans du Centre (1907-1934)*, Paris, Grasset, 1935.

39. É. Herriot, *Jadis*, II, *D'une guerre à l'autre*, Paris, Flammarion, 1952.

40. S. Berstein, *Édouard Herriot ou la République en personne*, Paris, PFNSP, 1985.

41. M. Soulié, *La Vie politique d'Édouard Herriot*, Paris, Colin, 1962.

42. J. Humbert-Droz, *Mémoires*, Neuchâtel, La Baconnière, 1969-1972, 3 vol.

43. B. Georges, D. Tintant, M.-A. Renauld, *Léon Jouhaux*, Paris, PUF, 1962.

44. F. Kupferman, *Laval, 1883-1945*, Paris, Balland, 1987.

45. H. Lefebvre, *La Somme et le Reste*, Paris, La Nef de Paris, 1959, 2 vol.

46. M. Le Lannou, *Un bleu de Bretagne, souvenirs d'un fils d'instituteur de la IIIᵉ République*, Paris, Hachette-Littérature, 1979.

47. Pierre Mendès France, *Œuvres complètes*, t. 1, *S'engager 1922-1943*, Paris, Gallimard, 1984.

48. J. Lacouture, *Pierre Mendès France*, Paris, Éd. du Seuil, 1981.

49. J. Moch, *Une aussi longue vie*, Paris, Robert Laffont, 1976.

50. J. Monnet, *Mémoires*, Paris, Fayard, 1976.

51. P. Poiret, *En habillant l'époque*, Paris, Grasset, 1930.

52. P. Reynaud, *Mémoires*, Paris, Flammarion, 1959-1963, 3 vol.

53. D. de Rougemont, *Journal d'un intellectuel en chômage*, Paris, Albin Michel, 1937.

54. A. Thirion, *Révolutionnaires sans révolution*, Paris, Laffont, 1972.

55. M. Thorez, *Fils du peuple*, Paris, Éditions sociales, 1949.

56. G. Cogniot et V. Joannès, *Maurice Thorez*, Paris, Éditions sociales, 1970.

57. P. Robrieux, *Maurice Thorez, vie secrète et vie publique*, Paris, Fayard, 1975.

58. Ch. Tillon, *On chantait rouge*, Paris, Laffont, 1977.

59. J.-N. Jeanneney, *François de Wendel en République 1914-1940*, Paris, Éd. du Seuil, 1976.

60. J. Zay, *Souvenirs et Solitudes*, Le Roeulx, Éd. Talus d'approche, 1987.

Pour compléter

J.-P. Cointet, *Pierre Laval*, Paris, Fayard, 1993.

E. Du Reau, *Daladier*, Paris, Fayard, 1993.

I. Greilsammer, *Blum*, Paris, Flammarion, 1996.

J.-N. Jeanneney, *Georges Mandel, l'homme qu'on attendait*, Paris, Éd. du Seuil, 1991.

B. La Chaise, *Yvon Delbos, Biographie 1885-1956*, Périgueux, Éditions Fanlac, 1993.

F. Monnet, *Refaire la République, André Tardieu une dérive réactionnaire (1876-1945)*, Paris, Fayard, 1993.

3. L'évolution politique

1. *Ouvrages de base.*

Outre J.-M. Mayeur (9)

61. R. Aron et A. Dandieu, *La Révolution nécessaire*, Paris, Grasset, 1933.

62. J. Barthélémy et P. Duez, *Traité de droit constitutionnel*, Paris, Dalloz, 1933, n^lle éd.

63. S. Berstein, *Le 6 février 1934*, Paris, Gallimard-Julliard, « Archives », 1975.

64. *La France en mouvement, 1934-1938*, sous la direction de J. Bouvier, Seyssel, Champ Vallon, 1986 (recueil d'articles).

65. F. Goguel, *La Politique des partis sous la IIIe République*, Paris, Éd. du Seuil, 1958.

66. F. Goguel, *Géographie des élections françaises sous la IIIe et la IVe République*, Paris, Cahiers de la FNSP, 159, Colin, 1970.

67. G. Lavau, G. Grunberg, N. Mayer, *L'Univers politique des classes moyennes*, Paris, PFNSP, 1983.

68. J.-L. Loubet del Bayle, *Les Non-conformistes des années trente*, Paris, Éd. du Seuil, 1969.

69. A. Siegfried, *Tableau des parties en France*, Paris, Grasset, 1930.

70. A. Soulier, *L'Instabilité ministérielle sous la IIIe République, 1871-1938*, Paris, Recueil Sirey, 1939.

71. M. Winock, *La Fièvre hexagonale, les grandes crises politiques 1871-1968*, Paris, Calmann-Lévy, 1986 ; rééd. Paris, Éd. du Seuil, « Points Histoire », 1987.

2. *Centre, droites, ligues,*
les débats sur le « fascisme français ».

72. S. Berstein, J.-J. Becker, *Histoire de l'anticommunisme en France*, t. 1, *1917-1940*, Paris, Olivier Orban, 1987.

73. A. Bonnard, *Le Drame du présent*, I, *Les Modérés*, Paris, Grasset, 1936.

74. P. Bourdrel, *La Cagoule*, Paris, Albin Michel, 1970.

75. M. Chavardès, *Une campagne de presse, la droite française et le 6 février 1934*, Paris, Flammarion, 1970.

76. A. Chebel d'Appolonia, *L'Extrême Droite en France de Maurras à Le Pen*, Bruxelles, Éd. Complexe, 1988.

77. J.-M. Mayeur, *Des partis catholiques à la démocratie chrétienne*, Paris, Colin, 1980.

78. P. Machefer, *Ligues et Fascismes en France, 1918-1939*, Paris, PUF, « Dossiers Clio », 1974.

79. P. Milza, *Fascisme français. Passé et présent*, Paris, Flammarion, 1987.

80. R. Rémond, *Les Droites en France*, Paris, Aubier, 1982, n[lle] éd.

81. Z. Sternhell, *Ni droite, ni gauche. L'idéologie fasciste en France*, Paris, Éd. du Seuil, 1983.

82. E. Weber, *L'Action française*, Paris, Stock, 1964.

Voir aussi P. Burrin (26).

3. *La gauche et l'extrême gauche.*

83. J.-J. Becker, *Le Parti communiste veut-il prendre le pouvoir ? La stratégie du PCF de 1930 à nos jours*, Paris, Éd. du Seuil, 1982.

84. S. Berstein, *Histoire du Parti radical*, Paris, PFNSP, 1982, t. 2.

85. J.-P. Brunet, *Histoire du PCF*, Paris, PUF, « Que sais-je ? », 1982.

86. J. Girault, *Sur l'implantation du Parti communiste français dans l'entre-deux-guerres*, Paris, Éditions sociales, 1977.

87. J. Girault *et al.*, *Le PCF, étapes et problèmes*, Paris, Éditions sociales, 1981.

88. J.-P. Joubert, *Révolutionnaires de la SFIO : Marceau Pivert et le pivertisme*, Paris, PFNSP, 1977.

89. J. Kayser, *Les Grandes Batailles du radicalisme*, Paris, Rivière, 1962.

90. G. Lefranc, *Le Mouvement socialiste sous la Troisième République*, n[lle] éd., t. 2, *De 1920 à 1940*, Paris, 1977.

91. J. Maitron, *Le Mouvement anarchiste en France*, Paris, Maspero, 1975, t. 2.

91bis. J. Rabaud, *Tout est possible, les gauchistes français, 1929-1944*, Paris, Denoël, 1974.

92. N. Racine et L. Bodin, *Le Parti communiste français pendant l'entre-deux-guerres*, Paris, Colin, 1972.

93. P. Robrieux, *Histoire intérieure du Parti communiste*, I, *1920-1945*, Paris, Fayard, 1980.

94. J. Touchard, *La Gauche en France depuis 1900*, Paris, Éd. du Seuil, 1977.

95. L. Trotsky, *Le Mouvement communiste en France, 1919-1939*, Paris, Éd. de Minuit, 1967.

4. *Le Front populaire.*

Outre le colloque de 1965 (12).

96. L. Bodin et J. Touchard, *Front populaire 1936*, Paris, Colin, « L'Histoire par la presse », 1985.

97. G. Bourdé, *La Défaite du Front populaire*, Paris, Maspero, 1977.

98. G. Dupeux, *Le Front populaire et les Élections de 1936*, Paris, Colin, 1969.

99. D. Guérin, *Front populaire, révolution manquée*, Paris, Maspero, 1976.

100. Cl. Jamet, *Notre Front populaire. Journal d'un militant*, Paris, La Table ronde, 1977.

101. J. Kergoat, *La France du Front populaire*, Paris, Éd. La Découverte, 1986.

102. G. Lefranc, *Histoire du Front populaire*, Paris, Payot, 1974.

103. G. Lefranc, *Juin 1936, l'explosion sociale du Front populaire*, Paris, Gallimard-Julliard, 1973.

104. A. Prost, *La CGT à l'époque du Front populaire, 1934-1939*, Paris, Colin, 1964.

105. J.-P. Rioux, *Révolutionnaires du Front populaire*, documents, Paris, UGE, 1973.

Pour compléter

A. Bergounioux, G. Grunberg, *Le Long Remords du pouvoir, Le Parti socialiste français 1905-1992*, Paris, Fayard, 1992.

A. Fourcaut (sous la direction de), *Banlieue rouge 1920-1960*, Paris, Édition Autrement, « série Mémoires », 1992.

C. Prochasson, *Les Intellectuels, le Socialisme et la Guerre, 1900-1938*, Paris, Éd. du Seuil, 1993.

R. Schor, *L'Antisémitisme en France pendant les années trente*, Bruxelles, Éd. Complexe, 1992.

J.-F. Sirinelli (sous la direction de), *Dictionnaire historique de la vie politique en France au xxᵉ siècle*, Paris, PUF, 1995.

J.-F. Sirinelli (sous la direction de), *Histoire des droites en France*, Paris, Gallimard, 1993, 3 tomes.

M. Winock (sous la direction de), *Histoire de l'extrême droite en France*, Paris, Éd. du Seuil, 1993.

4. La politique extérieure et coloniale

106. C.-R. Ageron, *France coloniale ou Parti colonial*, Paris, PUF, 1978.

107. C.-R. Ageron, *Histoire de l'Algérie contemporaine*, t. 2, *1871-1954*, Paris, PUF, 1979.

108. J. Bariéty et R. Poidevin, *Les Relations franco-allemandes, 1815-1975*, Paris, Colin, 1977.

109. J. Berque, *Le Maghreb entre les deux guerres*, Paris, Éd. du Seuil, 1969.

110. J. Bouvier, R. Girault, J. Thobie, *L'Impérialisme à la française, 1914-1960*, Paris. Éd. La Découverte, 1986.

111. J.-B. Duroselle, *Histoire diplomatique de 1919 à nos jours*, Paris, Dalloz, 1985, 9e éd.

112. J.-B. Duroselle, *La Décadence, 1932-1939. Politique étrangère de la France*, Paris, Imprimerie nationale, 1979.

113. R. Frank, *Le Prix du réarmement français, 1934-1939*, Paris. Publications de la Sorbonne, 1982.

114. R. Girault et R. Frank, *Turbulente Europe et Nouveaux Mondes, 1914-1941*, Paris, Masson, 1988.

115. R. Girardet, *L'Idée coloniale en France (1871-1962)*, Paris, La Table ronde, 1972.

116. C.-A. Julien, *L'Afrique du Nord en marche*, Paris, Julliard, 1972.

117. C.-A. Julien, *Une pensée anticoloniale. Positions, 1914-1979*, Paris, Sinbad, 1979.

118. E. M'Bokolo, *L'Afrique au xxe siècle. Le continent convoité*, Paris, Éd. du Seuil, 1985.

119. J. Marseille, *Empire colonial et Capitalisme français, histoire d'un divorce*, Paris, Albin Michel, 1984.

120. J. Marseille, *L'Age d'or de la France coloniale*, Paris, Albin Michel, 1986.

121. D.W. Pike, *Les Français et la Guerre d'Espagne*, Paris, PUF, 1973.

122. P. Roquebain, *Le Développement économique de l'Indochine française*, Paris, Hartmann, 1939.

123. *Les Relations franco-britanniques de 1935 à 1939*, ouvrage collectif, Paris, Éd. du CNRS, 1977.

124. *Les Relations franco-allemandes entre 1933 et 1939*, ouvrage collectif, Paris, Éd. du CNRS, 1977.

125. P. Rousset, *Communisme et Nationalisme vietnamiens*, Paris, Galilée, 1978.

126. M. Vaïsse, *Sécurité d'abord. La politique française en matière de désarmement (9 décembre 1930-17 avril 1934)*, Paris, Pedone, 1981.

127. P. Vilar, *La Guerre d'Espagne*, Paris, PUF, « Que sais-je ? », 1987.

Pour compléter

G. Perville, *De l'Empire français à la décolonisation*, Paris, Hachette Supérieur, 1991.

J. Thobie, G. Meynier, C. Coquery-Vidrovitch, C.R. Ageron, *Histoire de la France coloniale*, t. 2 : *1914-1990*, Paris, Armand Colin, 1991.

5. Démographie, économie, société

1. *Démographie.*

128. P. Ariès, *Histoire des populations françaises et de leur attitude devant la vie depuis le XVIIIe siècle*, Paris, Éd. du Seuil, 1971.

129. A. Armengaud et A. Fine, *La Population française au XXe siècle*, Paris, PUF, « Que sais-je ? », 1983, 6e éd.

130. J. Dupâquier (sous la direction de), *Histoire de la population française*, t. 4, *De 1914 à nos jours*, Paris, PUF, 1988.

131. A. Landry, *La Révolution démographique. Études et essais sur les problèmes de population*, Paris, Sirey, 1934.

132. H. Le Bras, *Les Trois France*, Paris, Odile Jacob, 1986.

2. *L'immigration et les étrangers.*

133. « Étrangers, immigrés, Français », *Vingtième Siècle, Revue d'histoire*, n° 7, juill.-septembre 1985.

134. Y. Lequin (sous la direction de), *La Mosaïque France*, Paris, Larousse, 1988.

135. G. Mauco, *Les Étrangers en France*, Paris, Colin, 1932.

136. P. Milza (sous la direction de), *Les Italiens en France de 1914 à 1940*, Rome, École française de Rome, 1986.

137. G. Noiriel, *Le Creuset français. Histoire de l'immigration XIXe-XXe siècle*, Paris, Éd. du Seuil, 1988.

138. R. Schor, *L'Opinion française et les Étrangers en France 1919-1939*, Paris, Publications de la Sorbonne, 1985.

3. *L'économie.*

139. *Annuaire statistique 1951, résumé rétrospectif*, Paris, Imprimerie nationale, 1952 (58ᵉ vol.).

140. J.-C. Asselain, *Histoire économique de la France du XVIIIᵉ siècle à nos jours*, t. 2, *De 1919 à la fin des années 1970*, Paris, Éd. du Seuil, 1984.

141. A. Baudant, *Pont-à-Mousson (1918-1939) : stratégies industrielles d'une dynastie lorraine*, Paris, Publications de la Sorbonne, 1980.

142. H. Bonin, *Histoire économique de la France depuis 1880*, Paris, Masson, 1988.

143. F. Braudel et E. Labrousse (sous la direction de), *Histoire économique et sociale de la France*, Paris, PUF, 1979, t. IV, vol. 2.

144. J. Bouvier, *Un siècle de banque française : les contraintes de l'État et les incertitudes des marchés*, Paris, Hachette, 1973.

145. F. Caron, *Histoire économique de la France, XIXᵉ-XXᵉ siècles*, Paris, Colin, 1981.

146. E. Chadeau, *État, développement et économie : l'industrie aéronautique 1900-1940*, thèse d'État, Paris-X, 1986.

147. J.-P. Cuvilier, *Vincent Auriol et les Finances publiques du Front populaire*, Toulouse, Publications de l'université de Toulouse-Le-Mirail, 1979.

148. A. Dauphin-Meunier, *La Banque de France*, Paris, NRF, 1937.

149. J.-P. Daviet, *La Compagnie de Saint-Gobain de 1830 à 1939, une entreprise française à rayonnement international*, Paris, Éd. des Archives contemporaines, 1987.

150. R. Delorme et C. André, *L'État et l'économie. Un essai d'application de l'évolution des dépenses publiques en France 1870-1980*, Paris, Éd. du Seuil, 1983.

151. P. Fridenson, *Histoire des usines Renault*, Paris, Éd. du Seuil, 1972.

152. P. Fridenson et A. Straus (sous la direction de), *Le Capitalisme français, XIXᵉ-XXᵉ siècles*, Paris, Fayard, 1987.

153. B. Gazier, *La Crise de 1929*, Paris, PUF, « Que sais-je ? », 1985.

154. C. Gignoux, *L'Économie française entre les deux guerres, 1919-1939*, Paris, Colin, 1942.

155. R.-F. Kuisel, *Le Capitalisme et l'État en France*, Paris, Gallimard, 1984.

156. E. Malinvaud, J.-J. Carré, P. Dubois, *La Croissance française*, Paris, Éd. du Seuil, 1972.

157. C. Rist, *Évolution de l'économie française, 1910-1937*, Paris, Recueil Sirey, 1937.

158. P. Saly, *La Politique des grands travaux en France, 1929-1939*, New York, Arno Press, 1977.

159. A. Sauvy, *Évolution économique de 1929 à 1939*, in *Le Mouvement économique en France de 1929 à 1939*, Paris, Ministère de l'Économie nationale, Service national de statistique, 1941.

160. A. Sauvy, *Histoire économique de la France entre les deux guerres*, Paris, Fayard, 1965-1975, 4 t. ; n^lle éd., Paris, Economica, 1984, 3 vol.

Voir aussi R. Frank (113).

4. *La société.*

161. M. Augé-Laribé, *La Politique agricole de la France de 1880 à 1940*, Paris, PUF, 1950.

162. P. Barral, *Les Agrariens français de Méline à Pisani*, Paris, Colin, 1966.

163. S. Berger, *Les Paysans contre la politique*, Paris, Éd. du Seuil, 1975.

164. L. Boltansky, *Les Cadres, la formation d'un groupe social*, Paris, Éd. de Minuit, 1982.

165. G. Duby et A. Wallon (sous la direction de), *Histoire de la France rurale*, t. 4, *La Fin de la France paysanne de 1914 à nos jours*, Paris, Éd. du Seuil, 1976.

166. G. Duby (sous la direction de), *Histoire de la France urbaine*, t. 4, *La Ville de l'âge industriel*, Paris, Éd. du Seuil, 1983.

167. H.W. Ehrmann, *La Politique du patronat français 1936-1959*, Paris, Colin, 1959.

168. C.-G. Gignoux, *Patrons soyez des patrons*, Paris, Flammarion, 1937.

169. J. Kolboom, *La Revanche des patrons, le patronat français face au Front populaire*, Paris, Flammarion, 1986.

170. M. Launay, *Le Syndicalisme chrétien en France de 1885 à nos jours*, Paris, Desclée, 1984.

171. G. Lefranc, *Le Syndicalisme en France*, Paris, PUF, 1964.

172. Y. Lequin (sous la direction de), *Histoire des Français, XIXe et XXe siècles*, Paris, 1983, 3 vol.

173. A. Moulin, *Les Paysans dans la société française, de la Révolution à nos jours*, Paris, Éd. du Seuil, 1988.

174. R. Mouriaux, *La CGT*, Paris, Éd. du Seuil, 1982.

175. *Mouvements ouvriers et Dépressions économiques de 1929 à 1939*, 7ᵉ colloque international d'histoire des mouvements sociaux..., Comité international des sciences historiques, Assen (Pays-Bas), Van Gircum, 1966.

176. G. Noiriel, *Les Ouvriers dans la société française, XIXᵉ-XXᵉ siècle*, Paris, Éd. du Seuil, 1986.

177. M. Perrot, *Le Mode de vie des familles bourgeoises*, Paris, Colin, 1961.

178. A. Prost, *Les Anciens Combattants et la Société française, 1914-1939*, Paris, PFNSP, 1973, 3 vol.

179. A. Prost, *Les Anciens Combattants, 1914-1940*, Paris, Gallimard-Julliard, 1977.

180. P. Sorlin, *La Société française*, Paris, Arthaud, 1971, t. 2.

181. S. Weil, *La Condition ouvrière*, Paris, Gallimard, 1951.

182. J. Zirnheld, *Cinquante ans de syndicalisme chrétien en France (1885-1940)*, Paris, Spes, 1937.

Pour compléter

H. Hatzfeld, *Du paupérisme à la sécurité sociale : 1850-1940*, Paris, Nancy, Presses Universitaires de Nancy, 1989.

M. Margairaz, *L'État, les Finances et l'Économie, histoire d'une conversion, 1932-1952*, Paris, Comité pour l'histoire économique et financière de la France, 1990.

H. Morsel, G. Ramunni, *Histoire de l'électricité en France : 1919-1946*, Paris, Fayard, 1994.

R. Trempe, *Les Trois Batailles du charbon*, Paris, Éd. La Découverte, 1989.

D. Woronnoff, *Histoire de l'industrie en France du XVIᵉ siècle à nos jours*, Paris, Éd. du Seuil, 1994.

6. Croyances et cultures

1. *Les intellectuels, la presse.*

183. J.-P. Bernard, *Le Parti communiste français et la Question littéraire*, Presses universitaires de Grenoble, 1972.

184. D. Caute, *Le Communisme et les Intellectuels français 1914-1966*, Paris, Gallimard, 1967.

185. D. Caute, *Les Compagnons de route 1917-1968*, Paris, Laffont, 1979.

186. C. Estier, *La Gauche hebdomadaire*, Paris, Colin, 1962.

187. F. Mayeur, « *L'Aube* », *étude d'un journal d'opinion*, Paris, FNSP, 1966.

188. P. Gerbod, *Les Enseignants et la Politique*, Paris, PUF, 1976.

189. *Histoire générale de la presse française* (sous la direction de C. Bellanger, J. Godechot, P. Guiral, F. Terrou), Paris, PUF, 1972, t. III.

190. J. Kayser, *La Presse de province sous la III\u00b0 République*, Paris, Colin, 1958.

191. H. Lerner, « *La Dépêche* », *journal de la démocratie*, Toulouse, Publications de l'université de Toulouse-Le-Mirail, 2 vol. 1978.

192. P. Ory et J.-F. Sirinelli, *Les Intellectuels en France, de l'affaire Dreyfus à nos jours*, Paris, Colin, 1986.

193. J.-F. Sirinelli, *Khâgneux et Normaliens des années vingt. Histoire politique d'une génération d'intellectuels, 1919-1945*, Paris, Fayard, 1987.

194. M. Winock, *Histoire politique de la revue « Esprit » 1930-1950*, Paris, Éd. du Seuil, 1975.

2. *Églises, problèmes religieux.*

195. J. Baubérot, *Le Retour des huguenots*, Paris, Le Cerf-Labor et Fides, 1985.

196. *Cent ans d'histoire de « La Croix», 1883-1983* (sous la direction de R. Rémond et d'É. Poulat), Paris, Le Centurion, 1988.

197. P. Chevallier, *Histoire de la franc-maçonnerie française*, Paris, Fayard, 1975, t. III.

198. G. Cholvy et Y.-M. Hilaire, *Histoire religieuse de la France contemporaine*, t. 3, *1930-1988*, Paris, Privat, 1988.

199. A. Coutrot et F. Dreyfus, *Les Forces religieuses dans la société française*, Paris, Colin, 1965.

200. P. Christophe, *Les Catholiques et le Front populaire*, Paris, Éditions ouvrières, 1986.

201. A. Encrevé, *Les Protestants en France de 1800 à nos jours*, Paris, Stock, 1985.

202. G. Le Bras, *Études de sociologie religieuse*, Paris, PUF, 1955-1956, 2 vol.

203. J. Maritain, *Humanisme intégral* (1937), rééd. Paris, Aubier-Montaigne, 1968.

204. S. Mours et D. Robert, *Le Protestantisme en France au XIXᵉ et au XXᵉ siècle*, Paris, Librairie protestante, 1972.

205. R. Rémond, *Les Catholiques dans la France des années trente*, Paris, Cana, 1979.

206. D.H. Weinberg, *Les Juifs en France de 1933 à 1939*, Paris, Calmann-Lévy, 1974.

3. *L'enseignement.*

207. B. Cacérés, *Histoire de l'éducation populaire*, Paris, Éd. du Seuil, 1964.

208. E. Freinet, *Naissance d'une pédagogie populaire*, Paris, Maspero. 1981.

209. A. Prost, *L'Enseignement en France, 1800-1967*, Paris, Colin. 1968.

210. A. Prost, *L'Enseignement et l'Éducation en France*, t. 4, *L'École et la Famille dans une société en mutation (1930-1980)*, Paris, Nouvelle Librairie de France, 1981.

4. *La pensée, les lettres, les arts.*

211. R.-M. Albarès, *L'Aventure intellectuelle au XXᵉ siècle, 1900-1959*, Paris, Albin Michel, 1969.

212. P. Assouline, *L'Homme de l'art, D.H. Kahnweiler, 1884-1979*, Paris, Balland, 1988.

213. M. Bardèche et R. Brasillach, *Histoire du cinéma*, Paris, Livre de Poche, t. 2.

214. G. de Cortanze, *Le Surréalisme*, Paris, M.A. Éditions, 1985.

215. *Dictionnaire abrégé du surréalisme*, Paris, Galerie des Beaux-Arts, 1938.

216. H. Dumesnil, *La Musique en France entre les deux guerres, 1919-1939*, Paris, Éd. Milieu du Monde, 1946.

217. F. Fosca, *La Peinture en France depuis trente ans*, Genève-Paris, Éd. Milieu du Monde, 1948.

218. F. Garçon, *De Blum à Pétain, cinéma et société en France 1936-1944*, Paris, Éd. du Cerf, 1984.

219. L. Gischia et N. Vedrès, *La Sculpture en France depuis Rodin*, Paris, Éd. du Seuil, 1945.

220. *Histoire générale des sciences* (publiée sous la direction de R. Taton), Paris, PUF, 1964, t. III, vol. 2.

221. J.-P. Jeancolas, *15 ans d'années trente, le cinéma des Français 1929-1944*, Paris, Stock, 1983.

222. R. Lalou, *Histoire de la littérature française contemporaine*, Paris, PUF, 1953, 2 vol.

223. L. Lavelle, *La Philosophie française entre les deux guerres*, Paris, Aubier, 1942.

224. G. Leroy et A. Roche, *Les Écrivains et le Front populaire*, Paris, PFNSP, 1986.

225. P. Nizan, *Les Chiens de garde*, Paris, Rieder, 1932.

226. H. Panassié, *Douze années de jazz (1927-1938), souvenirs*, Paris, Corréa, 1946.

227. H. Panassié, *La Véritable Musique de jazz*, Paris, Laffont, 1946.

228. J. Wahl, *Tableau de la philosophie française*, Paris, Gallimard, « Idées », 1969.

Pour compléter

P. Albertini, *L'École en France XIXe-XXe siècle*, Paris, Hachette Supérieur, 1992.

C. Brochand, *Histoire générale de la radio et de la télévision en France*, t. 1: *1921-1944*, Paris, La Documentation Française, 1994.

P. Ory, *La Belle Illusion, culture et politique sous le signe du Front populaire : 1935-1938*, Paris, Plon, 1994.

R. Remond (sous la direction de), *Histoire religieuse de la France contemporaine*, t. 4 : *Société sécularisée et renouveaux religieux*, Paris, Éd. du Seuil, 1992.

R. Robin (sous la direction de), *Masses et culture de masse dans les années 30*, Paris, Éditions ouvrières, 1991.

7. Quelques éclairages locaux ou régionaux

229. *De Blum à Daladier. Le Nord et le Pas-de-Calais (1936-1939)* (sous la direction de M. Gillet et de Y.-M. Hilaire), Villeneuve-d'Ascq, Presses universitaires de Lille, 1979.

230. J.-P. Brunet, *Saint-Denis la ville rouge, 1890-1939*, Paris, Hachette-Littérature, 1980.

231. F.-G. Dreyfus, *La Vie politique en Alsace, 1919-1936*, Paris, Colin, 1969.

232. G. Noiriel, *Longwy, immigrés et prolétaires*, Paris, PUF, 1986.

233. R. Pierre, *La Drôme et l'Ardèche entre deux guerres, le mouvement ouvrier, le Front populaire*, Valence, Éd. Notre Temps, 1977.

Index

Table

1. La crise

2. Crise politique?
Crise des idéologies?
Crise de la République?

3. Le Front populaire

4. Les Français

5. Croyances et cultures

Ouvrages de Dominique Borne

Petits bourgeois en révolte
Le mouvement Poujade
Flammarion, « L'Histoire vivante », 1977

Histoire de la société française depuis 1945
Armand Colin, « Cursus », 1988

Histoire de l'Europe
(en collaboration)
(sous la direction de J. Carpentier et F. Lebrun)
Seuil, 1990 et 1992

Dictionnaire historique de la vie politique
en France au XXe siècle
(en collaboration, sous la direction de J.-Fr. Sirinelli)
PUF, 1995

La Société française
Des années 30 à nos jours
La Documentation française, 1996

La Méditerranée
(direction d'ouvrage)
(en collaboration avec J. Scheibling)
Hachette Éducation, 2002

21 historiens expliquent la France contemporaine
(avant-propos et présentation des textes)
La Documentation française, 2005

Enseigner la vérité à l'école
Quels enjeux ?
Armand Colin, 2007

Enseigner les faits religieux
Quels enjeux ?
(codirection avec J.-P. Willaime)
Armand Colin, 2007

Ouvrages d'Henri Dubief

La Réforme
Rencontre, 1965

Le Syndicalisme révolutionnaire
Armand Colin, « U », 1969

Les Anarchistes (1870-1940)
Armand Colin, « Problèmes actuels », 1972

La Réforme et la Littérature française
(direction)
(en collaboration avec J. Poujol)
La Cause, 1972
Éditions de Paris, 1996

La France protestante
Histoire et lieux de mémoire
(direction)
(en collaboration avec J. Poujol)
M. Chaleil, 1992
Éditions de Paris, 1996

RÉALISATION : CHARENTE PHOTOGRAVURE À L'ISLE-D'ESPAGNAC
IMPRESSION : NORMANDIE ROTO IMPRESSION S.A.S. À LONRAI
DÉPÔT LÉGAL : OCTOBRE 1989. N° 10949-6 (092749)
Imprimé en France

Collection Points

SÉRIE HISTOIRE